基于有效课堂的职业院校课堂教学诊改研究与实践

Jiyu Youxiao Ketang de Zhiye Yuanxiao
Ketang Jiaoxue Zhengai Yanjiu yu Shijian

张良军　著

西南财经大学出版社
Southwestern University of Finance & Economics Press

中国·成都

图书在版编目(CIP)数据

基于有效课堂的职业院校课堂教学诊改研究与实践/张良军著.—成都:西南财经大学出版社,2022.10
ISBN 978-7-5504-4876-6

Ⅰ.①基… Ⅱ.①张… Ⅲ.①职业教育—课堂教学—教学研究—广西 Ⅳ.①G719.2

中国版本图书馆 CIP 数据核字(2021)第 093740 号

基于有效课堂的职业院校课堂教学诊改研究与实践
张良军 著

责任编辑:杨婧颖
助理编辑:冯 雪
责任校对:王 琳
封面设计:张姗姗
责任印制:朱曼丽

出版发行	西南财经大学出版社(四川省成都市光华村街 55 号)
网　　址	http://cbs.swufe.edu.cn
电子邮件	bookcj@swufe.edu.cn
邮政编码	610074
电　　话	028-87353785
照　　排	四川胜翔数码印务设计有限公司
印　　刷	郫县犀浦印刷厂
成品尺寸	170mm×240mm
印　　张	15.5
字　　数	283 千字
版　　次	2022 年 10 月第 1 版
印　　次	2022 年 10 月第 1 次印刷
书　　号	ISBN 978-7-5504-4876-6
定　　价	98.00 元

前言

2019 年 2 月 13 日，国务院正式印发《国家职业教育改革实施方案》，提出要完善教育教学相关标准，要求发挥标准在职业教育质量提升中的基础性作用。2020 年 9 月 23 日《教育部等九部门关于印发〈职业教育提质培优行动计划（2020—2023 年）〉的通知》明确提出，要健全职业教育标准体系，发挥标准在职业教育质量提升中的基础性作用；提升职业教育专业和课程教学质量，加强课堂教学日常管理，规范教学秩序；推动职业学校"课堂革命"，适应生源多样化特点，将课程教学改革推向纵深；完善以学习者为中心的专业和课程教学评价体系，遴选 1 000 个左右职业教育"课堂革命"典型案例，职业教育教学成果奖评选向课堂教学改革倾斜。可见，职业教育改革已进入由扩量向提质阶段发展，特别是课堂改革已成为职业教育改革最重要、最热门的领域。本研究正是从课程标准出发，通过引入教学诊改，对依据课堂教学标准开展课堂教学的效果进行评价，从而倒逼课堂教学改革，不断提高课堂教学质量，最终提升人才培养质量。

本研究介绍了课堂教学诊改的理论基础与现实意义，探讨了课堂有效性的起源、概念、理论基础和实现路径，构建了职业院校课堂教学改革的"建标、建库、监测、诊断、改进"工作模式，构建了诊断课堂教学有效性的"1111X"课堂教学诊改模式，搭建了支撑课堂教学诊改的"云课堂"教学平台，实现了课堂教学的实时监控预警和诊断改进，解决了课程思政难评价的问题，并以"有机化学"课程为例，分别就课程思政及课堂有效性研究进行了实证探索，引领了职业院校课堂教学改革的有效开展，期待能为相关院校的课堂革命提供启发和借鉴。

本研究由张良军教授统稿，其中第一章由张良军撰写，第二章由王自豪撰写，第三章由张良军、李俊撰写，第四章由张良军、廖滕琼、张勤、尹丽、蒋艳忠、关笑吟撰写，第五章由张良军、付兴丽、莫蒙武、余希成、张睿哲撰写，第六章由张良军、王自豪、李俊、付兴丽、莫蒙武、余希成、张睿哲撰写。在本研究的撰写过程中，我们得到了广西壮族自治区教育厅职业教育与成人教育处、广西工业职业技术学院的领导和同事们的悉心指导和大力支持，在此致以诚挚的感谢。

由于作者水平有限，书中难免出现疏漏，敬请读者不吝指正。

张良军

2022 年 5 月

目录

第一章　课堂教学诊改的研究

2020 年 9 月 23 日《教育部等九部门关于印发〈职业教育提质培优行动计划（2020—2023 年）〉的通知》（教职成〔2020〕7 号）提出要提升职业教育专业和课程教学质量，推动职业学校"课堂革命"，适应生源多样化特点，将课程教学改革推向纵深。2020—2023 年，遴选 1 000 个左右职业教育"课堂革命"典型案例，职业教育教学成果奖评选向课堂教学改革倾斜。可见，职业教育改革已经向更深层次发展，高职学校教学要顺应这个发展趋势，从教学研究上侧重课堂革命的研究，课堂教学要深入开展提升教学质量的实践，通过课堂教学质量的保证，促进人才培养质量的提升。

课堂是教育教学的主阵地，课堂教学质量决定着人才培养质量。新时代的高职教育要以质量固根基、以质量增活力、以质量促发展，以诊断与改进（以下简称"诊改"）为抓手，以教学目标为依据，以课堂教学标准为准绳，以大数据分析为依托，开展课堂教学达标即课堂教学有效性的研究，实现课堂教学质量的提升。

第一节　课堂教学诊改的理论基础

一、文件依据

2015 年，教育部出台了《教育部办公厅关于建立职业院校教学工作诊断与改进制度的通知》（教职成厅〔2015〕2 号），拉开了全国职业院校教学工作诊断与改进的大幕。建立职业院校教学工作诊断与改进制度是持续提升培养质量的重要抓手。建立职业院校教学工作诊断与改进制度，就是要建立一种推动职业院校完善持续改进和提高教育教学质量的机制，通过分析质量生成过程，寻找教育教学质量的关键控制点（环节），运用制度、机制、能力、文化、行动等实施控制，让制度运行成为机制，让机制坚持成为能力，让能力升华成为文化，让文化自觉成为行动，从而持续提升人才培养质量。

2017 年，教育部又出台了《关于全面推进职业院校教学工作诊断与改进制度建设的通知》（教职成司函〔2017〕56 号），全面推动了职业院校教学工作诊改的进一步开展。

二、质量管理有关理论

（一）全面质量管理理论

"全面质量管理"（total quality management，TQM）这一名词出现在 20 世纪 60 年代，然而在 20 世纪 90 年代后期才开始享誉全球。全面质量管理理论主要涉及质量体系、质量方针、质量手册、质量控制、质量保证、质量审核和质量评估七大方面。质量体系是指为实施质量监管而建构的组织结构、实施的具体程序和所需的各种资源。质量方针是指由管理者通过发布组织的质量标准和质量改进方向。质量方针应以文件形式发布，并由利益相关者共同参与制定。质量手册是指根据制定的质量方针形成正式文件，包括组织的理念、口号及员工的行为准则。质量手册是员工的行为准则，是对形成成品质量全过程的有效控制，同时可以消除员工的不满足感。质量控制是指合理地不断纠偏的过程，而不是生硬地使用严格约束的行为用以保障所完成预期的任务。质量保证是一种较为特殊的管理形式，它是组织机构在信任度方面通过提供充足的产品质量和服务，对服务对象提供满意的产品及对顾客预期的服务做出的承诺，从而使服务对象对这种承诺产生信任。质量审核是指为确保质量活动和其结果保持一致，为实现预期目标而进行的相应检查的过程。质量评估是指通过结合自我评估以及顾客评估的方式，及时发现问题、提出问题和解决问题的过程，这有利于提高产品的质量。

全面质量管理已从西方国家引入东方国家，从工商业拓展到教育业并在诸多领域中发挥了其重要的影响作用，提高产品质量已深入人心。职业院校实施全面质量管理，对职业院校改善教育管理水平、构建高等职业院校教育质量保障体系，有着深远的影响。

全面质量管理可以理解为利用现代化的科学和管理方法，由全体组织成员对影响产品质量的全过程和各种因素进行全面系统性的分析与管理，从而达到提升产品质量的目的。简单地说，全面质量管理的基本要求为"三全一多"。其中"三全"是指全员、全过程以及全方位。全员，即要求企业所有人员不论职位、工种，都致力于以产品为中心的管理上；全过程，即分为"事前"

"事中""事后"三个部分，这包含了质量管理的整个过程；全方位，即要将严把质量关的管理思想贯穿于供、产、销的各个环节、各个部门中，甚至是组织中的每个人心中。"一多"是指先进的管理思想、管理方法、高新技术运用于组织的质量管理中。

（二）ISO9001 质量管理标准

国际标准化组织（International Organization for Standardization，ISO）是目前世界上最大、最具有权威性的国际标准化专门机构。它主要负责国际标准的开拓，推动全球贸易和科学技术的发展，加强国与国之间的经济合作。自1987 年 ISO9000 族标准公布以来，为了顺应社会的发展，ISO 分别在 1994 年、2000 年和 2008 年进行了修订。ISO9001 在 ISO 族标准中处于核心位置，"是对质量管理的硬性要求，符合法律法规要求的一种凭证，规定社会企业机构能够为消费者提供符合其标准的合意产品，旨在增添顾客的满意度"。

2008 年，ISO9001 对企业产品或服务实现全过程的控制和相关的管理工作明确了系统的管理要求，既包括产品或服务的实施过程，产品质量要求的确定过程，工艺设计、开发和采购的过程，也包括原材料和采购零件及外包加工和服务的采购、产出和销售过程，监督和测量过程，交付和售后服务过程。相关的管理，包括组织结构、资料控制、质量记实管理、职员培训和技术能力、更正和预防措施以及管理和技术文件等，因此，该标准适用于所有类型的组织。如今，我国多所高职高专院校运用 ISO9001 质量管理标准建立质量管理体系，并通过了国内质量认证机构的认证，还有少数院校通过了国外质量认证机构的认证。

（三）戴明循环管理理论

具有"统计质量控制之父"之誉的美国质量管理学家休哈特（Shewhart A W，1931）将"统计、工序流程与经济理论融为一体"，创立了"质量控制图"，并将其作为一种直观有效的管理工具广泛应用。之后，戴明博士（Deming E W）进一步完善了该理论，形成了著名的 PDCA 循环质量管理理论，将质量管理过程分为"计划（plan）—执行（do）—检查（check）—处理（act）"四个阶段的循环。

PDCA 循环有三个特点。一是各级质量管理都有一个 PDCA 循环，它们环环紧扣、互相制约、互为补充。二是每个循环周而复始，不断循环、不断提高。并且，每一循环都有新的目标和内容，质量管理经过一次循环，就会解决一批问题，使质量水平有新的提高。三是能够持续改善。经过一次循环就会有一次总结、解决一部分质量管理的问题，而后再提出新目标，进行第二次循环，使质量不断提高。可见，改进和解决质量问题，都需要运用到 PDCA 循环这一科学程序。众多学者研究认为，PDCA 循环也同样适用于职业教育质量管理，并以此保证职业教育质量的不断提升。

（四）目标设置理论

目标设置理论（goal setting theory）就是以目标概念为核心的动机理论，美国马里兰大学教授洛克和休斯在研究中发现，动机受到外来刺激的影响，大部分是由目标引起的。目标能引导活动指向与目标有关的行为，使人们根据难度的大小来调整努力的程度，并影响行为的持久性。于是，在一系列科学研究的基础上，他们于 1967 年最先提出目标设置理论，认为目标本身具有一定的激励作用，它能把人的内在需要转变为行为动机，使人们的行为朝着一定的方向一步一步努力，并将自己的行为结果与既定的目标相互对照，得出差异之处后及时进行调整和修正，从而实现目标。

三、基本概念

《教育部办公厅关于建立职业院校教学工作诊断与改进制度的通知》（教职成厅〔2015〕2 号）中指出，"职业院校教学工作诊断与改进，指学校根据自身办学理念、办学定位、人才培养目标，聚焦专业设置与条件、教师队伍与建设、课程体系与改革、课堂教学与实践、学校管理与制度、校企合作与创新、质量监控与成效等人才培养工作要素，查找不足与完善提高的工作过程"，明确界定了职业院校教学工作诊断与改进制度建设的任务要求。从实施路径上看，教学工作诊断与改进就是要完成"确定目标""聚焦要素""查找不足""完善提高"系列工作过程；从任务要求上看，教学工作诊断与改进就是要完善职业院校内部质量保证体系、提升教育教学管理信息化水平和树立现代质量文化。

课堂教学诊改即指教师依据课程标准和人才培养方案，围绕教学目标、课堂教学标准、教学方法、学生学习、教学评价、教学效果等课堂教学工作要素，查找不足与完善提高的工作过程。

四、课堂教学诊改的原则

课堂教学诊改要全面落实"以学生为中心，以学习成果为导向，不断持续改进"的理念，坚持以下几个原则：

1. 围绕目标与标准的原则

课堂教学是实施教学设计，实现课堂教学目标的教学过程。教学目标既是课堂教学的起点，又是课堂教学的落脚点，而标准是衡量课堂教学目标是否达成的依据，因此课堂教学诊改一定要围绕着教学目标和教学标准来进行。

2. 课堂教学有效性的原则

课堂教学诊改的目的是提高课堂教学质量，课堂教学的质量高低是通过课堂教学效果的好坏来体现的，课堂教学效果即课堂教学达标情况，因此坚持课堂教学有效性是课堂教学诊改的原则。

3. 倒逼教学改革的原则

如果课堂教学的有效性没有达到课堂教学目标及标准的要求，就需要我们的教师诊断问题、查找原因，找出解决问题的措施和方法，从而倒逼教师进行教育教学改革，深入研究提高课堂教学有效性的方法。

4. 数据采集与分析的原则

课堂教学诊改的基础是课堂教学要依托课堂教学平台，实现数据源头采集、应用和诊断分析，通过依据大数据进行诊断分析，促进教师不断改进教学，逐步提高课堂教学质量。

第二节　课堂教学诊改的现实基础

一、影响职业学校课堂教学有效性的问题

课堂教学是职业学校教育教学工作中极为重要的组成部分，关系到学校的办学质量以及学生学习的成效。课堂教学的质量高低决定着人才培养质量的高低，因此提高课堂教学质量是职业学校教学工作的重点工作之一。目前，职业学校课堂教学存在的问题主要有以下几点：

1. 教师的教学观念问题

教学改革虽然一直在提倡，但仍有部分教师只停留在喊口号阶段，还有部分教师仍然把工作重心放在知识的传授和讲解上，对学生"学"的问题重视不够，从而导致课堂教学质量不高。

2. 教学方法问题

大多数教师的教学还是以讲授法为主，即采取满堂灌的教学方法，缺乏对实现三维教学目标所应采取对应教学方法的思考，教学方法单一，没有实现因材施教。

3. 教学目标问题

职业院校教师都知道教学有三维教学目标，但是对教学目标与课程标准之

间的关系，教学目标对毕业指标点的支撑思考不多，从而出现同一门课、依据同一个"课程标准"，但教学目标不同（主要指知识目标、能力目标），教学内容不同等现象，这严重影响了课程的教学质量。

4. 教学标准问题

目前，大多数课程没有有效的课堂教学标准，即无法明确判断出教师的课堂教学达到什么样的水平才算是有效地完成了课堂教学，实现了课程标准这个目标。由于缺乏标准，造成同一门课无法区分哪个教师的教学实现了课堂教学标准的目标。

5. 教学评价问题

从教育测量的角度来说，教学评价是需要多维度、系统设计的，要围绕教学目标检测达成情况。目前的课程评价多采用过程性评价与终结性评价相结合的方式，但对具体如何开展过程性评价、终结性评价研究得较少，因此每个知识点或技能点的达标检测仍需要我们进行不断的探讨和研究。

二、课堂教学诊改应解决的问题

（1）解决课堂教学目标的科学性问题，实现对课程标准的有效支撑。
（2）解决没有有效课堂教学标准的问题，实现对教师教学的科学评价。
（3）提高教师的教学反思能力，转变教师的教学理念。
（4）促进课程建设，提高教师的课程建设能力。

第三节　课堂教学诊改的基本要素

一、教学目标

1. 教学目标的含义

教学目标是关于教学将使学生发生何种变化的明确表述，是指在教学活动中所期待得到的学生的学习成果。在教学过程中，教学目标起着十分重要的作用。教学活动以教学目标为导向，且始终围绕实现教学目标而进行。

教学目标可以分为三个层次：一是人才培养目标，二是课程目标，三是课堂教学目标，这也是教学的最终目标。

其中人才培养目标，主要是通过人才培养方案呈现，是对毕业生毕业后3~5年能够达到的职业和专业成就的总体描述。课程目标，目前在我们国家主要是通过"课程标准"呈现。

课堂教学目标就是课堂教学过程中的教与学的互动目标,它主要通过教师每节课的教学设计呈现。

2. 目标的关系

课堂教学目标支撑着每门课的课程目标,每门课的课程目标支撑着每个毕业要求指标点的培养目标,每个毕业要求指标点的培养目标又支撑着人才培养目标。因此,我们也可以说,人才培养方案中的培养目标,最终要在每堂课中的课堂教学目标落实。

如图 1-1 所示,课堂教学目标是课程目标分解、细化了的一小部分。在完成和落实每一个课堂小教学目标的同时,课程需要关注的大目标也就实现了。

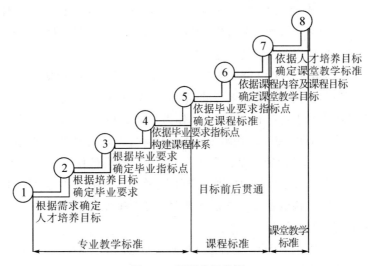

图 1-1　课程目标分解

3. 课堂教学目标

课堂教学目标是人才培养的落地目标,一般分为三个维度。目前在我们国家,基础教育和高等职业教育的课堂教学目标都是三个维度,其中,基础教育新课程倡导的课堂教学目标的三个维度是:知识与技能目标,过程与方法目标,情感、态度与价值观目标。

职业教育通常采用的三维教学目标是知识目标、能力目标、素质目标。

课堂教学目标是课堂教学的起点和依据,课堂教学要紧紧围绕教学目标设计教学活动、教学内容和教学评价。课堂教学目标的制定依据的是"课程标准",它支撑着人才培养方案中毕业要求指标点的要求。

二、标准

1. 标准的含义

标准是对重复性事物和概念所做的统一规定，它以科学技术和实践经验的结合成果为基础，经有关方面协商一致，由主管机构批准，以特定形式发布作为共同遵守的准则和依据。

GB/T 20000.1-2014《标准化工作指南 第1部分：标准化和相关活动的通用术语》条目5.3中将标准描述为：通过标准化活动，按照规定的程序经协商一致制定，为各种活动或其结果提供规则、指南或特性，供共同使用和重复使用的文件。附录A表A.1序号2中对标准的定义是：为了在一定范围内获得最佳秩序，经协商一致确立并由公认机构批准，为活动或结果提供规则、指南或特性，供共同使用和重复使用的文件。

国家标准GB/T 3935.1-83定义："标准是对重复性事物和概念所做的统一规定，它以科学、技术和实践经验的综合成果为基础，经有关方面协商一致，由主管机构批准，以特定的形式发布，作为共同遵守的准则和依据。"

国家标准GB/T 3935.1-1996《标准化和有关领域的通用术语 第1部分：基本术语》中对标准的定义是：为在一定范围内获得最佳秩序，对活动或其结果规定共同的和重复使用的规则、导则或特性文件。该文件是经协商一致制定并经一个公认机构的批准。它是以科学、技术和实践经验的综合成果为基础，以促进最佳社会效益为目的。

国际标准化组织（ISO）的标准化原理委员会（STACO）一直致力于标准化概念的研究，先后以"指南"的形式给"标准"的定义做出统一规定：标准是由一个公认的机构制定和批准的文件。它对活动或活动的结果规定了规则、导则或特殊值，供共同和反复使用，以达到在预定领域内最佳秩序的效果。

2. 标准与目标的关系

标准与目标的关系如表1-1所示。

表1-1　标准与目标的关系

标准	目标
·标准是目标的具象体现	·目标决定人才培养工作的基本方向
·标准是本质特性的显现	·目标是标准制定的主要依据
·标准是衡量目标的标尺	·目标是8字形质量改进螺旋的起点
·标准是目标达成的底线	·目标是内生动力产生的源头
·标准是质量监控的窗口	·目标是自省文化传承的基因

全国诊改委主任杨应崧教授说：标准是目标达成的底线，有底线无上限，促发展与保底线并重。

3. 课堂教学标准

课堂教学不仅有目标，还应该有标准。课堂教学目标是学生在学习中应达到的要求，这是需要教师和学生共同实现的，教学目标有没有实现，我们可以通过相应的检测手段进行评价。课堂教学标准是教师在课堂教学上使学生实现教学目标的底线要求，这是对教师课堂教学效果的评价。

三、诊断与改进

1. 明确课堂教学目标

课堂教学目标是课堂教学的起点和依据，课堂教学要紧紧围绕教学目标设计教学活动和教学内容、教学评价。课堂教学目标的制定依据的是"课程标准"，它支撑着人才培养方案中毕业要求指标点的各项要求。

2. 有效课堂教学标准

教学目标是通过课堂教学使学生能实现的目标，是评价学生每堂课应该学会什么的目标，但课堂教学光有目标还是不够的，还应该有评价每一次课教师有没有实现使大多数学生达到教学目标的标准，即有效课堂教学标准。

3. 课堂教学组织实施

课堂教学的组织实施是通过一系列的教学活动让学生达成教学目标，教师达到课堂教学标准，以保证教学质量。在课堂上，这还需要教师依托课堂教学平台设计活动引导、启发学生参与学习，依托课堂教学平台进行达标检测，实现源头数据采集。

4. 课堂教学的诊断

课堂教学学生是否达成的课堂教学目标，可以通过平台上的各种练习、测试进行检测；教师是否达到了有效课堂教学标准，也需要对平台数据进行诊断分析，分析教学标准的达成情况。通过不断的依据大数据进行诊断，提出改进措施，逐步提高课堂教学质量。

如表1-2所示，诊改表主要有课堂内容、活动完成和课程总览三个部分。

内容：课堂中包含知识点与技能点名称。

目标：教案中的教学目标，教学目标由技能点与知识点决定。

标准：为计算知识点对应题目平均得分而定制的标准。

现值：在本课堂中学生实际在知识点对应题目答题得分的平均值。

达标情况：达标条件为知识点对应题目得分达到标准。

活动完成：目标数为课程备课阶段设置的活动数，实际完成数为上课过程中实际进行活动数量。

表 1-2　诊改表

课堂内容	目标	标准	现值	达标情况	原因分析	改进措施
知识点 1						
知识点 2						
技能点 1						
到课率						
活动完成	目标数	实际完成数	达标情况	原因分析	改进措施	
课前活动						
课中活动						
课后活动						
课程总览						

第二章 课堂有效教学研究

2017 年 9 月 8 日，时任教育部部长陈宝生在《人民日报》上发表文章，就"努力办好人民满意的教育"做了深入阐释，这也吹响了"课堂革命"的号角。课堂革命的本质是通过改变教学模式，实现课堂有效教学。高职院校在校生生源质量的多层次与生源结构的多元化，导致传统高职课堂教学普遍存在师生互动少、学生学习积极性不高、学习效率相对低下等问题。因此，有必要进行一场围绕高等职业教育开展的课堂革命，即有效课堂教学模式改革。

第一节 有效教学的起源

一、国外对有效教学的研究

虽然从时间维度上看有效教学有较长的研究历史，但作为一个现代教学理念和实践，其研究历史并不长。国外对课堂教学有效性的研究时间较长。早期的研究主要回答了这样两个问题：什么样的教学是有效的教学、什么样的教师是有效教师。研究主要在于鉴别可能影响教学有效性的教师特征和教师的课堂教学行为，如教师的年龄、特点、性别、接受专业训练的程度及知识水平，课堂教学过程中教师对学生的影响及提问的技巧等。

（一）教师与教学的有效性

最早的研究主要局限于教师的心理特征，其特色是通过对学生的问卷调查获取良好的教师人格特征表，不足之处在于研究假设难以成立，即任何入学的人都是良好的教师效能裁定者，良好的教师是天生的，与教师教育无关。该研究领域的代表人物为克瑞斯和波易斯。

卡特尔要求 254 名被调查对象（包括教育行政官员、师资培训人员、学校教师和学生）分别写出优秀成熟教师和优秀青年教师身上 10 项最重要的显著特征以及区分青年男教师和青年女教师品质的特征。他发现被调查者们使用频率最高的描述好教师品质的词依次为：个性与意志、同情与机智、思想开放、幽默感。赖安和他的同事们也做了一项观察研究，辨别出影响有效教学的三个主要变量，并用肯定和否定两极相对的形式表述为热情、理解与冷漠、无情，有组织、有效率与散漫、草率，刺激、富于想象力与单调乏味、墨守成规。一个教师的得分越是靠近每一因素肯定的一端，那么，他就比其他靠近否定一端教师的教学"更有效"。

总之，西方20世纪60年代以前的研究只是将教师特征与教育学结果机械地相连，基本忽视了课堂实际的教学效果，但这为之后的深入研究奠定了基础。在后来的研究中，学者们对教师特征的研究更加注重教师课堂教学行为与学生学习成绩、学生自我发展之间的复杂关系，而不是只从教师人格特征来单纯地看问题。

（二）课堂教学活动与教学的有效性

在整个20世纪六七十年代，西方对课堂教学有效性的研究比较活跃，而且成果比较丰富。这时候研究的注意力扩展到了整个课堂教学活动中，开始关注学生的学习与有效教学的关系。

国外的研究表明，有效教学在本质上取决于教师建立能够实现预期教育成果的学习经验的能力，而每个学生都参与教学活动是实施有效教学的前提。加涅是比较早地从认知心理学的角度研究学生学习的人之一。他先后四次修订，出版了影响至今的学习心理学著作——《学习的条件》，阐明了五类学习的性质、有效学习的条件以及它们的教育含义，还提出了一个以他的学习条件分析为基础的教学论新体系，并从教学目标、教学过程、教学方法以及教学结果的测量与评价四个方面对有效教学做了探讨。在加涅看来，学生的学习是学生参与教育经验而产生的行为变化。除了加涅，布鲁纳、奥苏贝尔等人也关注学生的学习。赫斯持认为有效的教学应该保证学生有兴趣，能自我激发动机，并有自主权。这样，学生的大脑完全投入处理教材和学习任务之中，他们就会一直学习，直到自己满意为止。因此，下列三种情况可以称得上是有效教学：学生不仅学到了教师传授的大部分学科知识，而且学到许多其他知识；课程结束很久以后，学生还在继续研究和探讨上课的内容；不是强迫学生学习，而是学生自主学习。

此外，布里奇斯和古默波特等人经过反复研究，列举了低效教学的各种表现：不能维持课堂纪律，不能正确对待学生，不能达到预期的课堂效果，没有掌握所教的学科知识，不能有效地传授学科知识，没有合理采纳他人的意见。

从有效与低效教学的表现可看出，教学内容对学生影响的持久性、接受程度、学生的真正参与度是衡量教学有效的标准。

有效教学的研究重点在于教师的教学行为。研究者通过多种观察工具和评定量表对教师教学行为与学生学习效果进行相关性研究，力图发现可以推广到所有教师、课堂和教学情境的有效教学行为。这类研究结果发现，教师的行为与学生的学习结果具有相关性，由此得出教师教学行为的不同会使学生学习的结果也有所不同。在教师教学行为与有效教学研究方面的代表人物主要有麦特哲和麦德勒依。

（三）有效教学的综合研究阶段

经过了几十年的研究，有效教学研究的思维模式开始由单一化向综合化发展，此时的研究不再局限于对教师品质或教学行为的研究，而是试图从多维度来考察有效教学。教育科学研究者把之前的研究进行了整合，并将教师所具备的课程和学科知识、教学策略、学生的学习策略以及教师的教学反思能力、教学的整体环境都纳入有效教学研究中，并创建了有效教学标准评价体系，为新课程背景下的有效教学研究提供了范例。

教师的教学策略和学生的学习策略与有效教学的关系也是国外教育研究者研究的主要内容之一。不同的教学著作提到了不同的教学策略，可谓五花八门，具体有多少种教学策略则难以统计。仅以奥斯丁所著的《有效教学策略》一书为例，其提到的教学策略就多达11种，如教师课堂的提问策略、观察策略、决策策略，学生学习的预习策略、练习策略、解题策略等。坎贝尔则为教师和学生总结出101条已被证明是成功的教与学的策略。

最早提出教学环境对有效教学有一定影响的是邓金和彼德尔。他们总结了50年来几千个有关教学研究的报告以后，在密之尔提出的教师个人经历、教学过程和教学成果三个影响教学效果变量的基础上，加入了课堂教学活动的环境这一因素。沃勒苗等人认为把握环境的影响或者为所有学生设计有效的环境应遵守以下原则：轻松舒适、有益于教与学、宽敞的场地和足够的学习材料。近年来的研究不但注重教学的物质环境，还对教学的精神文化环境给予了高度的重视，如凯得斯维特就将课堂气氛作为有效教学的动力之一。此外，关于教学环境影响有效教学的研究主要涉及班级规模及管理、课堂心理气氛、设备和教材、教学空间的设计等。

随着科学技术的发展，教学媒体的应用与有效教学产生了直接的联系。其实早在20世纪60年代，行为主义心理学家斯金纳就致力于教学改革，并设计出程序教学机，他的思想是使用教学技术延伸人的感觉器官，代替一部分人的功能。今天以计算机应用为辅助的教学方法就起源于这种程序教学机，后来美国加州斯坦福大学使用"微格教学"来培养、提高教师的课堂教学实际操作能力，直到现在，微格教学仍是整个师范教育课程的重要组成部分之一。发展到今天，多媒体技术已经是人们惯用的教学方法之一，它体现了扩大受教育面、降低教学难度、便于及时巩固、提高教学速度、扩大知识容量等诸多的优越性，是研究有效教学不可忽视的一个影响因素。

二、国内对有效教学的研究

对有效教学的研究，在我国起步较晚，且主要还是以继承和吸收西方的研究成果为主。大量文献研究资料表明，20 世纪五六十年代，国内大多数的研究都是将注意力放在如何综合地提高教学质量上，还没有专门地研究课堂教学的有效性问题。到了 20 世纪 70 年代，便有"提高教学效率、效果"的提法，但研究非常少，更谈不上深入。到了 20 世纪 80 年代，提高"教学效率和教学效果"的说法慢慢多了起来。直到 20 世纪 90 年代，提高"教学效率和教学效果"的说法仍占主流，并且有不少研究成果得到发表。此时的一个特征就是研究开始深化，学者不但探索提高教学效率和效果的途径，还对影响教学效率和效果的因素做出了定性和定量的分析。但这一时期的最大特征就是在研究方法上以文献和经验分析为主、实验为辅，做实证研究的并不多见。程红以《论教学的有效性及其提高策略》为题，首次提出了"教学有效性"的概念。不仅如此，她还对教学有效性的内涵做了界定，认为在传统的教学重"效果""效率"和"质量"的基础上，还要重"效益"。

虽然有效教学在我国起步比较晚，但我国学术界的教育科学研究者对有效教学的研究也取得了不小的成绩。陈厚德的《有效教育新概念：有效教学》是国内第一本关于有效教学的专著，他提出了有效教学的基本观念，认为有效教学的实质是促进学生形成有效学习，即"有意义学习"的过程。崔允漷在《有效教学：理念与策略》一文中也提出了"有效教学"的概念，并阐述了有效教学这一概念的理念和策略。按照他的观点，有效教学的提出是"教学是艺术还是科学"之争的产物。

之后，国内又出现了大量的有效教学专著，比较有代表性的有张庆林、杨东主编的《高效率教学》，吕渭源的《有效教学草纲》，高慎英、刘良华的《有效教学论》，姚利民的《有效教学论》，肖成全的《有效教学》，陈晓端的《有效教学：理念与实践》，宋秋前的《有效教学的理念与实施策略》，吴松年的《有效教学艺术》，台湾地区学者林进才的《教学理论与方法》《有效教学理论与策略》以及《高效能教师的教学锦囊》，孙亚玲的《课堂教学有效性标准研究》，何善亮的《有效教学的整体建构》，蔡慧琴、饶玲、叶存洪主编的《有效课堂教学策略》，余文森、黄国才、陈敬文等的《有效备课·上课·听课·评课》。

同时也出现了很多有价值的硕士、博士学位论文。肖刚的《有效性教学理论之研究》以西方有效教学的研究为基础，分析了有效性教学的理论，归纳了有效性教学的实践，探索了有效性教学理论的最新动态与未来发展方向。肖贻杰的《大学教师有效教学研究》探讨了大学教师有效教学的理论和实践及其对策。马建华的《新课程理念下的有效教学行为研究》通过文献分析、访谈和观察等方法，对有效教学行为的概念、有效教学行为的共性特征以及新课程标准下有效教学行为的特征和教师在实践中的行为转向等问题进行了研究。孙亚玲的《课堂教学有效性标准研究》在分析了影响课堂教学有效性的综合因素的基础上，重点分析了目前我国课堂教学存在的问题及导致课堂教学低效、无效，甚至负效的原因。在经过了考察、论证、建构和证明的过程之后，作者提出并制定了一个可以帮助中小学教师自我提高其课堂教学能力和水平，科学、合理发展教师、教学专业化的"课堂教学有效性标准框架"，并且在改变我国教学理论与教学实践相脱离、教学理论不能很好地为教学实践服务方面，做了成功的尝试。何善亮的《有效教学批判》基于对"学习者"的共性分析，形成了一个关于学生有效学习的认识性框架，这是一种基于人、适于人、促进人的有效教学分析框架。

期刊论文类的研究成果有崔允漷的《有效教学：理念与策略》，赵若英、刘茂样的《课堂教学有效性的外延浅析》《试析有效教学的内涵与运行机制》，阮红芳、靳玉乐的《有效教学论析》，张朗的《略论有效教学的标准》，吴文胜、盛群力的《论有效教学策略的设计》，韦庆华、张俊的《论有效教学情境的营造与素质教育的实施》，吕西萍的《谈影响课堂教学有效性的因素》，袁维新的《实施有效教学调控应处理好的四个关系》，王忠安的《积极探索有效途径　提高实习教学质量》，姚梅林、王泽荣、吕红梅的《从学习理论的变革看有效教学的发展趋势》，王曦的《有效教学与低效教学的课堂行为差异研究》，等等。苏相洁的教育硕士学位论文《高中生物实验教学的有效性策略的研究与探讨》从理论和实践两方面对提高高中生物实验教学的有效性提供了一些可操作性很强的策略。吕静珍认为有效教学的理念具有明显的时代特征，在不同的时代有不同的目标和追求、方式与策略。后来，有效教学越来越强调"设计意识"或"教学设计"和"反思意识"或"教学反思"，越来越强调课堂教学的改革不是教学方法或教学技术的更新和调整，它需要在"教学理念"或"教学信念"的支持下展开"教学设计"。王斌认为在新的教育背景下，只有关注学生、关注学生的学习、关注学生的有效学习，才能更好地在课程改革中促进学生的发展，并通过调查研究的方法确定学生的有效学习行为和了解目前学生在有效学习方面存在的问题。然后根据改革的需要，从学生的实际出发，以促进学生学习的有效性为基础制定和设计了相关的生物学课堂教学策略。

第二节　有效教学相关概念界定

什么是"有效教学"？这是一个前提性问题。要弄清楚这个问题，我们首先要了解教育的人才培养目标，即教育要培养怎样的人，还要深入了解人才培养背后的基本价值理念，因为我们需要确定和确保教育教学是不是按照我们的需求培养了符合现代教育价值理念的人才。然而，在这之前，我们要先对教学及有效教学的基本内涵进行界定，并对有效教学的基本理论进行梳理。

一、教学

教学，顾名思义有教也有学，即教与学相结合，它主要是指教师引起、维持或促进学生学习的所有行为，是教师和学生的共同活动。在胡森主编的《国际教育百科全书》中，他对教学的含义做了整理，并把它们归为四类。第一类，描述式定义，即传统意义上的教学，是指传授知识或技能。随着时间的推进，人们对教学的观察、认识、体验也不断深入，其外延、内涵都在发生或多或少的变化。第二类，成功式定义，即教学意味着不仅要发生某种相互联系，它还要求学习者掌握所教的内容，教必须保证学，必须保证学会。第三类，意向式定义，即将教学作为一种意向活动，其目的在于诱导学生学习。它表明，尽管教学在逻辑上可以不包含学，但人们可以期望教导致学。第四类，规范式定义，即将教学作为规范性行为。它表明，教学的活动符合特定的道德条件，也就是说，符合一定道德规范的一系列活动都是教学。尽管不同的角度对教学的界定在描述上各异，但其本质上都有共同之处，即强调教师的教和学生的学的辩证统一，教和学是同一活动的两个方面；明确地提出学生是学习的主人，在教学中处于主体地位，教师在教学中起着主导作用；强调教学要促进学生的全面发展，而不仅仅是使学生掌握一定的知识和技能。在这些描述中虽然没有明确提出"有效教学"，但已在无形中追求更好的结果。

二、有效教学

对于"有效性"，也有人将其译为"效能性"，具有代表性的解释有足够实现某一目的，达成预期或所期望的结果，与某一事件或情况的成果有关，有实现目标的力量，反映某一行动的完成或获得结果。概括地说，有效性反映的是预期结果的实现程度并将效率、效果的意思包括其中。如果某项活动在计划之后，能用最少的投入达到预期的结果，就说明这项活动的实施是有效的，实施这项活动的主体则具备了有效实现预期结果的能力，即为效能型。效能型主要有三层含义。一是有效果，即有"好的结果、作用和影响"。如果活动有了好结果，满足了自身的需要，则说明是有效的，否则是无效的。二是有效益，即有好的收益。如果某项活动实施之后，达到了预期的结果，实现了预期的目的，满足了自身的需要，并且还有利于自身的发展，那么这项活动是有效的，否则就是无效的。三是有效率，这是针对活动投入和产出而言的，活动需通过较少的投入而得到较大的产出，或者使活动的产出尽可能增大，即在最短的时间内取得最大的效益和最好的效果。因此，有效性就是通过自身的主观努力在最短的时间内实现满足自身的需要并取得一定成果的有预期目的的行为活动。

三、辨识教学有效性的外在表征

有效教学指教师遵循教学活动的客观规律，以尽可能少的时间、精力和物力，取得最优的教学效果。教学的有效性包含以下三重意蕴：

（一）有效果

有效果是指对教学活动结果与预期教学目标的吻合程度的评价。

（二）有效率

有效率是指在课堂规定的教学时间内所取得到的教学效果较好。教学效率的公式可表述为：教学效率＝教学产出（效果）/教学投入，或者教学效率＝有效教学时间/实际教学时间。

（三）有效益

有效益是指教学活动收益、教学活动价值的实现，即指对教学目标与特定的社会和个人的教育需求吻合程度的评价。

我国许多著名学者都对有效教学有着自己独到的见解。崔允漷认为："有效教学是指教师让学生在原来的基础上获得具体的进步与发展。因此，进步与发展是对教师有效教学实施结果检验的唯一标准。"同时，他还强调："有效教学必须以学生的发展为标准，教师要遵循教学活动规律，实现教学目标，满足社会与个人的发展需求。"而姚利民认为："有效教学是指教师通过教学过程的有效性即符合教学规律，成功引起、维持和促进学生的学习，相对有效地达到预期教学效果的教学。"也就是说，有效教学是在遵循教学规律的前提下，使学生的学习获得进步与发展，学习效果显著，容易达到教学目的。张路认为有效教学是指教师在把握教学客观规律的基础上，通过投入相对较少的人力、物力和精力来获得较好的教学效益。

从上述分析可知，国内不同学者对有效教学的解释也各不相同。本研究认为教学是否真正有效的检验标准主要在于学生是否学到了预期的知识，是否体会到了教学中预设的学习情感，是否掌握了学习方法，以及对知识的掌握程度是否较好，而不能仅凭教师是否在形式上完成了相应的教学任务或教得多么认真、多么卖力来判断。教学的有效性体现出了一位教师的专业水平和专业技能，也意味着学生得到了进步与发展。所以，结合已有的结论，职业教育的有效教学可以这样定义：有效教学是教师根据一定的教学理念，制订行之有效的教学计划，以实现一定的教学目标，促进学生进步和全面发展的教学。

第三节　有效教学的理论基础

一、有意义接受学习理论

有意义接受学习理论是奥苏伯尔提出的，他认为，学生的学习应是有意义地接受学习。接受学习未必都是机械的，而发现学习也未必都是有意义的。在发现学习中，如果学生只是记住解决问题的一些典型的步骤，这样的学习仍然是机械的；相反，在接受学习中，如果教师的教授符合学生的学习方法，让学生有所收获，那么这样的学习就是有意义的。在此基础上，奥苏伯尔还进一步提出了有意义学习的三个条件：首先，在学生认知结构中要有同化新知识的原有适当观念；其次，是所要学习的材料对学生来说本身要具有意义，即学习材料能与学生原有的认知结构建立非人为的实质性的联系；最后，学生要表现出有意义学习的心向，即把新材料与学生本人的认知结构联系起来的倾向。只有这三个条件都同时满足，学习才是有意义的。奥苏伯尔非常强调学生认知结构中的原有知识。他对新、旧知识的相互作用进行了卓有成效的研究，提出了知识学习的同化理论。他认为学习的实质是新知识与学生认知结构中已有的适当的观念建立实质性的、非人为的联系。所谓实质性的联系，是指新知识与学生原有知识网络中的符号、表象、概念、命题等建立联系；所谓非人为的联系，是指新知识与原有知识网络中有关观念建立合乎逻辑的联系。这是相对于有些学习材料本身缺乏逻辑意义，与学生原有认知结构中的有关观念难以建立实质性的联系。奥苏伯尔还认为，新知识与原有知识网络中可以利用的适当观念构成三种关系：第一种，原有观念是上位的，新知识是下位的；第二种，原有观念是下位的，新知识是上位的；第三种，原有观念与新知识是并列的。新知识与原有知识的这三种关系形成了三种形式的学习，即下位学习、上位学习和并列结合学习。

在上述三种学习中，知识的建构和组织是遵循不断分化和综合贯通两条原则进行的。不断分化是从知识建构的纵向上来说的，即知识在头脑中组成一个有层次的结构，最具概括性的观念位于这个层次结构的顶点，它的下面是包容范围较小和越来越分化的命题、概念和具体知识。当学生在接触陌生的知识领域时，从已知的较一般的整体中去分化细节，要比从已知的细节中概括总体容易一些。在呈现教材时，除了要遵循从一般到个别、由整体到细节的不断分化的原则以外，还要从横向上加强概念、原理、课题乃至章节之间的联系，此为综合贯通的原则。

二、学生的学习动机和兴趣激发理论

学生的学习动机和兴趣是影响学生学习的重要因素之一，属于非智力因素，是课堂教学的动力所在。随着学者对教学研究的不断深入，学生的学习动机和兴趣对学生学习的重要影响越来越受到关注，相关研究理论也越来越完善。

（一）学习动机

学习动机理论认为，学习动机是直接推动学生进行学习的一种内部动因，是一种为满足个人物质需要和精神需要而渴望了解、认识世界的心理状态。学生的学习动机是在学习需要的基础上产生的。教师将社会和学校向学生提出的教育要求转化为学生学习的需要，这种学习需要被学生强烈意识到并引起学习行动，便形成学习动机。学生在课堂中的学习动机主要是成就动机。所谓成就动机是指个人想获得成就的动机。关于成就动机，认知理论的代表人物奥苏伯尔认为，它主要由三个方面的内驱力组成：认知内驱力、自我提高内驱力和附属内驱力。

在三种内驱力中，笔者认为对高职学生来说，应更重视认知内驱力。这是因为附属内驱力已经随着学生年龄的增长而减弱了影响；而自我提高内驱力主要来源于学生的理想和世界观，这种内驱力不是在某一门课程学习中所特有的；只有认知内驱力与课程的学习直接联系，它是在课程的学习过程中获得的，而且认知内驱力属于直接指向学习任务本身的内因性动机，学习活动本身就是对自己的一种奖励与报酬，无须外力的推动。因此，认知内驱力是一种较大的内驱力，它的维持时间也相对长久，是成就动机三个组成部分中最重要、最稳定的部分。

有调查研究表明，大部分学习效率低、学习成绩差的学生，都存在学习动力不强的问题。

（二）学习兴趣

学习兴趣是学生力求认识世界、渴望获得文化科学知识和不断探索真理而带有情绪色彩的意向。学习兴趣同学习动机一样，也是产生于对学习的需要。一个人只有对某种客观事物产生了需要，才有可能对这种事物发生兴趣；而且他在满足某种需要的基础上又会产生新的需要，这就使原来的兴趣得到丰富和发展。由此可见，学习兴趣和学习动机都是学习需要的表现形式，都是学习的动力因素。但是，学习兴趣与学习动机又有所不同，学习兴趣是学习动机的进一步发展。也就是说，我们对某一事物产生了动机，还不一定能发展为兴趣；若一旦成为兴趣，则必然有与之相伴的动机。兴趣还与活动相联系，它可以通过人们在活动结果中获得的满足感而巩固、加深。一个人虽有学习动机，若无学习活动，是不会产生兴趣的；如果有动机也有活动，但没有在活动结果中获得满足感，也难以产生兴趣；只有在活动结果中获得满足感后，才会使学习动机得到强化，并使学习兴趣随之而生。

三、教学最优化理论

教学最优化理论是巴班斯基提出的。所谓"最优化"，就是要求教师在全面考虑教学规律、教学原则、现代教育教学的形式和方法、已有条件，以及具体班级和学生特点的基础上，目标明确地、有科学依据地、信心十足地选择和实施一整套教育教学方法，以最小的代价取得相对于该具体条件和一定标准而言所能取得的最大成果。巴班斯基以辩证的系统方法作为教学研究的方法论基础，把教学过程看成一个系统。根据马克思关于任何活动都有目的、手段和结果三个成分的原理，他认为教学过程的结构成分包括教学目的和任务、教学内容、教学方法、教学组织形式和教学结果。而这些结构成分是一个完整的系统，必须置于比较有机的联系中加以研究。因为教学过程的各种成分的存在和发展不是孤立的，而是相互渗透、相互影响、相互制约的。所以，巴班斯基明确指出："要使教学最优化，就必须以辩证的系统方法看待教学过程，所谓辩证的系统，就是必须把教学过程的所有成分、师生活动的内外条件都看成是相互联系的东西，并自觉从中选择出在当前条件下，教学任务、内容、形式和方法的最好方案。"只有这样，才能找到全面提高教学质量的途径。

实现教学过程最优化的关键是选择、组织教学方案，因此，必须有一个明确的标准，用于对所有可能的方案进行最优程度的评定，并做出最后的选择。巴班斯基提出了效果标准和时间标准，效果标准是指每一个学生在教养、教育和发展三个方面都达到他在该时期内实际可能达到的水平；时间标准是指教师和学生都遵守学校所规定的课堂教学和课外作业的时间定额。巴班斯基的教学教育过程最优化可以说抓住了教育教学中极为关键的问题，即如何通过合理地组织教学过程，既能提高教学的质量，又不会使师生的负担过重，这也正是当前课程改革面临的重要问题。

四、建构主义学习理论

建构主义认为，知识不是由教师传授得到的，而是学习者在一定的情境中，通过与人协作，利用一定的学习资料，通过一定的意义建构的方式获得的。建构主义十分强调"情境""协作""会话"和"意义建构"，它认为知识不过是人们对客观世界的一种解释或假说，它不是问题的终结，而是会随着人们的认识不断地深化而发生变革、升华，从而产生另一种解释或假说，并且，知识是不断丰富、发展的，因此要针对具体的情境不断地对其进行加工和创造，所以，真正的学习是理解特定情境下的知识。建构主义者认为学习的质量在于学习者建构意义的能力。换言之，获得知识的多少在于学习者根据自身经验建构有关知识的能力，而不是背诵或记忆老师所传递的知识的能力。学习者对知识的建构是主动的，对知识的加工基于自身的认知基础，是有选择的。教师的任务在于根据学生原有的知识经验，设计教学情境，选择教学内容，引导学生在原有知识经验的基础上获得新的知识经验。同时，为了使学生的意义建构更有效，教师应尽可能地组织合作学习，积极引导学生展开交流和讨论，教师要对合作交流的学习过程进行指导，使之朝有利于意义建构的方向发展。在建构主义的教学模式下，学生是知识意义的主动建构者，教师是教学过程的组织者、指导者，意义建构的帮助者、促进者，教材提供的知识是学生主动建构意义的对象，教学不是为了完成教学目标，而是意义建构。基于建构基础上的学习，不是背诵或记忆教师传递的知识，而是将其内化于大脑中，因而也是更有效、更长久的。

五、信息加工理论

信息加工理论是现代信息加工理论受到格式塔心理学理论以及言语学习理论的深刻影响，并在此基础上发展而来的。美国心理学家加涅以现代信息加工理论为基础，结合行为主义心理学派和认知主义心理学派的观点，在20世纪70年代提出信息加工理论。他认为学习过程就是信息接收和使用的过程，而学习就是"学习者所面临的刺激通过一系列内部构造被转化、加工的过程"。同时，加涅在托尔曼的S-O-R的基础上更加注重有机体内在变化过程，也注意外在刺激对有机体变化的影响，他这种注重个体变化的内外条件的观点颇具辩证主义思想。

信息加工理论把信息加工过程分成注意与感知、编码与储存、提取与反馈几个阶段。各个阶段要进行的工作侧重点不同，但又有所交叉。

加涅还构建了一个信息加工学习的一般模式，用以描述学习的内部结构：在整个信息加工的过程中（见图2-1），认知策略起着控制执行的作用，预期决定着短时记忆（STM）进入长时记忆（LTM）的信息如何编码以及提取。在加涅看来，教学就是要通过外部环境顺应支持学习者内部信息流的外部事件。

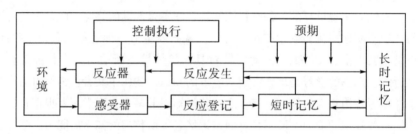

图2-1　信息加工的过程

加涅的八个学习阶段和八个教学事件对应起来，形成了一个具有教学指导意义的模型图（见图2-2）。

图2-2中左侧体现学习者内部的加工过程，右侧则是相应的外部条件。信息加工学习理论认为"内部条件（internal conditions）是学习的先决技能和认知加工的必要成分；外部条件（external conditions）是支持学习者的认知加工的环境刺激"。

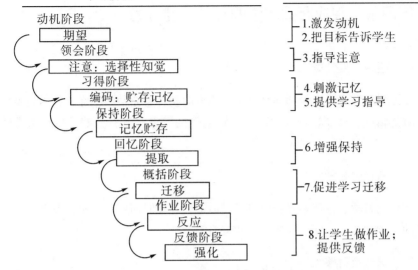

图 2-2　学习阶段和教学事件的模型

　　几乎所有的信息加工论者都认为，学习实质上是由习得和使用信息构成的。他们的一个基本假设是：行为是由有机体内部的信息流程决定的。由于这种信息流只是一种猜想，是永远不可能被直接观察到的，所以，心理学家们构建了不同的模式来推导这种信息流，而这则取决于理论家想要说明哪一种内部过程。也许，可供选择的许多信息流程图都是站得住脚的，但就一般而言，信息加工论者主要关注的是这样两个问题：第一，人类记忆系统的性质；第二，记忆系统中知识表征和贮存的方式。

　　运用信息加工理论时，我们可以根据信息的加工过程来设计安排教学。我们可以结合课程特点，在设计课程教学时尽可能给学生亲自动手做实验的机会，让他们在实验活动中，接受各种信息刺激，在实验的过程中调动学生的各种感官来对信息进行记忆加工。此外，还可以通过让学生亲自设计制作方案来培养他们对信息的处理能力，以实现对信息的精细加工。

第四节　促成有效教学的五种关键行为

一、授课思路清晰

授课思路清晰是指教师向全班呈现内容时整体思路清晰程度，其相关表现主要有逻辑的、逐步进行的次序，清晰易懂的授课，没有分散学生注意力的习惯。

二、多样化教学

多样化教学是指能够多样地或者灵活地呈现课时内容，其相关表现主要有多样的教学材料、提问、反馈和教学策略等。

三、限时负荷够大

限时负荷够大是指应确定好把多少课堂时间用于教授教学任务规定的内容或课题。教师用于教授课题的时间越多，学生的学习机会就越多。与其相关的表现主要有成就（内容）导向，而不是过程导向，使内容覆盖面尽可能大，教学时间尽可能多。

四、引导学生自主学习

引导学生自主学习致力于增加学生学习内容或课题的时间。教师的任务导向应尽可能为学生提供更多的机会去学习那些将要评估的材料。与其相关的表现主要有减少分散学生注意力的机会，使其就教学内容进行操作、思考和探询等。

五、提升学生成功率

提升学生成功率是指提升学生理解和准确完成练习的占比。呈现材料的难度水平已经成为任务导向和学生投入研究的一个关键方面。与其相关的表现主要有把60%以上的时间用在能给学生带来中高水平的成功率的任务上，尤其是在传授-接受式教学中。

第三章 课堂教学有效性的诊改实践

第一节 "广工院"诊改工作模式

广西工业职业技术学院（简称"广工院"）诊改工作模式主要有以下五个部分：

一、建库

如图3-1所示，建库是指按要求将知识点或技能点建成目标库、标准库、测试题库。

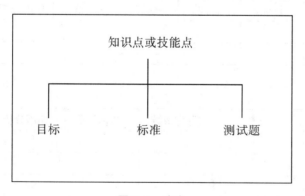

图3-1 建库

1. 目标库

根据"课程标准"的要求，确定每个知识点或技能点的教学目标，形成目标库。

2. 标准库

针对每个教学目标，依据教学要求，制定相应的课堂有效教学标准，形成标准库。

3. 测试题库

针对每个知识点或技能点，依据"课程标准"制定知识点或技能点的教学目标，研究每个知识点或技能点有效教学达标测试的试题，形成试题库。

二、备课

教师备课时，应选择知识点或技能点，并自动呈现教学内容、教学目标、有效教学标准以及测试题。教师根据教学目标思考教学方法，设计教学活动，完成教学设计。

三、教学实施

教师根据教学设计完成课堂教学，系统自动采集学生相关数据。

四、诊断

如表 3-1 所示，系统自动形成分析报告，教师进行分析数据，对不达标原因进行分析，并提出改进措施。

表 3-1　分析报告

内容	目标	标准	现值	达标情况	原因分析	改进措施
知识点 1						
知识点 2						
技能点 1						
到课率						
活动完成	目标数	实际完成数		达标情况	原因分析	改进措施
课前活动						
课中活动						
课后活动						
课程总览						

五、改进提升

教师依据改进措施再一次开展教学，实现教学质量提升。

第二节 课堂教学诊改的流程和关键点

一、流程

目标是诊改的起点，课程诊改的起点是"课程标准"，依据课程建设及国家、省校相关规定，课程团队制定与"课程标准"相呼应的《课堂教学标准》。课程教学在课堂实施，要将"课程标准"——《课堂教学标准》分解到每堂课中，形成每次课的课堂教学目标及标准，教师依托课堂教学信息化平台开展课堂教学，特别是要围绕课堂教学目标是否达成来检测教学效果的好坏。教师根据课堂教学实时数据统计及活动监控情况，督促学生查找不足从而达成教学目标。教师课后分析课堂教学数据，特别是分析教学目标达成检测的正确率数据，诊断教师个人教学标准的达标情况，查找不足，分析原因，提出改进措施，不断提高课堂教学质量。

二、关键点

此处的关键点主要指教师个人和团队教师两个方面。

（一）教师个人做好课堂教学诊改的关键点

（1）有明确的课堂教学目标；

（2）有明确的课堂教学标准；

（3）在一个课堂教学平台上开展课堂教学；

（4）应用数据分析，诊断学生课堂是否达成教学目标，诊断教师是否达到教学标准；

（5）准确分析出问题产生的原因，并提出改进措施；

（6）做好改进提高工作。

（二）团队教师做好课堂教学诊改的关键点

（1）课程代码统一。一门课程只有唯一的课程代码，但有时候会出现在不同的专业中，课程名字会有变化的情况，如"有机化学"在大多数化工类专业中的课程名称为"有机化学"，但在一些专业中也会出现如"制药有机化学""食品有机化学"这样的课程名称。因此不论课程名称是什么，只有课程代码是一样的，才能保证在课堂教学时教学目标和标准一致。

（2）知识点的教学目标统一。本研究提到的诊改是对知识点或技能点的达标情况的诊改，而不同专业对"有机化学"的教学要求会有不同，教学内容有多有少，学时有长有短，但对知识点或技能点的教学目标必须相同，这样才能保证教授同一门课的教师能参照同一课堂教学标准参与课堂教学诊改。

（3）教学达标的检测标准统一。对相同的知识点或技能点的教学，要判断教师是否完成了一节课的教学任务，是否达到了课堂教学的标准，首先必须统一标准，这样才能衡量教师教学质量的高低。

（4）知识点或技能点的检测内容、手段统一。对相同的知识点或技能点的学习，要判断学生到底学没学会，教师到底教没教会，需要进行相应的检测，为了保证检测的效度和公正，对相同知识点或技能点的检测内容和手段也要统一。

第三节　课堂教学诊改的信息化平台建设

2015 年，教育部正式启动高职院校内部质量诊断与改进工作，提出："职业院校要充分利用信息技术，建立校本人才培养工作状态数据管理系统，及时掌握和分析人才培养工作状况。"人才培养是高职院校内部质量的核心，课堂作为人才培养的重要平台，必须为促进专业教学水平、人才培养的 8 字形质量改进螺旋（见图 3-2）提供自我完善和改进的诊断依据。

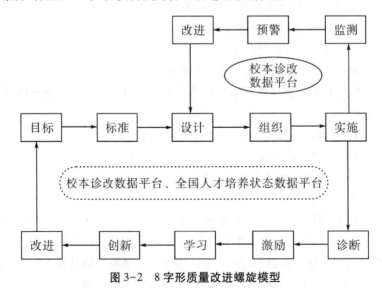

图 3-2　8 字形质量改进螺旋模型

支撑课堂教学诊改的信息化平台——"云课堂"，是数字化教学时代的产物，是互联网技术、云计算技术、大数据技术不断发展、成熟并与教育教学发展相结合的结果，也是一种基于教学质量诊改的，遵循一定的管理和评价体系，融合了现代教育理念、教学内容和现代信息技术的具有多种功能的开放式的教与学交互系统。"云课堂"不仅是可用于全校学生的辅助学习、教师辅助教学的交互式教学应用平台，还能够支撑开展课堂教学活动，实现在线备课、互动课堂、教学资源建设等。

一、"云课堂"平台建设的目的

质量是教育的生命线，不断提升教育质量是教育发展的永恒主题。课堂是教育的主战场，提高课堂教学质量是提高教育质量的关键。课堂不变，教育就不变；教育不变，学生就不变。所以说，课堂是教育发展的核心地带。教学大部分时间都是在课堂教学上，课堂教学不但是传授知识的殿堂，而且是培养学生思维方式、练就职业技能的重要途径，也是其他教学环节的基础。

课堂信息化是生成教学数据的源头，也是职业院校诊断与改进工作的基础。教学质量诊改的核心就是提高教学质量，而要提高教学质量必须提高课堂教学质量。课堂教学质量是保障教育教学质量的核心因素之一，准确诊断课堂教学存在的问题，持续改进课堂教学，提高课堂教学质量是诊改工作的基础单元工作。

1. 为学校建立课堂教学质量评价体系，持续提升教学质量

专业课程的教学目标，几乎全部由课堂教学实现，建立课堂教学质量评价体系，是学校专业课程质量的基础和保证。"云课堂"平台可对课堂教学的教学行为指标进行自动采集，并根据优质课堂数据模型对每一个课堂教学进行自动评价，根据每位教师的课程中产生的优质课堂、良好课堂、有待改进课堂进行汇总与排名，实时为每位教师提供课堂教学质量状态数据，使教师明确教学质量改进和提升的方向。公平、公开、公正的自动评价系统，能使教师的教学能力持续提升。

2. 为专业课程体系建设提供完整的系统支撑

课堂教学目标源于专业课程目标，课堂教学目标的达成与否决定了专业课程教学的成败。"云课堂"教学平台系统能提供与课程目标对接的功能，课程标准中的教学目标可直接落实到课堂，同时课堂教学实施成果数据也可实时反馈到课程，使教学的目标链和标准链全部贯通，从而为专业建设提供完整的系统支撑。

3. 为教学诊断与改进提供完整的数据支撑

通过信息化课堂"云课堂"的质量监控窗口，学校教务管理部门以及质

量管理办公室可以随时对全校的课程情况、教师授课情况、班级情况、课程标准、课程设计、授课计划、到课率、参与度、学生收获自评、学生目标达成自评、课堂活动数等内容进行监控，系统可为专业层面、课程层面、教师层面、学生层面的诊断提供全面的数据支撑。

4. 可以丰富教师的教学方式，突破传统的教学模式

普及信息化课堂教学是全面提高教师教学能力、深化教学诊改工作的有效途径。"云课堂"这一教学模式不仅具备丰富的教学内容和知识，而且在教学方面还有了突破和创新，比如趣味动画等，这类活动在很大程度上可以调动学生的学习兴趣和积极性。此外，"云课堂"丰富的资源以及分组讨论、在线测试等功能在很大程度上可以缓解常规教学当中交流不畅以及反馈不及时等问题。每次课堂教学完成，"云课堂"会自动生成一张课堂教学诊断表，通过对标对表相应的数据，教师就可以知道学生哪些知识点掌握得不好，下次课堂要如何改进，等等。

二、有效课堂的功能构架

有效课堂的功能构架如图 3-3 所示。

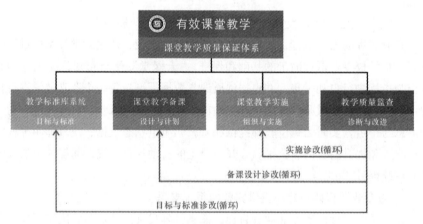

图 3-3　有效课堂的功能构架

（一）有效课堂的标准库实现

标准库包括应知应会库、目标标准库和试题库。

应知应会库是创建和管理根据课程教学标准确定的，让学生应该学会的基本知识和应该会做的基本技能。

应知应会点分为知道、掌握和运用三个层级。

如图 3-4 所示，应知应会库以对应的教学单元（章节、模块等）为单位进行建立。

图 3-4　应知应会库的内容

1. 题库

建立健全应知（知识点）对应的题库（见图 3-5），是有效课堂教学模式中应知（知识点）教学的关键。

图 3-5　应知对应的题库

2. 技能任务库

建立健全应会（技能点）对应的任务库，是有效课堂教学模式中应会

（技能点）教学的关键。

（二）有效课堂的课堂教学实现

有效课堂的课堂教学过程主要通过图3-6实现。

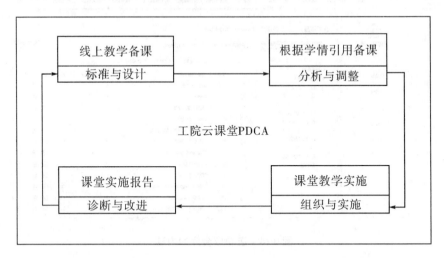

图3-6 有效课堂的教学过程

1. 课前准备：线上教学备课

（1）选择本次授课的应知应会目标（知识目标、技能目标）。

（2）上传本次授课的PPT课件（见图3-7）。

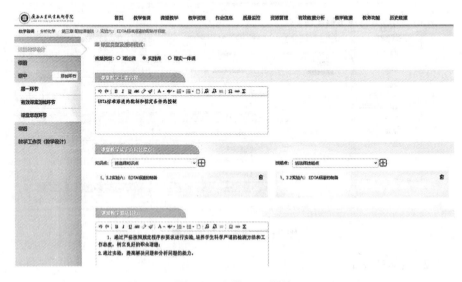

图3-7 上传PPT课件

（3）课堂教学设计。

课前：教师可设计需要学生预习的活动及内容。

课中：教师可设计需要与学生互动的活动及内容，以及需要学生完成的练习与任务。

课后：教师可设计需要学生完成的课后任务（见图3-8）。

图3-8　设计课后任务

（4）系统将在有效课堂测验环节中，根据本次课的教学要点——教师选择的应知应会目标（知识目标、技能目标），自动生成一个有针对性的测验（见图3-9）。

图3-9　自动生成的测验

（5）教师在完成上述操作后，点击生成教案，系统将为教师生成一份课堂教学设计教案。

2. 课中：课堂教学实施

（1）如图3-10所示，教师从课表点击进入课堂教学，并从教案库中选用对应的课堂教案。

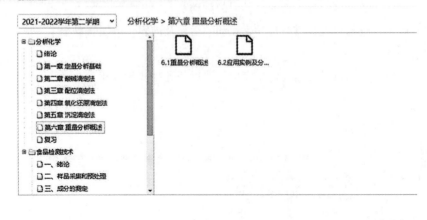

图 3-10　选用对应教案

（2）根据课堂教学设计进行课堂教学，并根据教学环节与进度发起课堂互动。引导学生完成课堂学习内容。

（3）在系统自动生成的有效课堂测验中发起测验，测验成绩将作为本次课堂教学的目标达成度，以检测本次课的教学有效性。

（4）教师点击下课后，系统将自动生成本次课的课堂教学诊断表。

三、"云课堂"平台的主要功能

"云课堂"的使用需具备 WEB、PPT 端及微信移动端，全本地服务器（学校信息中心机房）与私有云服务器混合部署，覆盖全校的课堂信息化教学平台（见图 3-11），全面实现学校的教学信息化和教学资源数据自主化。

（一）互动课堂

互动课堂功能以实体课堂的课前、课中、课后为轴线，实现了教学设计、教学实施、教学反思等全流程信息化。

1. 课表功能

系统提供课表管理功能，可按课程、班级导入课表。教师和学生可按照课表安排上课。

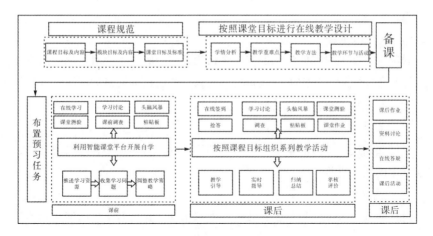

图 3-11　云课堂信息化教学平台功能

2. 教师在线备课

教师可根据教学计划在线备课，并生成教案。系统可提供多种信息化课堂教案模板，教师既可根据模板设计课堂教学流程，也可自定义设计互动课堂模板，同时还可以分享教案模板。系统提供调查、投票、一句话问答、随机抽问抢答等信息化互动工具，方便教师在备课中应用。

3. 课前功能

（1）学情调查。

教师可在课前，向授课学生发起调查，学生使用移动终端接收并完成调查项。这可以方便教师提前了解学生当前状态，以便于调整教学策略，做到因材施教。

（2）课前任务分发。

教师可在课前分发学习资料或课前任务，学生使用移动终端接收并完成查阅和提交任务。

4. 课中功能

（1）上课签到。

教师上课时系统生成随机课堂签到码，学生进入课堂输入签到码，执行签到。教师可立即统计学生考勤情况。

（2）课堂调查。

教师在课堂上可以向学生发起问卷调查，由学生完成后直接提交，教师再对数据进行统计分析。教师可以实时了解学生对问题的看法，从而把握课堂讲解要点。

（3）一句话问答。

教师在课堂上可以向学生发起一个讨论话题，收集学生对该话题的看法和意见，收集完成后，让学生以点赞的形式选择自己认为最好的答案，实现学生之间的及时互评，系统会自动分析投票结果。

（4）点将。

对已签到进入课堂的学生，教师可随机抽取一名学生回答提出的问题，并可对学生的回答进行评价。

（5）抢答。

对已签到进入课堂的学生，教师可发起抢答，并可对学生回答进行评价。

（6）粘贴板。

教师在课堂上可以向学生发起粘贴板活动，可按小组提交学习成果，做到成果可视化。粘贴板支持上传图片、文字和语音。学生之间可用点赞的形式选择自己认为最好的答案，实现学生之间的及时互评。

（7）课堂资料。

课堂资料可上传系统，并在线播放。课堂资料支持视频、图片、Office 文档等格式的文档在线播放。

5. 课后功能

（1）课后复习资料分发。

教师根据教学需要，向学生分发课后资料。学生使用移动终端接收并完成查阅。

（2）课后作业布置。

教师课后可向学生布置在线作业。学生可使用移动终端接收并完成作业，作业为客观题题型，由系统自动完成批阅。

6. 教学数据分析功能

（1）课堂报告。

课堂报告的内容应包括课题信息、学生签到情况、学生教学活动参与情况、学生积分情况、学生教学评价情况。

（2）授课班级学生学习情况数据报告。

教师可随时查阅所授课程下学生的整个积分及详情分析，包括学生总积分、积分的组成情况，学生的到课率，课前任务完成、课堂得分、课后作业完成数据。

（3）课堂教学数据分析。

教师可随时查阅所授课程下的班级总体到课率、课堂参与度、课堂目标达成率、学生收获自评、课前活动参与、作业完成率、成绩分布情况、教学活动分布情况。

（二）授课资源管理功能

1. 授课资料

教师可以对自己所负责的授课课程的资料进行管理，建立课程文件的标签，并可将教学授课资料按课程章节结构分类管理。

2. 题库管理

教师可以创建课程题库，可将课程题库按课程章节结构分类管理。操作应包括添加、修改、删除、查询、浏览等功能。题型包括单选、多选、判断、简答、填空等，题的属性包括类别、难度系数、适用层级等。

（三）教学质量监控功能

一是教学管理人员可按学期查阅课程的授课质量数据，包括到课率、参与度、教学评价、目标达成、教学活动数量。

二是教学质量预警功能。教学管理人员可设定质量预警阈值，当教学质量分析结果数据未满足阈值时，系统自动以标红的方式预警。

三是教学管理人员可查阅课程的质量情况排行榜，包括课程到课率排行榜、课程目标达成排行榜、备课资源量排行榜、课堂活动参与度排行榜。

第四章 课程思政教学有效性的研究

第一节 课程思政的由来、目的及意义

一、课程思政的由来

（一）课程思政的起源

2016 年 12 月 8 日，全国高校思想政治工作会议在北京召开，习近平总书记在会上强调，高校思想政治工作关系高校培养什么样的人、如何培养人以及为谁培养人这个根本问题。要坚持把立德树人作为中心环节，把思想政治工作贯穿教育教学全过程，实现全程育人、全方位育人，努力开创我国高等教育事业发展新局面。

习近平总书记关于思想政治教育工作的几个重要论断：

第一，以学生为中心。思想政治工作从根本上说是做人的工作，必须围绕学生、关照学生、服务学生，不断提高学生思想水平、政治觉悟、道德品质、文化素养，让学生成为德才兼备、全面发展的人才。

第二，做好高校思想政治工作，必须遵循"三大规律"，即遵循思想政治工作规律、遵循教书育人规律、遵循学生成长规律。做好高校思想政治工作，要因事而化、因时而进、因势而新。要遵循思想政治工作规律，遵循教书育人规律，遵循学生成长规律，不断提高工作能力和水平。

第三，要用好课堂教学这个主渠道，思想政治理论课要坚持在改进中加强，提升思想政治教育亲和力和针对性，满足学生成长发展需求和期待，其他各门课都要守好一段渠、种好责任田，使各类课程与思想政治理论课同向同行，形成协同效应。

（二）课程思政的认识与深化

2018 年 5 月 2 日，习近平总书记在北京大学师生座谈会上的指出：大学是立德树人、培养人才的地方。……我们的教育要培养德智体美全面发展的社会主义建设者和接班人，……这是我们党的教育方针，是我国各级各类学校的共同使命。大学对青年成长成才发挥着重要作用。高校只有抓住培养社会主义建设者和接班人这个根本才能办好，才能办出中国特色世界一流大学。

2018 年 9 月 10 日，全国教育大会在北京召开，习近平总书记在讲话中提出了"九个坚持"，形成了习近平总书记关于教育的重要论述。其中，第二个坚持是"坚持把立德树人作为根本任务"。办好高等教育，事关国家发展、事关民族未来；没有哪一项事业像教育这样影响甚至决定着接班人问题，影响甚至决定着国家长治久安，影响甚至决定着民族复兴和国家崛起。从这个意义上说，教育是国之大计、党之大计，而培养什么人，是教育的首要问题。要健全全员育人、全过程育人、全方位育人的体制机制，不断培养一代又一代社会主义建设者和接班人。要努力构建德智体美劳全面培养的教育体系，形成更高水平的人才培养体系。要深化教育体制改革，健全立德树人落实机制。

（三）课程思政的部署和全面推进

2017 年 9 月，中共中央办公厅、国务院办公厅印发《关于深化教育体制机制改革的意见》指出，要健全立德树人系统化落实机制。健全全员育人、全过程育人、全方位育人的体制机制，充分发掘各门课程中的德育内涵，加强德育课程、思政课程。

2017 年 12 月，中共教育部党组印发的《高校思想政治工作质量提升工程实施纲要》（教党〔2017〕62 号）强调，充分发挥课程、科研、实践、文化、网络、心理、管理、服务、资助、组织等方面工作的育人功能，挖掘育人要素，完善育人机制，优化评价激励，强化实施保障，切实构建十大育人体系。其中的课程育人质量提升体系要求大力推动以"课程思政"为目标的课堂教学改革，优化课程设置，修订专业教材，完善教学设计，加强教学管理，梳理各门专业课程所蕴含的思想政治教育元素和所承载的思想政治教育功能，融入课堂教学各环节，实现思想政治教育与知识体系教育的有机统一。

2018 年 9 月，教育部印发的《教育部关于加快建设高水平本科教育全面提高人才培养能力的意见》（教高〔2018〕2 号）强调，把思想政治教育贯穿高水平本科教育全过程。强化课程思政和专业思政。在构建全员、全过程、全方位"三全育人"大格局过程中，着力推动高校全面加强课程思政建设，做好整体设计，根据不同专业人才培养特点和专业能力素质要求，科学合理设计思想政治教育内容。强化每一位教师的立德树人意识，在每一门课程中有机融入思想政治教育元素，推出一批育人效果显著的精品专业课程，打造一批课程思政示范课堂，选树一批课程思政优秀教师，形成专业课教学与思想政治理论课教学紧密结合、同向同行的育人格局。

2018年4月，教育部印发的《教育部关于加强新时代高校"形势与政策"课建设的若干意见》（教社科〔2018〕1号）要求，各高校应结合实际和学生需求，开设形势与政策教育类的选修课，完善思想政治理论教育课程体系，发挥课程思政作用。

2018年6月21日，教育部在四川成都召开新时代全国高等学校本科教育工作会议。会议强调，要深入学习贯彻习近平新时代中国特色社会主义思想和党的十九大精神，全面贯彻落实习近平总书记5月2日在北京大学师生座谈会上重要讲话精神，坚持"以本为本"，推进"四个回归"，加快建设高水平本科教育、全面提高人才培养能力，造就担当民族复兴大任的时代新人。教育部原部长陈宝生在会议上指出，要坚持正确政治方向，促进专业知识教育与思想政治教育相结合，用知识体系教、价值体系育、创新体系做，倾心培养建设者和接班人。

2019年10月，教育部发布《教育部关于深化本科教育教学改革全面提高人才培养质量的意见》（教高〔2019〕6号）指出，把课程思政建设作为落实立德树人根本任务的关键环节，坚持知识传授与价值引领相统一、显性教育与隐性教育相统一，充分发掘各类课程和教学方式中蕴含的思想政治教育资源，建成一批课程思政示范高校，推出一批课程思政示范课程，选树一批课程思政优秀教师，建设一批课程思政教学研究示范中心，引领带动全员全过程全方位育人。

2020年4月，《教育部等八部门关于加快构建高校思想政治工作体系的意见》（教思政〔2020〕1号）强调，健全立德树人体制机制，把立德树人融入思想道德、文化知识、社会实践教育各环节，贯通学科体系、教学体系、教材体系、管理体系，加快构建目标明确、内容完善、标准健全、运行科学、保障有力、成效显著的高校思想政治工作体系。明确要求，全面推进所有学科课程思政建设。统筹课程思政与思政课程建设，构建全面覆盖、类型丰富、层次递进、相互支撑的课程体系。重点建设一批提高大学生思想道德修养、人文素质、科学精神和认知能力的公共基础课程。理学、工学类专业课程要注重科学思维方法的训练和科技伦理的教育，培养学生探索未知、追求真理、勇攀科学高峰的责任感和使命感，培养学生精益求精的大国工匠精神。农学类专业课程要注重培养学生的大国"三农"情怀，引导学生"懂农业、爱农村、爱农民"。医学类专业课程要注重加强医德医风教育，注重加强医者仁心教育，教育引导学生尊重患者，学会沟通，提升综合素养。艺术学类专业课程要教育引导学生树立正确的艺术观和创作观，积极弘扬中华美育精神。

2020 年 5 月，《教育部关于印发〈高等学校课程思政建设指导纲要〉的通知》（教高〔2020〕3 号）明确要求把思想政治教育贯穿人才培养体系，全面推进高校课程思政建设，发挥好每门课程的育人作用，提高高校人才培养质量。对课程思政建设任务、课程思政建设目标要求和内容重点、课程思政教学体系设计、分类推进课程思政建设、将课程思政融入课堂教学建设全过程、提升教师课程思政建设的意识和能力、建立健全课程思政建设质量评价体系和激励机制、加强课程思政建设组织实施和条件保障九个方面的内容做出全面的部署。《高等学校课程思政建设指导纲要》（简称《纲要》）对推进高校课程思政建设的整体设计：一是强调要科学设计课程思政教学体系；二是结合学科专业特点分类推进课程思政建设；三是推动课程思政全程融入课堂教学建设；四是着力提升专业教师的课程思政建设能力；五是完善课程思政建设评价激励机制。《纲要》强调，各地各高校要切实加强课程思政建设的组织领导，因地制宜制定工作方案，健全工作机制，建立党委统一领导、教务部门牵头抓总、相关部门协同联动、院系推进落实的工作格局。同时，不断完善政策配套，加大对课程思政建设的资金支持力度。教育部将组建高校课程思政建设专家咨询委员会，提供专家咨询意见。教育部将选树一批课程思政建设先行校、一批课程思政教学名师和团队，推出一批课程思政示范课程，建设一批课程思政教学研究示范中心，设立一批课程思政研究项目，充分发挥示范典型的引领带动作用。

2021 年 3 月，《教育部办公厅关于开展课程思政示范项目建设工作的通知》（教高厅函〔2021〕11 号）强调，坚持立德树人，发挥教师队伍"主力军"、课程建设"主阵地"、课堂教学"主渠道"作用，强化示范引领，强化资源共享，全面推进课程思政高质量建设，将思政工作体系贯通人才培养体系全过程，构建全员全程全方位育人大格局。全面推进不同类型学校的课程思政建设理论研究和教学实践，探索创新课程思政建设方法路径，构建全面覆盖、类型丰富、层次递进、相互支撑的课程思政体系，加快形成"校校有精品、门门有思政、课课有特色、人人重育人"的良好局面。

（四）课程思政 建设在高校的探索与实践

2014 年起，上海市在教育部指导下，率先开展课程思政试点工作。2016

年，全国高校思想政治工作会议召开后，上海市加快推进由思政课程走向课程思政的教育教学改革。

2017年6月，教育部在上海召开了"课程思政"现场推进会，以上海市为试点，将上海经验推广至全国，并取得一定成效。

2018年1月，教育部在上海召开"加强新时代高校思想政治理论课建设现场推进会"，教育部原部长陈宝生出席会议并讲话，认为上海高校思政课建设体现了思路攻坚、师资攻坚、教材攻坚、教法攻坚、机制攻坚，思政课出现了一座难求的现象，质量有了很大提升。

各省各高校纷纷出台有关加强课程思政建设方案的政策措施等。如陕西省教育厅先后印发《持续推进高水平本科教育实施意见》《全面推进高等学校课程思政建设工作方案》等。高校通过课程思政，提升思政育人实效已形成风气。课程思政教学改革示范中心、课程思政示范案例等广泛推广。

二、课程思政的目的

（一）课程思政的目标是育时代新人

习近平总书记在系列重要讲话中都谈到培育时代新人是教育的重要使命和根本任务。

2017年10月召开的党的十九大，进一步明确了"两个一百年"奋斗目标，提出"培养担当民族复兴大任的时代新人"。

2018年9月召开的全国教育大会，强调培养德智体美劳全面发展的社会主义建设者和接班人。《教育部等八部门关于加快构建高校思想政治工作体系的意见》强调，健全立德树人体制机制，把立德树人融入思想道德、文化知识、社会实践教育各环节，贯通学科体系、教学体系、教材体系、管理体系，加快构建目标明确、内容完善、标准健全、运行科学、保障有力、成效显著的高校思想政治工作体系。办好中国特色社会主义高校，必须坚持以马克思主义为指导，坚持不懈传播马克思主义科学理论。把课程思政改革作为落实全员育人、全过程育人、全方位育人的重要抓手，以课程思政为引领，构建中国特色社会主义大学课程体系。以课程思政为载体，探索知识传授与价值引领相结合的有效路径。推进课程思政改革，将思政教育贯穿于学校教育教学全过程，将教书育人的内涵落实在课堂教学主渠道。

中共中央办公厅、国务院办公厅印发的《关于深化新时代学校思想政治理论课改革创新的若干意见》将思想政治教育贯穿人才培养体系，要求全面推进高校课程思政建设，发挥好每门课程的育人作用，提高高校人才培养质量。

教育的重要任务是培养学生的品格。高校课程体系，无论是专业思政、课程思政，还是其他各门课程，均发挥着重要的育人功能。课程思政的核心任务是培养时代新人。时代新人不仅体现在技术、知识等方面与时俱进，还体现在家国情怀、使命担当、价值规范等诸方面，但首先应体现出人之为人应有的价值、人格、品质等要素，这是教育要实现的根本目标。同时，要求培养的人应该适应并推进新时代中国特色社会主义的实践发展，这体现在强烈的时代使命、突出的价值关怀以及强烈的时代担当上。

（二）课程思政的基本要求是同向同行

课程思政中的课程涉及高校整个课程体系，它既包括现代高等教育系统内部各专业所必需的专业课程，也包括各类面向广大大学生的综合类、通识类课程。这些课程之间既有育人方向的一致性，也有内容专业目标、实施方式的差异性。高校课程体系作为国家教育体系的重要构成部分，具有鲜明的价值性、政策性、政治性等特征。在育人过程中，课程思政既要发挥各类课程之间的价值一致性，尊重各门课程在育人过程中的课程定位的趋同性；也要尊重各门课程之间的差异性，重视不同课程在育人当中的内容互补、功能协同、价值系统的作用。

课程思政的同向指向育人的整体价值目标，应在设计性方面体现出总体的一致性。所谓"同向"是指育人的过程当中，围绕育人的整体方向，始终贯彻"培育什么样的人"这个根本目标。尽管高校课程体系内部存在差异，但它们均具有育人的功能。在育人的过程中要明确地对不同课程进行价值定位，紧扣育人方向，以育人作为高校课程体系设计的整体目标。习近平总书记在北京大学考察时指出，高校一定要坚持正确的办学方向。我国社会主义教育就是要培养社会主义建设者和接班人。

所谓"同行"，主要侧重课程体系的合理分工、相互配合、有序设计，处理不同课程之间的内在关系。它需要围绕育人的整体价值目标，合理定位、有序分工、相互配合。这就要求各级各部门的教育工作者认真贯彻党中央关于教育发展重要文件精神，把育人的整体目标作为高校课程建设的整体价值目标，同时把握不同的课程类别之间的差异性及其内在联系。在此过程中，还应注重学生在不同学段的层次性与先进性，真正贯彻以课程为载体，发挥高校课程体系的育人功能。

三、课程思政的意义

（一）课程思政建设是坚持社会主义办学方向的必然要求

习近平总书记强调，马克思主义是我国高校最鲜亮的底色，"办好我们的高校，必须坚持以马克思主义为指导，全面贯彻党的教育方针"，毫不动摇坚持办学正确政治方向。

习近平总书记强调："我国社会主义教育就是要培养社会主义建设者和接班人。马克思主义是我们立党立国的根本指导思想，也是我国大学最鲜亮的底色。"要"抓好马克思主义理论教育……教育学生运用马克思主义立场观点方法观察世界、分析世界""真正搞懂面临的时代课题，深刻把握世界历史的脉络和走向"，认清中国和世界发展大势，让学生深刻感悟马克思主义真理力量，为学生成长成才打下科学的思想基础。"要坚持不懈培育和弘扬社会主义核心价值观，引导广大师生做社会主义核心价值观的坚定信仰者、积极传播者、模范践行者。"要"把中国特色社会主义道路自信、理论自信、制度自信、文化自信转化为办好中国特色世界一流大学的自信。"

习近平总书记还强调："实现中华民族伟大复兴，坚持和发展中国特色社会主义，关键在党，关键在人，归根到底在培养造就一代又一代可靠接班人。"这便是我国各级各类学校的共同使命。

（二）课程思政建设是落实立德树人根本任务的战略举措

2012年11月，党的十八大报告：把立德树人作为根本任务。

2016年12月，全国高校思想政治工作会议：把立德树人作为中心环节。

2016年12月7日至8日，习近平总书记在全国高校思想政治工作会议上的讲话：高校立身之本在于立德树人。只有培养出一流人才的高校，才能够成为世界一流大学。

2017年10月18日，中国共产党第十九次全国代表大会的报告：要全面贯彻党的教育方针，落实立德树人根本任务，发展素质教育，推进教育公平，培养德智体美全面发展的社会主义建设者和接班人。

2018年5月2日，习近平总书记在北京大学师生座谈会上的讲话：要把立德树人的成效作为检验学校一切工作的根本标准，真正做到以文化人、以德育人，不断提高学生思想水平、政治觉悟、道德品质、文化素养，做到明大德、守公德、严私德。人无德不立，育人的根本在于立德。这是人才培养的辩证法。办学就要尊重这个规律，否则就办不好学。

2018年9月10日，习近平总书记在全国教育大会上的讲话：要深化教育体制改革，健全立德树人落实机制，扭转不科学的教育评价导向，坚决克服唯分数、唯升学、唯文凭、唯论文、唯帽子的顽瘴痼疾，从根本上解决教育评价指挥棒问题。要把立德树人融入思想道德教育、文化知识教育、社会实践教育各环节，贯穿基础教育、职业教育、高等教育各领域，学科体系、教学体系、教材体系、管理体系要围绕这个目标来设计，教师要围绕这个目标来教，学生要围绕这个目标来学。凡是不利于实现这个目标的做法都要坚决改过来。

2018年9月10日，全国教育大会上提出：第二个"坚持"，是坚持把立德树人作为根本任务。

2020年6月7日，习近平总书记在庆祝哈尔滨工业大学建校100周年的致信中写道：希望哈尔滨工业大学在新的起点上，坚持社会主义办学方向，紧扣立德树人根本任务，在教书育人、科研攻关等工作中，不断改革创新、奋发作为、追求卓越，努力为实现"两个一百年"奋斗目标和中华民族伟大复兴的中国梦做出新的更大贡献。

《高等学校课程思政建设指导纲要》指出：培养什么人、怎样培养人、为谁培养人是教育的根本问题，立德树人成效是检验高校一切工作的根本标准。要紧紧抓住教师队伍"主力军"、课程建设"主战场"、课堂教学"主渠道"，让所有高校、所有教师、所有课程都承担好育人责任，守好一段渠、种好责任田，使各类课程与思政课程同向同行，将显性教育和隐性教育相统一，形成协同效应，构建全员全程全方位育人大格局。

（三）课程思政建设是构建"三全育人"办学格局的有效途径

习近平总书记强调："要坚持把立德树人作为中心环节，把思想政治工作贯穿教育教学全过程，实现全程育人、全方位育人，努力开创我国高等教育事业发展新局面。"这是对全国高校思想政治教育工作提出的"三全育人"基本要求。

（四）课程思政建设是全面提高人才培养质量的重要任务

《高等学校课程思政建设指导纲要》指出：高等学校人才培养是育人和育才相统一的过程。建设高水平人才培养体系，必须将思想政治工作体系贯通其中，必须抓好课程思政建设，解决好专业教育和思政教育"两张皮"的问题。

（五）课程思政建设是广大教育工作者的责任和使命

"师者，所以传道授业解惑也。""传道"在"授业""解惑"之先，"传道"本真意义就在于育人。教书和育人是一个整体，教书是手段，育人是目的，教书是为育人服务，育人是教书的出发点和归宿。

第二节 课程思政的含义及本质

一、课程思政的基本含义

《教育部关于深化本科教育教学改革全面提高人才培养质量的意见》（教高〔2019〕6号）指出，把课程思政建设作为落实立德树人根本任务的关键环节，这是对课程思政功能的基本定位。课程思政不是一门或一类特定的课程，而是一种教育教学理念。基本含义是：高校所有课程都具有传授知识培养能力及思想政治教育双重功能，承载着培养大学生世界观、人生观、价值观的作用。所有课堂都有育人功能，不能把思想政治工作只当作思想政治理论课的事，其他各门课要守好一段渠、种好责任田。要把做人做事的基本道理、把社会主义核心价值观的要求、把实现民族复兴的理想和责任融入各类课程教学之中，使各类课程与思想政治理论课同向同行，形成协同效应。课程思政是高校以习近平新时代中国特色社会主义思想为指导，以习近平总书记关于教育的重要论述为根本遵循，落实立德树人的根本举措，是构建德智体美劳全面培养的教育体系和高水平人才培养体系的有效切入，是完善全员全过程全方位"三全育人"的重要方面。

（一）课程思政是一种理念，也是一种思维模式

课程思政是对包括思想政治理论课在内的所有课程的要求。教师在教学过程中要有意、有机、有效地对学生进行思想政治教育；体现在教学的顶层设计上，则是要把人的思想政治培养作为课程教学的目标放在首位，并与专业发展教育相结合。课程思政意味着将高校思想政治教育的"主渠道"从思政课延伸扩展为全部课程，提出课程思政的理念后，教师的课堂育人不再是个体行为了，而是有组织的行为，它的要求更明确，行为也更规范。《高等学校课程思政建设指导纲要》提出，全面推进课程思政建设，教师是关键。要推动广大教师进一步强化育人意识，找准育人角度，提升育人能力，确保课程思政建设落地落实、见功见效。

（二）课程思政是一种教育方法

构建全课程组成的育人体系。要把马克思主义的立场、观点和方法和德育"融入"各门课程当中。《高校思想政治工作质量提升工程实施纲要》对课程思政进行专业描述，即梳理各门专业课程所蕴含的思想政治教育元素和所承载的思想政治教育功能，融入课堂教学各环节，实现思想政治教育与知识体系教

育的有机统一。课程思政意味着所有课程都要"守好一段渠，种好责任田"，叠加起来就起到了育人主渠道的作用。课程思政建设的核心是课程门门有思政，教师人人讲育人，所有课堂都是育人主渠道。《高等学校课程思政建设指导纲要》提出，全面推进课程思政建设，就是要寓价值观引导于知识传授和能力培养之中，帮助学生塑造正确的世界观、人生观、价值观，这是人才培养的应有之义，更是必备内容。

（三）课程思政是一种育人体系

将马克思主义理论贯穿教学和研究的全过程，深入发掘各类课程的思想政治理论教育资源，从战略高度构建思想政治理论课、综合素养课程、专业教育课程三位一体的思想政治教育课程体系。促进各类课程与思想政治理论课同向同行、协同育人。《高校思想政治工作质量提升工程实施纲要》提出"十大育人体系"，其中第一个体系就是课程育人质量提升体系。《高等学校课程思政建设指导纲要》提出，构建科学合理的课程思政教学体系。要坚持学生中心、产出导向、持续改进，不断提升学生的课程学习体验、学习效果，坚决防止"贴标签""两张皮"。

二、课程思政的本质

课程思政的本质是学科德育。教师在各学科教学过程中有意识、有计划、有目的地设计教学环节，营造教育氛围，以间接、内隐的方式将学科文化、职业操守、道德规范、法律、思想认识和政治观念有机融入教学过程，并传递给学生，使学生在符合国家发展要求的合格的教育教学理念和教学活动中不断成长，从而构建全员全程全方位育人大格局。

第三节　课程思政需注意的问题

北京联合大学原党委书记韩宪洲在《深化"课程思政"建设需要着力把握的几个关键问题》一文中认为，对课程思政教授需要把握以下几个关键问题：

一、关于课程思政与思政课程的问题

课程思政与思政课程是当前加强高校思想政治工作涉及的两个重要方面和重要概念，要注意准确把握两者的区别和联系，做到科学理解、严谨使用，并重点把握好思政课程的课程思政问题。

首先，课程思政与思政课程具有明显区别。思政课程"是落实立德树人根本任务的关键课程"，是指一类具体的课程；课程思政则是对所有课程发挥育人功能的总要求。前者属于形而下的范畴，后者属于形而上的范畴。因此，两者既不是概念边界的简单互补，也不是概念内容的包含与被包含，而是同一概念体系中的不同层级关系。具体而言，课程思政是指导高校各门各类课程充分发挥所承载思想政治教育功能，形成全课程育人格局的一种新时代教育理念，它"将高校思想政治教育的'主渠道'从单一的思想政治理论课延伸扩展到各门各类全部课程"，而思政课程和其他各门各类课程一样，都是落实课程思政理念，发挥立德树人功能的具体课程。

其次，课程思政与思政课程具有共同指向。虽然两者的概念层次不同，具有明显区别，但在人才培养的共同指向上是一致的。从方向目标看，两者都坚持了办学正确政治方向的要求。习近平总书记强调："马克思主义是我们立党立国的根本指导思想，也是我国大学最鲜亮的底色。"思政课程是加强马克思主义教育，巩固马克思主义在高校意识形态领域指导地位、坚持社会主义办学方向的重要阵地；课程思政则要求并指导各类课程与思政课程同向同行，确保高校始终沿着正确政治方向办人民满意的教育。从功能任务看，两者都是落实立德树人根本任务的重要手段和渠道。思政课程旗帜鲜明全面贯彻党的教育方针，是高校立德树人的关键课程，是培养社会主义建设者和接班人的灵魂课程，应在教学体系中居于核心地位；课程思政则要求把做人做事的基本道理、把社会主义核心价值观的要求、把实现民族复兴的理想和责任融入各类课程教学之中，实现立德树人润物无声。从使命要求看，两者都是形成高水平人才培养体系的重要载体。思政课程旨在传播马克思主义科学理论，课程思政则开启了把思想政治工作体系贯通人才培养体系的科学实践。两者统一于新时代高校构建高水平人才培养体系的实践之中。

最后，探索推进思政课程的课程思政建设。思政课程全面贯彻党的教育方针，是对大学生进行系统的马克思主义理论教育，用习近平新时代中国特色社会主义思想铸魂育人，落实立德树人根本任务的专门课程，思政课教师是专门队伍。面对新时代高等教育对"所有课堂都是育人的主渠道"的新定位，思政课程和包括思政课教师在内的所有学生思想政治教育专职人员，作为立德树人专门课程和专门队伍要有更大责任的专业担当和更高水平的专业水准。探索思政课程的课程思政建设是深入落实习近平总书记关于"思想政治理论课要坚持在改进中加强，在创新中提高"的重要论述的科学实践，是对新时代背景下更好发挥思政课程育人功能的深层次思考。因此，一方面，要大力加强思想政治理论课的建设；另一方面，要持续不断地吸纳思政课程建设新元素，即要及时把中国特色社会主义伟大事业的最新实践成果、马克思主义中国化的最新理论成果、哲学社会科学发展的最新学术成果，以及具有区域特点和自身特色的相关人元素等有机融入整个思政课程教学，提升亲和力和针对性，增强课堂效果和学生满意度。

二、关于课程思政与专业思政的问题

《教育部关于加快建设高水平本科教育全面提高人才培养能力的意见》（教高〔2018〕2号）要求，强化课程思政和专业思政建设。2018年6月，时任教育部部长陈宝生指出，课程思政、专业思政要提升到中国特色高等教育制度层面来认识，课程思政、专业思政、学科思政的体系正在形成。课程思政是落实立德树人任务的关键环节，专业思政是落实课程思政建设的重要平台。

（一）专业思政是对专业的人才培养功能的新认识

专业思政是指根据学校人才培养的总目标，在专业的人才培养目标中，体现出本专业对人才的核心素养要求；在专业的人才培养方案中，要有反映本专业核心素养要求的育人目标和实现路径的设计与表述；在专业的人才培养全过程及各环节，包括课程体系（含实践教学）、教学规范、师资队伍、教学条件、质量保障等，要有机融入本专业所蕴含的思想政治教育元素和所承载的思想政治教育功能，实现专业育人和育才的统一。就某一专业而言，专业思政建设为深化课程思政建设搭建了共同的思政资源平台，使本专业的专业课程开展课程思政可资利用的思政元素和功能更加丰富；本专业人才培养方案所规定的非专业课程开展课程思政也可以更好地体现"因专业施教"的专业元素。专业思政把课程思政所开启的将思想政治工作体系贯通人才培养体系的科学实践进一步推向深化。

（二）专业思政与课程思政在育人上是一体的

专业思政是中观、是背景、是氛围，课程思政是微观、是局部、是基础。工作逻辑上应该是专业思政、课程思政一体化设计、一体化实施。专业思政是全国"高校思政会"后，高校对专业的人才培养功能的新认识新定位，在课程思政启动后，要适时启动专业思政建设，通过专业思政的平台进一步促进课程思政建设、学科思政建设。课程是专业的重要组成部分，专业课程因专业建设需求而设置和调整，专业建设统筹课程建设，课程建设以专业建设为依托。专业思政是中观，课程思政是微观，两者在育人上是一体的，专业思政应该对包括课程思政在内的各要素思政进行一体化设计和一体化实施。

（三）着力把握探索专业思政建设的关键点

课程思政和专业思政都是构建高水平人才培养体系的重要科学实践，必须深刻把握专业思政与课程思政的一体化特征，严格遵循专业建设规律，强化一体化设计和一体化实施，着力把握好探索专业思政建设的关键点：一是要坚持把思想政治工作贯通专业建设各要素全过程，在培养目标上要明确人才培养规格的思想政治素质要求，专业课程体系、教学规范、师资队伍、教学条件、质量保障等各要素要与培养目标相衔接，体现专业思政的内容和要求；二是要坚持课程思政在专业思政建设中的核心地位，一方面要搭建好专业思政平台，更好地发挥课程思政的直接育人功能，另一方面要完善课程体系，解决好各类课程与思政课相互配合的问题，确保同向同行；三是要坚持专业负责人在专业思政建设中直接组织者和实施者的角色定位，充分调动其积极性，发挥好作用；四是坚持教师党支部在专业思政建设中的引领、推动和保障作用，把育人要求贯穿于党支部建设的全过程各方面。

三、关于课程思政与"三全育人"的问题

全员、全过程、全方位"三全育人"是习近平总书记对思想政治工作提出的要求。课程思政是对在校生进行的最重要的思想政治工作，是全员、全过程、全方位育人的重要体现，也是完善"三全育人"体制机制的重要抓手。同时，"三全育人"也为课程思政的开展提供了良好的环境、坚强的支撑和保证。学校推动课程思政建设，必须不断完善"三全育人"工作体制和机制。首先要明确课程思政建设是全校各单位、各部门的共同责任，是一项系统性工程，纵向需要层层激发动力、形成共识，横向需要多部门协同配合、互相支持，形成"学校党委统一全面领导、党委宣传部或教务处牵头抓总、院系具体推进落实、各部门密切协同、教师主体作用充分发挥"的工作格局。学校党委宣传部或教务处要牵头组织这项工作，制定全校性的文件，组织召开课程思政推进会或深化推进会；教务处将课程思政要求纳入人才培养方案和教学大纲，并组织全校性的教师课程思政教学设计大赛，组织教师研讨或交流；人事处将课程思政纳入教学单位和教师个人考核内容和专业技术职务晋升标准之中；党委组织部推动教师党支部抓课程思政建设，并纳入教师党支部考核指标体系；各二级学院和教学单位积极开展课程思政教改立项，用课题研究促工作水平提升，并在涉及教师各类评优表彰中，将课程思政工作情况增列为条件性要求。全校各单位、各部门，全体教职工，都要把立德树人作为工作的中心环节，支持、推动、开展课程思政建设，把课程思政贯穿专业课教育教学全过程，实现全员、全程、全方位育人。总之，课程思政必须成为学校推进"三全育人"的重要载体和有效机制，推动新时代学生思想政治教育成效不断提升。

四、关于课程思政建设中的专业负责人与教师党支部的作用问题

（一）专业负责人是深化课程思政建设的关键

不论是课程思政还是专业思政，都是专业建设的重要内容，专业负责人必须从专业层面一体化设计和实施。专业负责人是深化课程思政建设的关键，要把课程思政建设作为岗位职责和考核内容纳入专业负责人的工作体系，使其切实履行直接组织者和实施者的角色与责任。

（二）教师党支部在深化课程思政建设中担负重要职责

"高校教师党支部是教育、管理、监督和服务教师党员的基本单位，是把党的路线方针政策落实到高校基层的战斗堡垒，是党团结和联系广大教师的桥梁纽带，是办好中国特色社会主义大学的重要支撑。"在课程思政建设初始阶段，有的高校开创了教师党支部推进课程思政建设的先河，既解决了推进"课程思政"建设初期很多教师有想法没思路、有思路难组织的问题，也在客观上丰富了教师党支部建设的途径，使党支部的活动与教师教育教学密切关联起来，实现了良性互动，积累了重要实践经验。但在深化课程思政建设阶段，不论从专业和课程建设规律看，还是从构建高水平的人才培养体系要求看，都必须回归专业思政和课程思政在育人上是一体的这一基本常识，在发挥专业负责人直接组织者和实施者的角色和作用的基础上，充分发挥教师党支部的引领、推动和保障作用，营造良好的育人氛围。

（三）要着力加强"双带头人"队伍建设

"双带头人"培育工程是教育部写好"奋进之笔"的重要内容和重要支撑，其核心是"把符合条件的学术带头人培养选拔为教师党支部书记，把有条件的教师党支部书记培养成为学术带头人，实现高校基层党建工作与教学科研工作双促进、双提高"。就深化课程思政建设而言，结合高校普遍依专业设系（部），支部建在系（部）上的实际，应该着力加强教师党支部书记和专业负责人的"双带头人"队伍建设，形成课程思政与专业思政建设的推进合力。

第四节　课程思政的有效检测

一、课程思政的工作评价

评价是管理链条中的一个重要环节。课程思政建设应着力开展工作评价，把握好基本原则，确保课程思政建设规范化推进。

（一）课程思政工作评价的意义

评价是深化课程思政建设的必要举措。课程思政评价是从课程育人目标出发，根据一定原则和标准，对课程思政开展情况进行检测，找出反映其质量和水平的资料和依据，从而对课程思政做出合理判断的实践活动。对课程思政建设进行评价，有利于推进课程思政建设的规范化和科学化，有利于增强教师开展课程思政建设的积极性、主动性和创造性，有利于形成深化课程思政建设的良好氛围，形成强大育人合力。

（二）课程思政工作评价的重点

课程思政工作评价是对课程思政建设是否已经开展，推进工作是否规范，落实部署要求是否到位等工作情况的综合评价。对照课程思政建设实施方案和部署要求开展工作评价，可以根据过程反馈，更有效地推进课程思政建设。课程思政建设最根本的是要在知识传授和能力培养的基础上强化思想价值引领，解决好教师"为谁教、教什么、教给谁、怎么教"，学生"应该在哪儿用力、对谁用情、如何用心、做什么样的人"的问题。课程思政的立德树人成效，因为其潜在性、综合性和发展性，难以在学生在校期间便做出准确、合理、定性的评价。因此，应该谨慎开展以育人效果为指向的课程思政效果评价，着力开展课程思政的工作评价，这既是规范推进课程思政建设不断深化的客观要求，也是科学评价课程思政建设立德树人成效的必然要求。

（三）课程思政工作评价的基本原则

一是把握方向，宜粗不宜细。有些高校课程思政建设体系尚未完整成熟。工作评价要重点看方向是否正确，思路是否清晰，工作细节可以逐步在实践中探索和完善。二是统一认识，各按步伐推进。课程思政建设中的不平衡不充分的问题是必然存在的，推进工作不宜搞"一刀切"。要积极鼓励教师大胆试、大胆闯，不断积累经验；同时也允许部分教师"慢半拍"，逐步提高认识、统一思想。工作评价要重点看政策宣讲是否到位，是否形成了统一认识，至于工作进度可以各按步伐共同前进。三是强化规范，确保工作质量。课程思政建设的深化不啻教育教学的一场革命，不仅方向要正确，而且工作规范从一开始就要抓紧抓牢。工作评价要重点看统一要求是否落实到位，是否结合单位实际探索凝练自身特色。此外，还要看课程思政示范课程、优秀教师等典型的选树和发挥作用情况，重点看是否做到了全员参与，是否消除了课程育人的空白点等。

二、课程思政的效果评价

课程思政的效果，指课程思政教育活动对其预设目标的实现程度。对课程思政有效性进行评价，就是对教育活动的过程和结果进行现实或潜在的价值判断。邱开金认为，"课程思政化"在教学体系上要有"育人第一位"教育理念；教学目标要引导学生树立正确的人生观与价值观；教学内容上，要充分挖掘蕴含在相关知识中的教育因素；教学评价上，要保持思政底线。陈敏指出，大学生的个体需求和国家、社会对大学生的需求是思政教育有效性评价的依据。钟京凤认为，思政教育的有效性既有社会标准，即最大限度地促进社会主义和谐社会的发展；也有个体标准，即让大学生意识到肩负的社会责任，实现自觉发展，有效促进大学生的身心健康和人格健全。谢振旺认为，"课程思政化"的有效性评价应当围绕教学过程、思想引导、知识传授、身心健康和人格健全、社会稳定发展等几个维度展开。"课程思政化"有效性评价指标体系对一门思政化的课程有效性进行评价，是对原有课程评价指标的整合，而不是对原有课程评价指标的脱离。一门思政化的课程，必须以"立德树人"为根本，在传授课程知识、培养学科能力的同时，牢牢把握对授课学生的价值引领。在评估过程中，可以从"5维度、15个指标"进行：

维度一：教学过程，包括教育者素质、教学方法和教学理念三个指标。具体而言，就是教育者自身知识、能力和思想道德素质足以满足为人师表的要求；教学方法能够结合课程实际，有效传递教育信息；教学理念在行业前沿保持一致的同时，牢牢把握育人的最终目的。

维度二：思想引导，包括人生意义、价值判断、世界观念三个指标。作为思政化课程，育人要放在核心位置，在课程传授过程中结合课程内容引导学生在人生意义、价值判断和世界观念等方面形成正确的"三观"，培育良好的职业素养。

维度三：课程传授，包括行业知识、行业能力和行业思维三个指标。思政化课程，不是纯粹的思政课程，有效地传授知识是课程的主要目标。具体包括传授给学生专业的学科知识，培养学生专业的学科能力，让学生形成良好的专业思维等。

维度四：身心及人格素质培养，包括身体健康、心理健康、人格品质三个指标。在课程讲授过程中，帮助学生关注和维护身心健康，培育学生优良的人格品性，做一个人格健全的人。

维度五：社会稳定发展，包括方针政策、社会责任和社会和谐三个指标。在把握国家的方针政策同时，勇于承担社会责任，致力于为社会和谐稳定发展做贡献。

以上五个维度中，关键在思想引导，途径是教学过程，工具是课程传授，核心是身心人格发展，目标是社会稳定发展。

三、课程思政课堂教学评价

课程思政的实效是要通过教师课程思政教的情况和学生课程思政悟的情况两个方面来判断的。

（一）教师课程思政教的情况

课程思政教学设计得好不好，决定着课程思政教学开展得好不好，但是光有好的教学设计还是远远不够的，只有让它真正落地，才能起到作用，产生好的教学效果。在课堂教学评价体系中，有专门针对课程思政的评价指标（见表 4-1），考核教师课程思政效果。

表 4-1　对课程思政的评价

评价要素	评价标准	评价结果	备注
思政元素	有没有		
	与课程内容的是否有关联		
	与课程内容的关联程度大或小		
思政元素融入	时机是否恰当		
	方法是否得当		
思政故事	是否有效支撑思政微元素		
思政感悟	学生是否有感悟		

（二）学生课程思政悟的情况

课程思政在本质上还是一种教育，是为了实现立德树人。因此，判断课程思政效果的好坏除了要看教师教的情况，更要看学生的感悟和素养有没有提升。

针对学生思政感悟、素养养成的考核评价主要采取课堂测试评价、第二课堂评价以及各种学生活动中的素养的评价。评价的标准见表 4-2。

表 4-2　对学生思政感悟素养养成的评价

评价要素	评价标准	评价结果	备注
思政感悟	是否有感悟		
素养养成	素养是否有提升		

第五节 课程思政教学设计与实施样例
——以"应急救援与应急处置"的教学为例

"应急救援与应急处置"课是"化工安全技术"课程教学内容中的第二十次课。它的教学内容主要包括：应急救援的基本任务和形式，以及事故应急处置。

一、对本课课程思政设计的思考

本课程依据对接的专业特点，根据专业思政要求贯彻习近平新时代中国特色社会主义思想，教育学生坚定"四个自信"。结合本次课的教学内容，课程教学团队经过研讨把本次课的课程思政的微元素确定为制度自信。

根据本门课程"三寓并举"的理念，本次课的课程思政要落实的是"寓思于教"，即把习近平新时代中国特色社会主义思想所指出的中国特色社会主义制度具有显著优势，是抵御各种风险挑战的根本保证，"我们社会主义国家集中力量办大事"的制度自信落实到本次课程的内容中。

根据这个思路，确定本次课的课程思政目标是：树立社会主义制度自信。为此，团队教师分工查找有关制度自信几个相关的案例：

案例一：万众一心，众志成城的团结互助抗震精神

2008年5月12日，汶川发生8.0级大地震，在这千钧一发的时刻，中国共产党这个坚强领导核心又一次站了出来，带领中国人民进行了史诗般的伟大抗争和伟大救援。一方有难，八方支援，党政军民学，东西南北中，全国上下空前团结。在这场斗争中，中华民族又经受住了一场严峻的考验。抗震救灾的伟大精神，是中华民族文明进步的伟大标识，是一本博大的中国特色社会主义制度优越性的教科书。

（资料来源：人民政协报，http://dangshi.people.com.cn/n1/2017/1207/c85037-29691394.html）

案例二："超级工程"背后的国魂匠心

港珠澳大桥从1983年提出修建构想到建成历时35年。资料显示，港珠澳大桥是中国建设史上投资最多、施工难度最大的工程，创造了多个世界之最，是世界上最长的跨海大桥工程，被誉为"世纪工程"。港珠澳大桥的建成连接了香港、澳门、珠海三地，建成通车后，开车从香港到珠海的时间将由过去的3个多小时缩减为半个多小时，大大节约了港、澳与内地之间通行的时间成本，更有利于越来越多的人进行商贸、旅游等活动，从而加深地区人民友谊，促进了其经济社会一体化，形成最具活力经济区。港珠澳大桥的建成，体现了我国正走向民族复兴强盛的新阶段，中国从建铁路都没有资金、技术支持的落后国家发展到了今天建成世界工程的国家，这体现了在我党的正确领导下，国家综合实力不断提升，人民生活幸福感不断增强，充分彰显了社会主义制度的优越性。

（资料来源：中国江苏网，http://k.sina.com.cn/article_2056346650_7a915c1a02000ov0j.html）

案例三：新时代不朽的精神丰碑——伟大抗疫精神

2019年年底2020年年初，突如其来的疫情全面爆发，打乱了人们的正常生活。面对疫情，中国特色社会主义制度高效决策的执行能力，迅速贯彻"生命至上"的制度价值，打响疫情防控的人民战争、总体战、阻击战，夺取全国抗疫斗争重大战略成果，创造了人类同疾病斗争史上的奇迹。

在党中央的坚强领导下，各级党委和政府坚决服从党中央调度，29个省（区、市）和新疆生产建设兵团、军队等调派330多支医疗队、41 600多名医务人员驰援湖北，19个省份按"一省包一市"模式结对援助湖北。短短数日，全国各条战线各个领域，从东到西、从南到北，都紧急动员起来。

疫情肆虐正值春节期间，全国6 000多名医护人员除夕之夜挺进前线；科研攻关团队不分昼夜，迅速甄别出病原体。更让人惊叹的是火神山、雷神山两座大型传染病医院的建设，按常规至少要4年，但是为了抗疫，只用10天就建成了可容纳1 000张病床的火神山医院，只用12天就建成了可容纳1 500张床位的雷神山医院。施工高峰期，4 000余名建设者在现场，大型机械设备和车辆数千台，24小时不间断作业，场面令人震撼。外国网友评价：现代工程奇迹，只有中国才行。

全国各地与湖北同频共振，疫区需要什么，全国就统筹协调什么；疫区紧缺什么，全国就生产运输什么。前后不到2个月时间，中国全面控制住疫情，为世界防控疫情争取到了机会窗口。

这就是制度优势转化成的"中国速度"，其背后是国家强大的应急反应能力。

抗疫斗争展现的中国精神、中国力量、中国担当，来自新中国成立以来特别是改革开放以来社会主义现代化建设的长期积累，来自新时代中国特色社会主义取得的历史性成就。有人说，如果70余年前的抗美援朝是一场"立国之战"，使社会主义中国在世界上立稳了脚跟，成为世界上举足轻重的大国，那么，抗疫斗争就是一场"立名之战"，展示了新时代中国特色社会主义的强大，使新时代中国真正走近了世界舞台的中心。中国人民更加深刻地体会到，只有社会主义才能救中国，只有中国特色社会主义才能发展中国，更加坚定了道路自信、理论自信、制度自信、文化自信。我们坚信，只要有以习近平同志为核心的党中央的坚强领导，有中国特色社会主义制度的显著优势，有14亿人民的团结奋斗，任何力量都无法阻挡中国人民奔向美好生活的铿锵步伐，任何困难都无法阻挡中华民族伟大复兴的实现。

［资料来源：《群众》（思想理论版），http://m.qunzh.com/zddd/202012/t20201221_94088.html］

以上三个案例都说明了我们国家的制度优势，但团队教师在讨论时，抗震精神的时间有点远，学生的切身感受不深；"超级工程"背后的国魂匠心能说明集中力量办大事，但与今天的教学内容融合不够；最后课程团队研究决定将抗疫故事作为这次课的微故事。

二、教学设计样例

教案样例见图 4-1。

广西工业职业技术学院
教案首页

2020/2021 学年第 1 学期 　　　　　　　　　　　　　　顺序号：（20 ）

主讲教师	化工安全技术教学团队		
课程名称	化工安全技术	本教案授课学时	2
本次课标题	应急救援与应急处置		
授课班级及时间	化工 1931、分析 1931、环境 1931	2020 年　月　日	
教学目标	能力目标： （1）对一般事故能写出应急处置方案； （2）事故发生时能展开基本的应急救援 知识目标： （1）懂得应急救援的基本任务和形式； （2）对一般事故知道如何处置 素质目标： （1）思政目标：对社会主义制度产生自信； （2）养成良好的学习习惯		
思政微元素	制度自信		
教学主要内容	一、应急救援的基本任务和形式 二、事故应急处置		
教学重点、难点	重点及难点：写出事故应急处置方案		
备注			

图 4-1　教案样例

《应急救援与应急处置》教学设计见表 4-3。

表 4-3 《应急救援与应急处置》教学设计

课程组织	教学环节	教学内容	线上活动 教师活动	线上活动 学生活动	线下活动 教师活动	线下活动 学生活动	设计意图	育人目标
课前预习	发布预习任务	1.在超星学习通上完成自学:(1)微课视频;(2)电子教案;(3)PPT课件;(4)相关案例。2.在工院云课堂上完成过关测试题 3.收集有关新冠疫情下国家紧急救援的案例	1.完善超星学习通的教学资源:电子教案、PPT课件、微课视频、思政案例。2.通过工院云课堂上发布学习任务,引导学生学习本次内容。3.在工院云课堂上发布过关测试题内容	1.登录超星学习通,预习观看微课视频,PPT课件以及思政案例等。2.自我测验完成关测试题任务 3.做好完成课堂任务的准备	—	—	1.培养学生自主学习和收集材料能力。2.学生在收集资料的过程中体会制度的优越,为课上学生该感悟打下良好的基础	培养学生良好的学习习惯,为进入企业工作打下良好基础
	云课堂交流互动	—	1.在工院云课堂平台上在线答疑。2.了解、分析学生在线学习情况	如果在自学当中有疑问题、有疑惑,与老师在线上交流,解决问题	—	—	为线下教学活动调整做做准备	—
课中学习	考勤	—	—	—	观看云课堂上签到情况	学生用手机登录,进入学习状态	检查学生到课率	培养学生遵守纪律的自觉性
	情景导入	—	—	—	分析课前同学们在工院云课堂过关测试题的情况,导入本次课	通过认真听老师的分析,对一些问题进一步地理解	1.对学生预习结果的反馈。2.通过检查更加重视每次课前的过关测试	—
	知识讲授	1.应急救援的基本任务和形式	—	—	1.根据学生学习情况,通过PPT集中精讲重点内容。2.发布投票、关闭风暴等活动,考核学生对知识点的学习情况	1.仔细听老师讲解。2.学生通过手机完成工院云课堂上的相关活动,回答相关问题	实现知识目标1	1.懂得应急救援的基本任务和形式

表4-3（续）

课程组织	教学环节	教学内容	线上活动		线下活动		设计意图	育人目标
			教师活动	学生活动	教师活动	学生活动		
课中学习	思政教学（四微一体：微元素、微故事、微感悟、微养成）	制度自信	—	—	利用教学团队事先挖掘的微元素，通过讲微故事，引出微故事。（武汉新冠疫情暴发，国家采取了哪些应急应对措施形式？说明了什么？）	1.学生感悟社会主义制度的优势。2.产生制度自信	通过微元素的融入，通过讲微故事，让学生产生感悟，实现素养的微养成	对社会主义制度产生自信
	知识讲授	2. 事故应急处置	—	—	1.根据学生学习情况，通过PPT集中精讲内容。2.发布考核点，考核等学生对相关知识点的学习情况	1.仔细听老师讲解。2.学生通过云课堂活动，回答相关问题	实现知识目标2	2.对一般事故知道如何处置
	动手做一做	设计应急救援方案	—	—	布置任务：分组合作，针对一个一般事故，设计应急救援方案	完成小组组建，分工合作完成设计的应急救援方案	实现能力目标	1.对一般事故能写出应急处置方案。2.事故发生时能展开基本的应急救援
	小组汇报点评总结	组织评价	—	—	1.组织学生进行小组汇报。2.对汇报情况进行点评	1.小组代表汇报。2.组内成员补充。3.其他小组成员点评	检查任务完成情况	—
	测试	云课堂平台提问题	—	—	课中测试几个问题	学生通过云课堂回答问题	检验学生学习成效，进一步加深对知识点的理解	—
课后学习	布置作业	课外思政作业：第二课堂讨论主题：对比分析中国与西方国家对待疫情的态度	—	—	1.发布本次课外作业。2.线上关注回答学生提出的问题	完成作业，巩固所学知识	将课程思政延伸到课外	1.学生对社会主义制度的优势有更加清晰的认识。2.对社会主义制度更加自信

三、教学实施流程说明

（一）课前

布置课前预习作业，请学生收集有关新冠疫情下国家紧急救援的案例，让学生在收集资料的过程中体会制度的优越，为课上学生谈感悟打下良好的基础。

（二）融入的时机

在课程教学中，教师在讲授应急救援的基本形式时提出有的救援需要人力、物资及组织协调时，根据课前布置的预习要求，教师与学生互动完成相关知识与技能目标后，教师潜移默化地进入课程思政教学环节。

（三）实施"四微一体"的课程思政教学模式

微元素，即根据课程教学团队设计好的微元素——制度自信，与学生互动引入我们社会主义国家集中力量办大事的制度自信。

微故事，即武汉新冠疫情暴发，国家采取了哪些应急救援形式？说明了什么？引导学生把收集到的微故事讲给大家。

微感悟，即引导学生思考从这些故事中我们可以感悟到什么？引导学生感悟我国社会制度能集中力量办大事的优越性，激励学生热爱专业、勇于创新、担当社会责任，实现小故事，大道理的目标。

微养成，即通过师生的交流，树立大学生的制度自信，形成价值观。

（四）课后

从第一课堂延伸到第二课堂，让学生开展讨论：对比分析中国与西方国家对待抗疫的态度。

在世界各国的抗疫中，特别是对比中国和美国的抗疫结果、对疫情处置的态度等能反映出什么道理，帮助学生不断提高理论认知、观照实践成就、对中外制度的理性比较，进一步坚定制度自信。

四、教学体会

首先，通过本次课课程思政的微元素挖掘、微故事提炼，团队教师切身感受到课程思政还有许多东西要学。对学生进行课程思政教育，自己要先认真学习贯彻习近平新时代中国特色社会主义思想、社会主义核心价值观，只有教师的思想政治觉悟高了，才会具有课程思政的主体意识，才能真正将思想引领和价值观塑造作为目标，以立德树人为根本任务，设计好课程思政教学并有效开展。同时教师们也感受到"双融合"教学团队能汇聚团队力量和智慧，从而保证了课程思政研究的能力，课程思政教育落实见效。

其次，通过课堂教学中学生讲述微感受，不仅让教师团队感受到课程思政的意义重大，学生们也说，在课堂上，不仅学到了知识和技能，而且感悟到国家制度的优势，领会了习近平总书记以人民为中心的发展思想。

最后，从近几届的学生素养上看，学生确实发生了变化，他们对学习的专注、实验时认真的态度，参加自愿活动的积极性以及对一些时事热点问题的看法，都比以往更好，学生的微素养正在一点点养成。

第六节　课程思政教学设计案例
——以"化工安全技术"课程思政教学设计为例

一、《绪论》

《绪论》教案设计见图4-2。

<table>
<tr><td colspan="4" style="text-align:center">广西工业职业技术学院
教案首页</td></tr>
<tr><td>课程名称</td><td>化工安全技术</td><td>本教案
授课学时</td><td>2</td></tr>
<tr><td>本次课标题</td><td colspan="3" style="text-align:center">绪论</td></tr>
<tr><td>教学目标</td><td colspan="3">能力目标：
（1）能正确采取个人防护措施；
（2）会辨识化工生产中重大危险源
知识目标：
（1）理解化工生产中安全的重要性；
（2）了解安全在化工生产中的地位
素质目标：
（1）思政目标：学习劳模敬业奉献的精神；
（2）养成良好的学习习惯</td></tr>
<tr><td>思政微元素</td><td colspan="3">敬业奉献</td></tr>
<tr><td>教学主要内容</td><td colspan="3">一、化工生产的特点、安全在化工生产中的重要性；
二、确定重大危险源的原则及重大危险源的范围和类型</td></tr>
<tr><td>教学重点、
难点</td><td colspan="3">重点：化工生产中安全的重要性
难点：安全在化工生产中的地位</td></tr>
<tr><td>备注</td><td colspan="3"></td></tr>
</table>

图4-2 《绪论》的教案设计

《绪论》的教学设计见表4-4。

表4-4 《绪论》教学设计

课程组织	教学环节	教学内容	线上活动		线下活动		设计意图	育人目标
			教师活动	学生活动	教师活动	学生活动		
课前预习	发布预习任务	1.在超星星学习通上完成自学: (1)微课视频; (2)电子教案; (3)PPT课件; (4)相关案例。 2.在工院云课堂上完成过关测验试题。 3.收集有关敬业奉献的劳模事迹。	1.完善超星教学资源:PPT课件、微课视频、思政案例、电子教案、相关案例。2.通过工院云课堂发布学习任务,引导学生学习本次课内容。3.在工院云课堂上发布过关测试题。	1.登录超星学习通,预习观看微课视频、PPT课件以及思政案例等。2.自我测验完成关测试题任务。3.做好完成课堂任务上的准备。	—	—	培养学生自主学习和收集材料能力	培养学生良好的学习习惯,为进入企业工作打下良好基础
	云课堂交流互动	—	1.在工院云课堂平台上在线答疑。2.了解、分析学生在线学习情况	如果在自学当中有问题、有疑惑,与老师在线上交流,解决学习问题	—	—	为线下教学活动调整做准备	—
课中学习	考勤	—	—	—	观看云课堂上签到情况	学生用手机登录,进入学习状态	检查学生到课率	培养学生遵守纪律的自觉性
	情景导入	—	—	—	分析课前同学们在工院云课堂过关测试题完成的情况,导入本次课	看案例了解事故对人民群众生命造成重大伤亡	1.对学生预习结果的反馈。2.通过检查对使学生更加重视每次课前的过关测试	—
	知识讲授	1.化工生产的特点	—	—	1.根据学生学习情况,通过PPT集中精讲内容。2.发布投票、头脑风暴、点名、抢答等环节,考核学生掌握知识点情况	1.仔细听老师讲解。2.学生通过云课堂回答问题	通过知识讲授,达到知识目标1	能采取个人防护措施降低伤害事故风险

表4-4（续)

课程组织	教学环节	教学内容	线上活动		线下活动		设计意图	育人目标
			教师活动	学生活动	教师活动	学生活动		
课中学习	思政教学(四微一体：微元素、微故事、微感悟、微养成)	敬业奉献	—	—	利用教学团队先挖掘的微元素，引出微故事。（广西工匠——全国劳动模范张磊事迹，从劳模事迹中学到了什么?）	1.学生感悟敬业奉献（劳模精神）。2.学习劳模精神，凝聚爱岗敬业正能量	通过微元素的融入，通过讲微故事，让学生产生微感悟，实现素养微养成	引导学生学习劳模精神，表现故取向上，发有为的精神力量，立志为化工安全工作做出贡献
	知识讲授	2.安全对化工工生产的重要性	—	—	1.根据学生学习情况，通过点评PPT集中精讲内容。2.发布点将检查等活动，考核学生对知识点的学习情况	1.仔细听老师重点讲解。2.学习通过手机完成工院云课堂上的活动，回答相关问题	实现知识目标2	1.会识辨化工生产中重大危险源
	动手做一做	识辨化工工艺中重大危险源性	—	—	布置任务：分组完成，针对合识辨危险源	成工合作完成识辨危险源任务	实现能力目标	(1)能采取个人防护措施，降低伤害事故风险；(2)会识辨化工生产中重大危险源
	小组汇报点评总结	组织评价	—	—	1.组织学生进行小组汇报。2.对汇报情况进行点评	1.小组代表汇报。2.组内成员补充。3.其他小组成员点评	检查任务完成情况	—
	云课堂平台提问问题	—	—	课中测试几个问题	学生通过云课堂回答问题	检验学生学习成效，进一步加深对知识的理解	—	—
课后拓展	布置作业	课外思政作业：了解化工行业劳模事迹，感悟劳模精神	—	—	1.发布本次课外作业。2.线上关注学生提出的问题	1.课后学生反思课堂知识。2.完成课外作业，巩固所学知识	将课程思政延伸到课外	1.学生对劳模事迹有更深的了解。2.对劳模敬业奉献精神更加认同

思政案例

思政微元素：敬业奉献

思政微故事：

学习劳模精神，凝聚爱岗敬业正能量

——全国劳动模范张磊

全国劳模表彰大会 2020 年 11 月 24 日在北京人民大会堂举行接受党中央、国务院授予张磊的崇高荣誉称号——"全国劳动模范"。

张磊，男，汉族，1982 年 5 月生，中共党员，研究生学历，硕士，中国石油天然气股份有限公司广西石化分公司生产一部副主任，高级工程师。他负责的管理创新项目"催化裂化装置量化生产管理研究与实践"高标准通过集团公司验收，在中石油炼化板块全面推广，并荣获中国石油企业协会企业管理现代化创新优秀成果二等奖。荣获全区创先争优优秀共产党员。2020 年 5 月，张磊被评为广西 2020 年全国劳动模范候选人。2020 年 11 月，张磊获评"全国劳动模范"。

他 10 余年来，扎根生产一线、勤于学习、勇攀高峰，积极探索实践装置量化管理，把炼化生产的核心装置——催化装置的生产运行管理推向国内外领先水平。

（资料来源：https://new.qq.com/rain/a/20201124A0G9DK00）

微感悟：

认识到只要肯学肯干肯钻研，不怕困难、锐意进取、开拓创新，练就一身真本领、掌握一门新技术，就一定能在平凡的岗位上做出更大贡献。

二、《石油化工安全生产与管理制度》

《石油化工安全生产与管理制度》教案设计见图4-3。

广西工业职业技术学院
教案首页

课程名称	化工安全技术	本教案授课学时	2
本次课标题	石油化工安全生产与管理制度		
教学目标	能力目标： （1）能认知石油化工生产的复杂性、多样性、先进性； （2）能制定安全生产责任制 知识目标： （1）分析石油化工生产的特点； （2）理解安全生产责任制的内涵 素质目标： （1）思政目标：树立安全的法律意识和安全责任意识，守纪守法； （2）通过学习小组训练团队的组织能力、合作协调能力		
思政微元素	遵纪守法		
教学主要内容	一、石油化工生产的特点 二、安全生产责任制		
教学重点、难点	重点：安全生产责任制 难点：制定安全生产责任制度		
备注			

图4-3　《石油化工安全生产与管理制度》的教案设计

《石油化工安全生产与管理制度》的教学设计见表4-5。

表4-5 《石油化工安全生产与管理制度》教学设计

课程组织	教学环节	教学内容	线上活动		线下活动		设计意图	育人目标
			教师活动	学生活动	教师活动	学生活动		
课前预习	发布教学资源	发布教学资源：电子教案、PPT课件、微课视频、过关测试题	1.准备学习资源：电子教案、PPT课件、导学案、微课视频、过关测试题。2.通过云课堂上传课程学习资源，发布学习任务，引导学生学习本次课内容，完成课前任务测试	1.接收课程资源，预习观看微课视频、PPT课件等。2.自我测验完成导学案、过关测试题。3.做好完成课堂学习任务的准备。	—	—	培养学生自主学习和收集材料能力	养成良好的学习习惯，为进入企业工作养成良好职业素养
	云课堂交流互动	—	1.监督学生下载学习情况。2.在云平台上在线答疑。3.分析学生在线学习行为，做好课前任务下教学活动调整	在学习过程或完成导案过程中，碰到困难与老师在线上交流，在线提问，解决问题	—	—		
课中学习	考勤	—	—	—	观看云课堂上签到情况	学生用手机登录，进入学习状态	检查学生到课率	培养按时上课上班劳动纪律观念
	导入	—	—	—	分析课前同学们在工院云课堂上完成过关测试题的情况，导入本次课	通过认真听老师的分析，对一些问题进一步地理解	1.对学生预习结果的反馈。2.通过检查分析，使学生更加重视每次课前的过关测试	—
	知识讲授	1.石油化工生产的特点	—	—	1.根据学生学习情况，通过讲PPT集中精讲内容。2.发布投票、点名、抢答等环节，考核学生学习掌握知识情况	1.仔细聆听老师讲解。2.学生通过云课堂回答问题	分析石油化工生产的特点	能认知石油化工的复杂性、多样性，先进性

基于有效课堂的职业院校课堂教学诊改研究与实践

表4-5（续）

课程组织	教学环节	教学内容	线上活动		线下活动		设计意图	育人目标
			教师活动	学生活动	教师活动	学生活动		
课中学习	思政教学（四微一体，微元素、微故事、微感悟、微养成）	学法、懂法、守法，始终保持对事故的戒惧	—	—	讲广西嘉丰水泥制品有限责任公司"11·8"事故，警示学生遵守规章制度和法律法规，讲守法律规范的重要性	1.学生思考。2.学生讨论、感悟	必须重视安全生产工作，否则可能被追究刑事责任。学法、懂法、守法，守法依法规安全生产，始终保持对生命故的戒惧，才能消除非法违法行为，消除事故隐患	通过典型工程事故案例分析，树立安全生产的法律意识和安全责任
	知识讲授	2.安全生产责任制	—	—	1.根据学生学习情况，通过PPT集中精讲内容。2.发布投票、点名、抢答等环节，考核学生学习掌握知识情况	1.仔细听老师讲解。2.学生通过云课堂回答问题	理解安全生产责任制的内涵	能制定安全生产责任制度
	问题思考	云课堂平台提问问题	—	—	课中测试几个问题	学生通过云课堂答问题	检验学生学习成效	—
	点评总结	组织评价	—	—	1.组织学生总结本次课学习内容。2.布置作业。3.发布下一单元学习任务	学生总结接收	锻炼学生总结能力	—
课后拓展	布置作业	课外作业收集相关化工企业安全生产责任制度	—	—	1.发布本次课外作业。2.线上关注回答学生提出的问题	1.课后学生反思课堂知识。2.完成课外作业，巩固所学知识	将课程内容延伸到课外	更好地巩固课中学习内容

思政案例

思政微元素：遵纪守法

思政微故事：

前事不忘，后事之师

——广西嘉丰水泥制品有限责任公司"11·8"人员被埋事故

2018 年 11 月 8 日 13 时许，广西嘉丰水泥制品有限责任公司发生一起人员被埋窒息事故，造成一人死亡，直接经济损失约 60 万元。造成这一事故的直接原因是提料员田毕义进入 5 号料仓卸料口检查不慎被埋窒息死亡。间接原因是广西嘉丰水泥制品有限责任公司及其负责人履行督促、检查安全生产工作职责不到位，未能督促、检查本单位的安全生产工作，及时消除生产安全事故隐患；作业现场无安全警示标志，广西嘉丰公司操作规程不规范、不健全，未明确到提料员巡查料仓的作业范围及人数。经调查组依法调查取证、分析，认定这是一起生产安全责任事故。广西嘉丰水泥制品有限责任公司及其负责人违反了《中华人民共和国安全生产法》(2017 年版) 第十八条第五项的相关规定和第四十一条、第二十二条第五项的相关规定，由邕宁区安监局依法处理。

（资料来源：腾讯网，https://new.qq.com/cmsn/20190120/20190120004993.html）

微感悟：

从这些事实中我们可以感悟到什么？

互动环节：为什么会发生这起事故？我们能从这个事故总结出什么经验教训？我们应如何防范事故发生？

"前事不忘，后事之师"。2021 年 3 月 1 日，主席令第 33 号《中华人民共和国刑法修正案（十一）》正式施行，在原刑法第一百三十四条后增加了"危险作业罪"，同时修订了部分条款，提高了事前问责的严重度。这意味着企业必须高度重视安全生产工作，否则即使不发生生产安全事故，也可能被追究刑事责任。只有学法、懂法、守法，坚守安全生产的底线意识，始终保持对事故的戒惧，对生命的敬畏，才能消除非法违法行为，消除事故隐患。

三、《石油化工安全培训教育制度》

《石油化工安全培训教育制度》教案设计见图4-4。

<table>
<tr>
<td colspan="4" align="center">广西工业职业技术学院
教案首页</td>
</tr>
<tr>
<td align="center">课程名称</td>
<td align="center">化工安全技术</td>
<td align="center">本教案
授课学时</td>
<td align="center">2</td>
</tr>
<tr>
<td align="center">本次课标题</td>
<td colspan="3" align="center">石油化工安全培训教育及检查制度</td>
</tr>
<tr>
<td align="center">教学目标</td>
<td colspan="3">能力目标：
（1）能制定石油化工安全培训方案；
（2）能制定安全检查流程
知识目标：
（1）理解石油化工安全培训教育的内容；
（2）理解安全培训教育及检查的意义
素质目标：
（1）思政目标：培养学生精益求精的科学探索精神和脚踏实地的实干精神，工匠精神；
（2）努力培养正确的人生观、价值观，奉献社会</td>
</tr>
<tr>
<td align="center">思政微元素</td>
<td colspan="3">工匠精神</td>
</tr>
<tr>
<td align="center">教学
主要内容</td>
<td colspan="3">石油化工安全培训教育及检查制度
一、石油化工安全培训教育制度
二、安全培训检查制度</td>
</tr>
<tr>
<td align="center">教学重点、
难点</td>
<td colspan="3">重点：石油化工安全培训教育
难点：安全检查制度</td>
</tr>
<tr>
<td align="center">备注</td>
<td colspan="3"></td>
</tr>
</table>

图4-4 《石油化工安全培训教育制度》的教案设计

《石油化工安全培训教育制度》的教学设计见表4-6。

表 4-6 《石油化工安全培训教育及检查制度》教学设计

课程组织	教学环节	教学内容	线上活动		线下活动		设计意图	育人目标
			教师活动	学生活动	教师活动	学生活动		
课前预习	发布教学资源	发布教学资源：电子教案、PPT课件、微课视频、过关测试题	1.准备学习资源：PPT课件、导学案、微课视频、导学案。2.通过云课堂上传课程学习资源，引导学生学习本次课内容，完成课前测试题任务	1.接收课程资源，预习观看微课视频，PPT课件等。2.自我测试过关验收学案，过关测试题任务。3.做好课堂学习任务的准备	—	—	培养学生自主学习和收集材料能力	养成良好的学习习惯，为进入企业工作打下良好职业素养
	云课堂交流互动	—	1.监督学生下载学习情况。2.在云平台上在线答疑。3.分析学生在线学习行为，做好线下教学活动调整	在学习或完成导学案过程中，碰到困难与老师在线上交流，在线提问，解决问题	—	—		
课中学习	考勤	—	—	—	观看云课堂上签到情况	学生用手机登录，进入学习状态	检查学生到课率	培养学生遵守纪律的自觉性
	导入	—	—	—	分析课前同学们在工院云课堂上完成过关测试题的情况，导入本次课	通过认真听老师的分析，对一些问题进一步地理解	1.对学生预习结果的反馈。2.通过检查分析，使学生更加重视每次课前的过关测试	—
	知识讲授	1.石油化工安全培训教育制度	—	—	1.根据学生学习情况，通过云课堂PPT集中精讲内容。2.发布投票、点名、抢答等头脑风暴环节，考核学生学习掌握知识点情况	1.仔细听听老师重点讲解。2.学生通过云课堂回答问题	懂石油化工安全培训教育的内容	能制定石油工化安全培训方案

表4-6（续）

课程组织	教学环节	教学内容	线上活动 教师活动	线上活动 学生活动	线下活动 教师活动	线下活动 学生活动	设计意图	育人目标
课中学习	思政教学（四微一体：微元素、微故事、微感悟、微养成）	追求精益求精，成就出彩人生	—	—	讲大国工匠之追求精益求精的广西工匠：平凡岗位"吊"出精彩人生——记吊车司机叶昌榜	1.学生思考。2.学生讨论，谈感悟	"工匠精神"体现在每个普通人的工作中。细小处能成大事。只要不断追求卓越，执念持不懈，并念细节不懈，就能够在平凡的工作岗位上成就出彩人生	培养学生精益求精的科学探索精神和脚踏实地的实干精神，努力实现最伟大的人生价值，奉献社会
	知识讲授	2.石油化工安全检查制度	—	—	1.根据学生学习情况，通过PPT精讲内容。2.发布投票、点名、抢答等环节，考核学生学习掌握知识点情况	1.仔细听老师重点讲解。2.学生通过云课堂回答问题	理解安全培训教育及检查的意义	能制定安全检查流程
	问题思考	云课堂平台提问问题	—	—	课中测试几个问题	学生通过云课堂回答问题	检验学生学习成效	—
	点评总结	组织评价	—	—	1.组织学生总结本次课学习内容。2.布置作业。3.发布下一单元学习任务	1.学生总结。2.接收任务	锻炼学生总结能力	—
课后拓展	布置作业	课外作业 收集相关石油化工企业安全生产培训流程及内容	—	—	1.发布本次课外作业。2.线上关注学生提出的问题	1.课后学生反思课堂知识，完成课外作业，巩固所学知识	将课程内容延伸到课外	培养学生懂石油化工安全培训的内容及安全检查的流程

思政案例

思政微元素：工匠精神

思政微故事：

平凡岗位"吊"出精彩人生

——记吊车司机叶昌榜

叶昌榜，男，汉族，2003 年 7 月毕业于广西航运学校起重运输与工程机械专业并参加工作，中专学历，中共党员。现为中国石油天然气第六建设有限公司吊车司机，技师，兼任桂林市青联副主席。2020 年 12 月，叶昌榜被授予"广西壮族自治区劳动模范"荣誉称号。

作为一名"80 后"，他在吊车司机岗位上认真钻研，苦练本领，掌握了"人机合一"的操作技巧。他开过 25 吨到 400 吨的各型吊车，在独山子、四川、云南、华北、塔里木等多个重点项目中，精准安全地吊装大大小小各类设备 1 万多台套，为公司立起了一座座钢铁丰碑。在"徐工杯"第四届全国吊装技能竞赛中，他技压群雄，夺得冠军，为中国石油拿下了全国吊装技能竞赛领域历史性的首金。他热爱祖国、热爱中国共产党，他强化责任使命担当，践行石油工人"三老四严""苦干实干"的精神，全国技术能手、桂林工匠、广西青年五四奖章、桂林市优秀共产党员、中国寰球工程有限公司"技能创新能手"等诸多荣誉是他干一行、爱一行、专一行，立足岗位做奉献的最好证明。他矢志不渝地奋战在石油施工建设的前线，充分发挥了先锋模范作用。

（资料来源：百度百科，https://baike.baidu.com/item/%E5%8F%B6%E6%98%8C%E6%A6%9C/50354383？fr=aladdin）

微感悟：

从吊车司机叶昌榜精准安全吊装的成就中可以感悟到什么？

互动环节：我们学习叶昌榜的故事有何感受？结合自己的专业说一说如何在未来平凡的岗位上创造属于自己的精彩人生？

"工匠精神"并不一定只体现在高端神秘，甚至飞天遁地入海的浩大工程中，它更体现在每个普通人的工作和学习中。见微知著，于细小处成大事。我们要学习他"追求卓越"的精神，学习他"执念细节"的态度，学习他"坚持不懈"的毅力，在平凡的工作岗位上成就出彩人生，书写新时代大国工匠精神。

当代大学生担当新时代赋予的责任，就应当在服务人民、奉献社会的实践中创造有意义的人生。在当今中国，最重要的社会实践，就是实现中华民族的伟大复兴。积极投身社会实践，在基层一线砥砺品质，在实践中发现新知、运用真知，在解决实际问题的过程中增长才干，精益求精，不断提高实践能力、创新能力，实现最大的人生价值，奉献社会。

四、《危险和有害因素分类；危险和有害因素辨识、评价与控制》

《危险和有害因素分类；危险和有害因素辨识、评价与控制》教案设计见图 4-5。

广西工业职业技术学院 教案首页			
课程名称	化工安全技术	本教案 授课学时	2
本次课标题	危险和有害因素分类、辨识、评价与控制		
教学目标	能力目标： （1）能进行危险和有害因素分类； （2）能编写危险和有害因素辨识手册和评价与控制体系 知识目标： （1）懂危险和有害因素分类； （2）能辨识、评价与控制危险和有害因素 素质目标： （1）思政目标：树立"技术报国、科技报国"的理想，具有学习报国的家国情怀； （2）树立为建设中国特色社会主义伟大事业而奋斗终生的坚定信念		
思政微元素	家国情怀		
教学 主要内容	一、危险和有害因素分类 二、危险和有害因素辨识、评价与控制		
教学重点、 难点	重点：危险和有害因素辨识、评价与控制 难点：危险和有害因素辨识、评价与控制		
备注			

图 4-5 《危险和有害因素分类；危险和有害因素辨识、评价与控制》的教案设计

《危险和有害因素分类；危险和有害因素辨识、评价与控制》的教学设计见表 4-7。

表4-7 《危险和有害因素分类、辨识、评价与控制》教学设计

课程组织	教学环节	教学内容	线上活动 教师活动	线上活动 学生活动	线下活动 教师活动	线下活动 学生活动	设计意图	育人目标
课前预习	发布教学资源	发布教学资源：电子教案、PPT课件、微课视频、过关测试题	1.准备学习资源：电子教案，PPT课件，导学学案，微课视频，过关测试题。2.通过云课堂上传课程学习资源，发布学习任务，引导学生学习本次课内容，完成课前任务测试	1.接收课程资源，预习观看微课视频，PPT课件等。2.自我测验完成过关测试题。3.做好完成课堂学习任务的准备。	—	—	培养学生自主学习和收集材料能力	养成良好的学习习惯，为进入企业工作打下良好职业素养
	云课堂交流互动	—	1.监督学生下载导学情况。2.在云平台上在线答疑。3.分析学生在线学习行为，做好线下教学活动调整	在学习过成或导学案过程中，碰到困难与老师在线上交流，在线提问，问题解决	—	—		
课中学习	考勤	—	—	—	观看云课堂上签到情况	学生用手机登录，进入学习状态	检查学生到课率	培养按时上课上班劳动纪律观念
	导入	—	—	—	分析课前同学们在工院云课堂上完成过关测试题的情况，导入本次课	通过认真听老师的分析，对一些问题进一步地理解	1.对学生预习结果的反馈。2.通过检查作业，使学生更加重视每次课前的过关测试	—
	知识讲授	1.危险和有害因素分类	—	—	1.根据学生学习情况，通过PPT集中精讲内容。发布投票、点名、抢答等环节，考核学生学习掌握知识点情况	1.仔细听老师讲解。2.学生通过云课堂回答问题	懂危险有害因素分类的意义	能进行危害有害因素分类

表4-7（续）

课程组织	教学环节	教学内容	线上活动		线下活动		设计意图	育人目标
			教师活动	学生活动	教师活动	学生活动		
	思政教学（四微一体，微元素、微故事、微感悟、微养成）	深植爱国主义情怀，传承弘扬民族精神	—	—	讲案例—侯德榜：打破欧美71年的技术封锁，放弃价值万亿元的专利。引导学生树立科技"报国"的理想，激起学生学习报国的理想情怀	1.学生思考。2.学生讨论、感悟	勤奋学习，培养扎实的专业素养，培养争名报国，力争为祖国化工事业、产业蓬勃发展而奋斗	培养创新能力与家国情怀并重的职业人，树立为建设中国特色社会主义伟大事业而奋斗终生的坚定信念
课中学习	知识讲授	2.危险和有害因素辨识、评价与控制	—	—	1.根据学生学习情况，通过PPT集中精讲内容。2.发布投票、点名、抢答等环节，考核学生学习掌握知识点情况	1.仔细听老师重点讲解。2.学生通过云课堂回答问题	懂危险和有害因素辨识、评价与控制的重要性	能编写危险和有害辨识手册和评价控制体系
	问题思考	云课堂平台提问问题	—	—	课中测试几个问题	学生通过云课堂回答问题	检验学生学习成效	—
	点评总结	组织评价	—	—	1.组织学生总结本次学习内容。2.布置作业。3.发布下一单元学习任务	1.学生总结。2.接收任务	锻炼学生总结能力	—
课后拓展	布置作业	课外作业 对日常生活及工业生产的危险和有害因素进行分类、辨识	—	—	1.发布本次课外作业。2.线上关注回答学生提出的问题	1.课后学生反思课堂知识，完成课外作业，巩固所学知识	将课程内容延伸到课外	学以致用

思政案例

思政微元素：家国情怀

思政微故事：

脚踏实地、顽强拼搏
——侯德榜：打破欧美 70 多年的技术封锁

侯德榜（1890 年 8 月 9 日—1974 年 8 月 26 日），我国的化工专家，中国的科学院院士。他早年考入清华大学，后又留学于美国，在美国的麻省理工学院获得学士学位。他于 1919 年在哥伦比亚大学获得硕士学位，紧接着拿下博士学位。回国后的侯德榜担任南京铵厂厂长、永利化学工业的总工程师等。1949 年后又担任化学工业部副部长、中国化学会理事长等多个职位。

他在中国的化学工业上取得了巨大的成就。在他的指导下，中国成立了亚洲第一大碱厂，随后生产出的红三角新型碱性获金质奖。1932 年，他用英文撰写了《纯碱制造》这本书，打破了帝国主义者对碱技术的垄断。1943 年，他在实验室里完成了多个研制纯碱的技术，这个方法就是侯氏制碱法。侯德榜对中国化工业的贡献不仅仅只是一个侯氏制碱法，他研究的三酸两碱为中国的工农业带来了很大的经济利润。由此可以看出中国人的智慧与勤劳。

为了国家的化工事业，他走遍了全国各地，甚至在他 70 岁高龄的时候，仍旧和技术人员一起探讨设计新工艺，为了中国的工农业的发展，鞠躬尽瘁。

（资料来源：中国科学报，https://www.xuexi.cn/lgpage/detail/index.html? id = 15460135554008913809）

微感悟：

从侯德榜的事迹中可以感悟到什么？

侯德榜先生为什么能在化学工业上取得了巨大的成就？

侯德榜先生是一位胸怀爱国情结和民族大义的时代楷模。爱国主义精神和民族精神是中华民族生生不息、薪火相传的精神支撑，是中华民族不断发展壮大的思想根基，也是当代大学生人格形成中不可或缺的重要品质。侯德榜的爱国主义精神和民族精神不断激励着化工后人，为中国的化工事业不断创奇迹！

侯德榜先生曾说："勤奋、拼搏是我一生的座右铭。"在这一精神的引领下，他从学生时代就不懈追求、刻苦钻研，最终打破了索尔维集团对制碱技术70 多年的垄断，发明了世界制碱领域最先进的技术，并为祖国的化工事业奋斗终生。侯德榜先生的一生，是排除万难、脚踏实地、顽强拼搏、鞠躬尽瘁的一生。

学习侯德榜先生的精神，就是要勤奋学习，培养扎实的专业素养，淡泊名利，力争科技报国，为祖国化工事业蓬勃发展而奋斗。

五、《危险化学品的定义与特性、分类》

《危险化学品的定义与特性、分类》教案设计见图4-6。

<table>
<tr>
<td colspan="4" align="center">广西工业职业技术学院
教案首页</td>
</tr>
<tr>
<td align="center">课程名称</td>
<td align="center">化工安全技术</td>
<td align="center">本教案
授课学时</td>
<td align="center">2</td>
</tr>
<tr>
<td align="center">本次课标题</td>
<td colspan="3" align="center">危险化学品的定义与特性、分类</td>
</tr>
<tr>
<td align="center">教学目标</td>
<td colspan="3">能力目标：
（1）能分辨危险化学品，预防危害；
（2）能进行危险化学品分类，制定使用注意事项
知识目标：
（1）理解危险化学品的定义；
（2）理解危险化学品分类
素质目标：
（1）思政目标：培养爱岗敬业，用心服务，以人民为中心；
（2）通过学习小组训练团队的组织能力、合作协调能力</td>
</tr>
<tr>
<td align="center">思政微元素</td>
<td colspan="3">以人民为中心</td>
</tr>
<tr>
<td align="center">教学
主要内容</td>
<td colspan="3">一、危险化学品的定义与特性
二、危险化学品的分类</td>
</tr>
<tr>
<td align="center">教学重点、
难点</td>
<td colspan="3">重点：危险化学品的分类
难点：危险化学品的分类</td>
</tr>
<tr>
<td align="center">备注</td>
<td colspan="3"></td>
</tr>
</table>

图4-6 《危险化学品的定义与特性、分类》的教案设计

《危险化学品的定义与特性、分类》的教学设计见表4-8。

表4-8 《危险化学品的定义与特性、分类》教学设计

课程组织	教学环节	教学内容	线上活动		线下活动		设计意图	育人目标
			教师活动	学生活动	教师活动	学生活动		
课前预习	发布教学资源	发布教学资源：电子教案、PPT课件、微课视频、过关测试题	1.准备学习资源：电子教案，PPT课件，导学案，微课视频，过关测试题。2.通过云课堂上传课程学习资源，发布学习任务，引导学生完成本次课学生学习前任务。3.做好完成课内容、完成课前的准备	1.接收课程资源，预习观看微课视频，PPT课件等。2.自我测验，通过关完成测试题。3.做好课堂学习任务	—	—	培养学生自主学习和收集材料能力	养成良好的学习习惯，为进入企业工作打下良好职业素养
	云课堂交流互动	—	1.监督学生下载学习情况。2.在云平台上在线答疑。3.分析学生在线学习行为，做好线下教学活动调整	在学习或完成导学案过程中，碰到困难与老师在线上交流，在线提问，解决问题	—	—		
课中学习	考勤	—	—	—	观看云课堂上签到情况	学生用手机登录，进入学习状态	检查学生到课率	培养按时上课上班，遵守劳动纪律的观念
	导入	—	—	—	分析课前同学们在工院云课堂上完成的过关测试题的情况、导入本次课	通过认真听老师的分析，对一些问题进一步地理解	1.对学习预习结果的反馈。2.通过检查分析，使学生更加重视每次课前的过关测试	—
	知识讲授	1.危险化学品的定义与特性	—	—	1.根据学生学习情况，通过PPT集中精讲内容。2.发布投票、点名、抢答等风暴点名、抢答等环节，考核学生学习掌握知识点情况	1.仔细听老师讲解。2.学生通过云课堂回答问题	懂危险化学品的定义与特性	能分辨危险化学品、预防危害

表4-8（续）

课程组织	教学环节	教学内容	线上活动		线下活动		设计意图	育人目标
			教师活动	学生活动	教师活动	学生活动		
课中学习	思政教学（四微一体：微元素、微故事、微感悟、微养成）	以人民为中心，致力于把生产安全放在首位	—	—	讲"8·12"天津滨海新区爆炸事故警示，融入人民至上、生命至上的微元素。企业是生产活动的根源，党的宗旨是为人民服务，把安全责任落实到每个人，这样才能真正意义地提高安全意识，又能降低风险，也保证了每个人的财产和生命安全	1.学生思考。2.学生讨论、感悟	切实提高责任意识，保护人民生命财产的安全，培养爱岗敬业、用心服务的宗旨，是贯彻落实党中央的要求，也是安全工作的要求	把安全责任放在首位是"以人民为中心"的初心的践行
	知识讲授	2.危险化学品的分类	—	—	1.根据学生学习情况，通过PPT集中精讲内容。2.发布投票、点名、抢答等环节，考核学生学习掌握知识点情况	1.仔细听老师重点讲解。2.学生通过云课堂回答问题	懂危险化学品的分类	能进行危化学品分类，制定使用注意事项
	问题思考	云课堂平台提问	—	—	课中测试几个问题	学生通过云课堂回答问题	检验学生学习成效	—
	点评总结	组织评价	—	—	1.组织学生总结本次课学习内容。2.布置作业。3.发布下一单元学习任务	1.学生总结。2.接收任务	锻炼学生总结能力	—
课后拓展	布置作业	课外作业 对日常生活及工业垃圾分类，辨识	—	—	1.课后学生反思课作业。2.线上关注回答学生提出的问题	1.课后学生总结课堂知识。2.完成课外作业，巩固所学知识	将课程内容延伸到课外	培养理论联系实际的能力

思政案例

思政微元素：以人民为中心

思政微故事：

以人民为中心 把人民生命安全放在首位
——"8·12"天津滨海新区爆炸事故警示

2015 年 8 月 12 日 23：30 分左右，位于天津市滨海新区天津港的瑞海公司危险品仓库发生火灾并引发爆炸事故，发生爆炸的是集装箱内的易燃易爆物品。现场火光冲天，附近居民能听到巨大爆炸声。现场先后发生过两次爆炸，直接腾起蘑菇云，两千米内建筑玻璃全部被震碎，救援人员被困。近震震级（ML）约 2.9 级，相当于 21 吨炸药（TNT）爆炸。据中国地震台网测报，周边相邻的河北河间、肃宁等地均有震感。

爆炸区仓库里有危险品七大类，40 种左右，重 2 500 吨，主要是氧化物、易燃物体和剧毒物三大类。爆炸事故造成 165 人遇难，8 人失踪，798 人受伤。304 幢建筑物、12 428 辆商品汽车、7 533 个集装箱受损。港口区域大面积损毁，建筑物、基础设施、港口设施以及包括海运集装箱和汽车在内的存放货物受损严重，数千辆进口汽车在事故中烧毁和损坏。截至 2015 年 12 月 10 日，依据《企业职工伤亡事故经济损失统计标准》等标准和规定统计，已核定的直接经济损失 68.66 亿元。

事故原因查明为瑞海公司危险品仓库运抵区南侧集装箱内硝化棉由于湿润剂散失出现局部干燥，在高温等因素的作用下积热自燃，引起相邻集装箱内的硝化棉和其他危险化学品长时间大面积燃烧，导致堆放于运抵区的硝酸铵等危险化学品发生爆炸。经国务院调查组认定，天津港"8·12"瑞海公司危险品仓库火灾爆炸事故是一起特别重大生产安全责任事故。

（资料来源：京华消防网校，http://xf.jhwx.com/admintextmenber/zhengcefagui/60.html）

微感悟：

从这些事实中我们可以感悟到什么？

互动环节：我们应该从这起事故中吸取什么教训？如何避免事故发生？

习近平总书记指出，我们党来自人民、扎根人民、造福人民，全心全意为人民服务是党的根本宗旨，必须以最广大人民根本利益为我们一切工作的根本出发点和落脚点。生命是最宝贵的财富。习近平总书记强调，要始终把人民生命安全放在首位，以对党和人民高度负责的精神，完善制度、强化责任、加强管理、严格监管，把安全生产责任制落到实处，切实防范重特大安全生产事故的发生。这既是人民利益高于一切的彰显，也是对"以人民为中心"的初心践行。这也是我们党的伟大、我们党的强大、我们党的崇高威望之源泉。我们深信，只要全党同志牢固树立"四个意识"，坚决做到"两个维护"，奋力践行党的宗旨，始终坚持"以人民为中心"去思考和工作，敢于担当作为，我们党绘制的"两个百年"的奋斗目标和中华民族伟大复兴的中国梦，就一定能成为光辉灿烂的现实。

吸取事故的教训，反思存在问题的原因，切实提高责任意识，保护人民生命财产的安全，必须培养爱岗敬业，用心服务，既是贯彻落实党中央的要求，也是安全工作的要求。要贯彻以人民为中心的发展思想，切实履行岗位职责，扎实做好安全工作。企业日常的生产活动是事故发生的根源，要践行党的宗旨，把安全意识和责任落实到每个人，这样才能真正意义上提高安全意识，降低事故风险，也保证了每一个人的财产和生命安全。

六、《危险化学品的运输、贮存安全》

《危险化学品的运输、贮存安全》教案设计见图4-7。

<table>
<tr><td colspan="4" align="center">广西工业职业技术学院
教案首页</td></tr>
<tr><td>课程名称</td><td>化工安全技术</td><td>本教案
授课学时</td><td>2</td></tr>
<tr><td>本次课标题</td><td colspan="3" align="center">危险化学品的运输、贮存安全</td></tr>
<tr><td>教学目标</td><td colspan="3">能力目标：
（1）能对危险化学品的运输制定安全运输方案及应急措施；
（2）能对危险化学品的安全贮存进行安全评估
知识目标：
（1）理解危险化学品的运输；
（2）掌握安全贮存危险化学品的方法
素质目标：
（1）思政目标：培养学生努力将个人成长与祖国的前途命运紧密相连的爱国主义精神
（2）树立为中华民族的伟大复兴而奋斗的信念</td></tr>
<tr><td>思政微元素</td><td colspan="3">爱国主义</td></tr>
<tr><td>教学
主要内容</td><td colspan="3">一、危险化学品的运输安全
二、危险化学品的贮存安全</td></tr>
<tr><td>教学重点、
难点</td><td colspan="3">重点：危险化学品的运输、贮存安全
难点：危险化学品的运输、贮存安全</td></tr>
<tr><td>备注</td><td colspan="3"></td></tr>
</table>

图4-7 《危险化学品的运输、贮存安全》的教案设计

《危险化学品的运输、贮存安全》的教学设计见表4-9。

表 4-9 《危险化学品的运输、贮存安全》教学设计

课程组织	教学环节	教学内容	线上活动		线下活动		设计意图	育人目标
			教师活动	学生活动	教师活动	学生活动		
课前预习	发布教学资源	发布教学资源：电子教案、PPT课件、微课视频、过关测试题	1.准备学习资源：电子教案,PPT课件,导学案,微课视频等,导学过关测试题等。2.通过云课堂上传课程学习资源,发布学习任务,引导学生学习本次课前任务。3.分析学生在线学习行为,做好线下任务完成课前任务测试	1.接收课程资源,预习观看微课视频,PPT课件等。2.自我测验完成导学案,过关测试题任务。3.做好完成课堂学习任务的准备	—	—	培养学生自主学习和收集材料能力	养成良好的学习习惯,为进入企业工作奠定良好职业素养
	云课堂交流互动	—	1.监督学生下载学习情况。2.在云平台上在线答疑。3.分析学生在线学习行为,做好线下教学活动调整	在学习或完成导学案过程中,碰到难题上交流,在线提问,解决问题	—	—		
课中学习	考勤	—	—	—	观看云课堂上签到情况	学生用手机登录,进入学习状态	检查学生到课率	培养按时上课不挺劳动纪律观念
	导入	—	—	—	分析课前同学们在工院云课堂上完成的过关云测试题的情况,导入本次课	通过认真听老师的分析,对一些问题进一步地理解	1.对学生预习结果的反馈。2.通过检查分析,使学生更加重视每次课前的过关测试	—
	知识讲授	1.危险化学品的运输安全	—	—	1.根据学生学习情况,通过PPT集中精讲内容。2.发布投票,点名,抢答等风暴环节,考核学生学习掌握知识点情况	1.仔细听老师重点讲解。2.学生通过云课堂回答问题	会安全运输危险化学品	能对危险化学品的运输制订安全运输方案及应急措施

表4-9（续）

表4-9（续）

课程组织	教学环节	教学内容	线上活动		线下活动		设计意图	育人目标
			教师活动	学生活动	教师活动	学生活动		
课中学习	思政教学（四微一体：微元素、微故事、微感悟、微养成）	爱国奋斗有担当，建功立业新时代	—	—	讲微故事——心怀祖国生化事业的中国近代生物化学科研事业的主要奠基人王应睐	1.学生思考。2.学生讨论、感悟	继续弘扬和传承老一辈科研工作者爱国主义精神，艰苦奋斗、科学严谨、探索创新的精神，为中国特色社会主义现代化建设奠基立业	引导学生关注先进的技术和应用，培养学生与祖国的前途命运紧密相连，激发青年学生的爱国热情，树立为中华民族复兴伟大复兴而奋斗的信念
	知识讲授	2.危险化学品的贮存安全	—	—	1.根据学生学习情况，通过PPT集中精讲内容。2.发布投票、点名、抢答等环节，考核学生学习掌握知识点情况	1.仔细听老师重点讲解。2.学生通过云课堂回答问题	懂危险化学品的安全储存	能对危险化学品的安全贮存进行安全评估
	问题思考	云课堂平台提问问题	—	—	课中测试几个问题	学生通过云课堂回答问题	检验学生学习成效	—
	点评总结	组织评价	—	—	1.组织学生总结本次课学习内容。2.布置作业。3.发布下一单元学习任务	1.学生总结。2.接收任务	锻炼学生总结能力	—
课后拓展	布置作业	课外作业：列举5种不同危险化学品的运输安全注意事项	—	—	1.发布本次课外作业。2.线上关注回答学生提出的问题	1.课后学生反思课堂知识。2.完成课外作业，巩固所学知识	将课程内容延伸到课外	培养危险化学品的安全运输能力

思政案例

思政微元素：爱国主义

思政微故事：

爱国奋斗有担当，建功立业新时代

——心怀祖国生化事业的中国近代生物化学科研事业的主要奠基人王应睐

王应睐（1907年11月23日—2001年5月5日），福建金门人，生物化学家，中国近代生物化学科研事业的主要奠基人。1929年毕业于南京金陵大学化学系，1941年获英国剑桥大学哲学博士学位，1953年加入九三学社，1955年被选聘为中国科学院院士。王应睐主要研究酶化学与营养代谢，对维生素、血红蛋白、琥珀酸脱氢酶进行了深入的研究，发现酶肬与FAD是以共价键结合，并受底物与磷酸盐等物激活，这项工作是该酶研究的重要突破。成功地组织了在世界上首次完成具有生物活力的人工合成牛胰岛素和酵母丙氨酸转移核糖核酸两项重大基础性工作。这两项极具开创性的成果，让中国学者在世界生化舞台挺直了腰杆。

（资料来源：中国科学报，https://www.finding.com.cn/html/kexuejia/2020/1111/41207.html）

微感悟：

从这些事实中我们可以感悟到什么？

互动环节：作为新时代的大学生，应如何接下历史的接力棒，为国家现代化建设贡献自己的青春？

王应睐先生热爱祖国、淡泊名利，为创建创新型国家而努力奋斗。他为人谦和敦厚，有种儒家的学者风范；他心怀祖国生化事业，新中国成立初期，国内各产业百废待兴，科技事业更是一派凋敝景象，在王应睐先生的努力下，先后引进了邹承鲁、曹天钦、钮经义等杰出人才。在科研工作者们的努力下，中国生化学科健康成长，并让世界看到中国力量，中国的生化事业在国际舞台大放光彩。

作为新时代的学生，我们应该继续弘扬和传承老一辈科研工作者热爱祖国、艰苦奋斗、科学严谨、探索创新的精神，把思想和行动统一到党中央决策部署上来，始终胸怀"两个大局"，提高政治站位，增强"四个意识"、坚定"四个自信"、做到"两个维护"，在思想上政治上行动上同以习近平同志为核心的党中央保持高度一致，做到守土有责、守土负责、守土尽责，为全面建设社会主义现代化国家建功立业。

七、《重大危险源及典型危险化学品事故的应急处置》

《重大危险源及典型危险化学品事故的应急处置》教案设计见图4-8。

广西工业职业技术学院
教案首页

课程名称	化工安全技术	本教案 授课学时	2
本次课标题	重大危险源及典型危险化学品事故的应急处置		
教学目标	能力目标： （1）能分辨重大危险源，制定应急处置措施； （2）能预防典型危险化学品事故的发生，制订事故发生应急方案 知识目标： （1）懂重大危险源； （2）会应急处置典型危险化学品事故 素质目标： （1）思政目标：培养学生不怕困难的精神，抗疫精神； （2）培养应对各种困难和处置突发事件能力		
思政微元素	抗疫精神		
教学 主要内容	一、重大危险源 二、典型危险化学品事故的应急处置		
教学重点、 难点	重点：典型危险化学品事故的应急处置 难点：典型危险化学品事故的应急处置		
备注			

图4-8 《重大危险源及典型危险化学品事故的应急处置》的教案设计

《重大危险源及典型危险化学品事故的应急处置》的教学设计见表4-10。

表 4-10 《重大危险源及典型危险化学品事故的应急处置》教学设计

课程组织	教学环节	教学内容	线上活动 教师活动	线上活动 学生活动	线下活动 教师活动	线下活动 学生活动	设计意图	育人目标
课前预习	发布教学资源	发布教学资源：电子教案、PPT课件、微课视频、过关测试题	1.准备学习资源，电子教案，PPT课件、导学案、微课视频、过关测试题。2.通过云课堂资源上传课程学习资源，发布学习任务，引导学生学习本次课内容，完成课前任务测试	1.接收课程资源，预习观看微课视频，PPT课件作业。2.自我测验完成导学案，过关测试。3.做好完成课堂学习任务的准备。	—	—	培养学生自主学习和收集材料能力	养成良好的学习习惯，为进入企业工作打下良好职业素养
课前预习	云课堂交流互动	—	1.监督学生学习情况。2.在云平台上在线答疑。3.分析学生在线学习行为，做好线下教学活动调整	在学习或完成导学案过程中，碰到困难在线上交流，在线提问，解决问题	—	—		
课中学习	考勤	—	—	—	观看云课堂上签到情况	学生用手机登录，进入学习状态	检查学生到课率	培养按时上课上班的纪律观念
课中学习	导入	—	—	—	分析课前同学们在工院云课堂上完成过关测试题的情况，导入本次课	通过认真听老师的分析，对一些问题进一步地理解	1.对学生预习结果的反馈。2.通过检查过关使学生更加重视每次课前的过关测试	—
课中学习	知识讲授	1.重大危险源	—	—	1.根据学生学习情况，通过PPT集中精讲内容，风暴、点名、抢答等环节，考核学生学习掌握知识点情况。2.发布投票、点名、抢答等	1.仔细听老师讲解。2.学生通过云课堂回答问题	会辨认重大危险源	能分辨重大危险源，制定应急处置措施

表4-10（续）

课程组织	教学环节	教学内容	线上活动		线下活动		设计意图	育人目标
			教师活动	学生活动	教师活动	学生活动		
	思政教学 （四微一体： 微元素、 微故事、 微感悟、 微养成）	弘扬抗疫精神，践行责任担当	—	—	讲共同战疫：一场没有"新娘、新郎"的"婚礼"。抗疫精神是同心一心、舟共济的守望相助精神，是闻令而动、雷厉风行的英勇奋战精神，是顾全大局、壮士断腕的"一盘棋"精神，是舍生忘死、逆行而上的英雄主义精神，是敢于胜利的积极乐观精神	1.学生思考。 2.学生讨论、谈感悟	在应对重大危机时，各行各业每个人都应该时刻不畏缓，人人有责	培养学生不怕困难的精神，提高应对各种困难和处置突发事件能力
课中学习	知识讲授	2.典型危险化学品事故的应急处置	—	—	1.根据学生学习情况，通过PPT集中精讲内容重点。 2.发布投票、抢答等风暴点名，考核学生学习掌握知识点情况	1.仔细听老师讲解。 2.学生通过云课堂回答问题	懂典型危险化学品事故的应急处置	能预防典型危险化学品事故的发生，制订事故发生应急预案
	问题思考	云课堂平台提问	—	—	课中测试几个问题	学生通过云课堂回答问题	检验学生学习成效	—
	点评总结	组织评价	—	—	1.组织学生总结本次课学习内容。 2.布置作业。 3.发布下一单元学习任务	1.学生总结。 2.接收任务	锻炼学生总结能力	—
课后拓展	布置作业	课外作业 对1个危险化学品事故的应急处置进行分析	—	—	1.发布本次课课外作业。 2.线上关注学生提出的问题	1.课后学生反思课堂知识，巩固所学知识。 2.完成课外作业	将课程内容延伸到课外	会分析危险化学品事故的应急处置

思政案例

思政微元素：抗疫精神

思政微故事：

共同战疫：一场没有新娘新郎的"婚礼"……

她是重庆市第五人民医院感染性疾病科护士，名叫彭霞。

2020 年 2 月 14 日，是彭霞与丈夫认识第三年的纪念日，也是二人新婚后的第 19 天。但 19 天前，他们竟双双缺席了婚礼。

2020 年 1 月 24 日，是农历大年三十，阖家团圆的日子。彭霞也满怀过节的喜悦，回到酉阳老家。再过四天，她将与黄俊林举办结婚典礼。

但随着新冠疫情的升级，彭霞的心里越来越焦虑：一边是家里紧张的婚庆张罗，一边是手机上科室里的忙碌身影。婚礼是自己人生的大事，而疫情是举国关注的大事，这让她十分矛盾、纠结。最终，越发严重的疫情动态，让她下定了决心。大年初一一大早，彭霞忍不住开口告诉了家人。

"昨天回来，今天就回去？天远地远赶回家，板凳都还没坐热呀！再说，马上就要办婚礼，三亲六戚都招呼到了，你的婚礼难道自己不出席，这像什么话？"父亲彭作朋感到疑惑，甚至有些动气。

"这次的新冠肺炎传染性很强，蔓延太快了！而我们感染科是疫情防控中最重要的部门之一，急需人手！加上上级已有最新通知，人员聚集性活动风险很大！不再允许大操大办！"彭霞预料到家人的反应，耐心解释。

彭霞的这番话，让一家人都愣住了。短暂沉默后，思考再三的爷爷打破了僵局："不是情况特殊，她也不会这么决定！听彭霞的，就让她回去吧！"

爷爷表了态，其他人也都不再说什么了。虽然心里还有些生气，但彭霞的母亲还是默默起身，到房间帮她收拾行李。

自己家人的工作做通了，新郎那边怎么办？家人们提出了担心。

"放心吧，他会支持我的！"彭霞转过身给身在主城九龙坡区家中的丈夫发了条微信："现在疫情越来越严重，我要马上回城！"丈夫是一名出租车驾驶员，大年初一凌晨四点刚下了夜班，原本上午这个点该是睡觉的时间，没想到他竟第一时间回复："收拾一下，我马上开车来接你！"

原来，除夕那天黄俊林也一直关注着疫情的发展，担心彭霞会接到紧急任务，所以上午一直没敢睡觉。

黄俊林告诉记者，取消婚礼的事情他第一时间就告诉了自己父母，他们也非常支持。

"在我心中，她早已是我的妻子了，婚礼不过是一个仪式！"黄俊林说。当天，他回复彭霞后，就马上开车去接自己的新娘了。

回程的路上，彭霞发了一条朋友圈，并为临时不再邀请亲戚朋友参加婚礼表示道歉。

"照顾好自己!" "一定要注意自己身体。" 彭霞在朋友圈的致歉赢得了许多亲朋好友的祝福。带着这些祝福和鼓励，彭霞回到了战 "疫" 一线。

就在彭霞忙碌工作的日子里，他们的 "婚礼" 还是如期举行了。只不过这场婚礼，没有新娘，也没有新郎。

新娘回到了战 "疫" 一线，新郎也因为疫情防控措施和 "她在主城就我一个亲人，我想离她近一点" 而没有回酉阳。

但在选定的婚礼当晚，彭霞父母还是在家做了顿丰盛的晚餐，全家 12 人祝福他们新婚快乐。

在这场特殊的婚礼上，父亲彭作朋自豪地说："我女儿彭霞回城'打仗'去了，虽然她缺席这场婚礼，但是去做更光荣的事，更有意义的事了!" 自从女儿回城后，他们一家人天天看新闻，了解疫情防控情况。

当天晚上，结束医院工作回到宿舍后，看着家人发来的新婚祝福，彭霞很感动，她给爸妈打去了电话，感谢他们的理解和支持。

从大年初一晚回医院到 2 月 14 日，彭霞已经连续工作了 21 天，自始至终奋战在战 "疫" 一线。而丈夫则通过自己的手机，守护着战 "疫" 的妻子。

他们已经商量好不再补办婚礼了，"婚礼是两个人共同的记忆，我觉得没有什么记忆会比这场疫情中的这次特殊婚礼更让人珍惜的了!" 彭霞说，期待这场疫情早日散去，今后大家一起团聚的机会还很多。

（资料来源：扬子晚报，https://www.yangtse.com/zncontent/283271.html）

微感悟：

从这些事实中我们可以感悟到什么？

假设你是新娘或者新郎，你会如何做？面对重大险情，你又会如何做？

伟大的抗疫精神是万众一心、同舟共济的守望相助精神；是闻令而动、雷厉风行的英勇战斗精神；是顾全大局、壮士断腕的 "一盘棋" 精神；是舍生忘死、逆行而上的英雄主义精神；是充满信心、敢于胜利的积极乐观精神。

生命至上、举国同心、舍生忘死、尊重科学、命运与共的伟大抗疫精神，不是从天上掉下来的而是在中国共产党的领导下，中国人民用打赢疫情防控的人民战争、总体战、阻击战的艰苦拼搏谱写出来的，用为有牺牲多壮志、敢教日月换新天的英雄豪迈凝聚而成的。中国共产党无比坚强的领导力与中国人民不屈不挠的意志力是抗疫精神最根本的政治力量引领。

面对疫情，各行各业的人都在用自己的实际行动为打赢这场疫情阻击战做贡献：73 岁的李兰娟院士，不畏艰险，为防控新冠病毒疫情出谋献策，为救治疫病感染者竭尽全力。陈薇院士等挑起疫苗研究重担，他们不怕困难，攻坚克难，为我们精确打好疫情战贡献了力量。我们应学习这种不怕困难的精神，从容处理各种突发事件，消除群众顾虑、坚定群众信心，当先锋、做表率。

八、《职业危害因素分析及标志识别》

《职业危害因素分析及标志识别》教案设计见图4-9。

广西工业职业技术学院
教案首页

课程名称	化工安全技术	本教案授课学时	2
本次课标题	职业危害因素分析及标志识别		
教学目标	能力目标： （1）分析问题和解决问题的能力； （2）初步具备急性中毒应急处置能力 知识目标： （1）了解安全色、安全标志、职业卫生、工业毒物基础知识； （2）掌握急性中毒的现场救护和防毒知识 素质目标： （1）思政目标：战胜困难，勇往直前，不断取得新胜利的精神力量； （2）养成遇到中毒事件沉着应对的能力		
思政元素	铁人精神		
教学主要内容	一、安全色与安全标志 二、职业卫生基础知识 三、工业毒物基础知识 四、急性中毒的现场救护和防毒措施		
教学重点、难点	重点：安全标志和职业卫生知识 难点：急性中毒的现场救护和防毒措施		
备注			

图4-9 《职业危害因素分析及标志识别》的教案设计

《职业危害因素分析及标志识别》的教学设计见表4-11。

表 4-11 《职业危害因素分析及标志识别》教学设计

课程组织	教学环节	教学内容	线上活动		线下活动		设计意图	育人目标
			教师活动	学生活动	教师活动	学生活动		
课前预习	发布预习任务	1.在超星超星学习通上完成自学：微课视频，电子教案，PPT课件，相关案例。2.在工院云课堂完成过关测试题检验。3.收集有关急性中毒现场救护的案例	1.完善超星学习通的教学资源：电子教案，PPT课件，微课视频，思政案例。2.通过工院云课堂上发布学习任务，引导学生学习本次课内容。3.在工院云课堂上发布过关测试题	1.登录超星学习通，预习观看微课视频，PPT课件以及思政案例等。2.自我测验完成关测试题任务。3.做好完成课堂上任务的准备	—	—	培养学生自主学习和收集材料能力	培养学生良好的学习习惯，为进入企业工作打下良好基础
	云课堂交流互动	—	1.在工院云课堂平台上在线答疑。2.了解学生在线学习情况	如果在自学当中有问题，有疑惑，与老师在线上交流，解决问题	—	—		
课中学习	考勤	—	—	—	观看云课堂上签到情况	学生用手机登录，进入学习状态	检查学生到课率	培养学生遵守纪律的自觉性
	案例导入	如皋市众昌化工有限公司"12·18"较大中毒事故调查报告	—	—	分析课前同学们在工院云课堂上完成过关测试的情况，导入本次课	通过认真听老师的讲解，对一些问题进一步地理解	1.对学生预习结果的反馈。2.通过检查分析，使学生更加重视每次课前的过关测试	—
	知识讲授	1.安全色与安全标志 2.职业卫生基础知识 3.工业毒物基础知识	—	—	1.根据学生学习情况，通过PPT集中精讲内容。2.发布点将，抢答等活动，考核学生掌握知识点情况	1.仔细听老师重点讲解。2.学生通过云课堂回答问题	实现知识目标1	1.认识安全标识和工业毒物

表4-11（续）

课程组织	教学环节	教学内容	线上活动 教师活动	线上活动 学生活动	线下活动 教师活动	线下活动 学生活动	设计意图	育人目标
课中学习	思政教学一体（四微一体：微元素、微故事、微感悟、微养成）	铁人精神	—	—	思政微故事：宁可少活二十年，拼命也要拿下大油田，也要拿下大油田，这条件要上，没有条件创造条件也要上。干工作要经得起子孙后代检查，为革命一身硬功夫，真是当一辈子老黄牛，甘愿为党和人民当一辈子苦干牛，埋头大苦干。什么是铁人精神，铁人精神的精髓是什么？	1.学生感悟铁人精神。2.争做新时代的奋斗者，为民族争气，有条件要上，没有条件也要上，设有条件创造条件也要上，干工作要经得起子孙后代检查，为革命一身硬功夫，真是当一辈子老黄牛，甘愿为党和人民当一辈子苦干牛，埋头大苦干	通过微元素的融入，让学生通过讲微故事，感悟生产要素的微，实现素养的养成	战胜困难，勇往直前，不断取得新胜利的精神力量
	知识讲授	4.急性中毒的现场救护和防毒措施	—	—	1.根据学生学习情况，通过PPT集中精讲内容；2.发布考点，考核学生知识点掌握学习情况	1.仔细聆听老师重点讲解；2.学生通过云课堂回答问题	实现知识目标2	2.养成遇到中毒能沉着应对的能力
	动手做一做	设计急性中毒应急救援方案	—	—	布置任务：分组完成，针对一个急性中毒事故，设计现场救援方案	完成小组建，分工合作完成设计应急救援方案的任务	实现能力目标	1.分析问题和解决问题的能力；2.具备急性中毒应急处置能力
	小组汇报点评总结	组织评价	—	—	1.小组汇报；2.对汇报情况进行点评	1.小组代表汇报。2.组内成员补充。3.其他小组成员点评	检查任务完成情况	—
	测试	云课堂平台台提问题	—	—	上课过程中测试回答问题	学生通过云课堂回答问题	检验学生学习成效，进一步加深知识的理解	—
课后拓展	布置作业	课外思政作业：列举日常生活中哪些事件体现了铁人精神？你从中获得了什么启发？	—	—	1.发布本次课外作业；2.线上关注和解答学生提出的问题	完成作业，巩固所学知识	将课程思政延伸到课外	学生对铁人精神有更加深刻的认识

思政案例

　　思政微元素：铁人精神

　　思政微故事：

　　　宁可少活二十年，拼命也要拿下大油田，时代需要铁人精神！

　　1959 年 9 月 26 日，是发现大庆油田的日子。

　　石油被称为工业的血液，小到每个人的衣食住行，大到国家的工业、农业、交通、国防，都离不开石油。

　　在当时极其困难的条件下，以铁人王进喜为代表的老一辈石油人，不畏艰难困苦，拼了命拿下大庆油田，才一举甩掉了我国贫油落后的帽子。

　　1960 年，当几十吨重的钢铁大件到达火车站时，没有吊车，也没有拖拉机，王进喜就带领着 1205 钻井队的 37 位队员用麻绳拉、木块垫、人拉肩扛，把设备搬运到了井场上。

　　他们喊着口号："石油工人嘿嗖嘿嗖，干劲大啊嘿嗖嘿嗖，再大的困难嘿嗖嘿嗖，都不怕啊嘿嗖嘿嗖。"在茫茫荒原上奋战三天三夜，终于竖起了 40 米高的井架。但是在打第二口井的时候，突然发生了井喷，铁人在零下十几度的情况下，不顾腿伤，毅然带头跳进泥浆里，用身体进行搅拌，工人们也纷纷跳下来。经过全队工人奋战，终于制服了井喷，保住了油井！

　　王进喜纪念馆门前的 47 级台阶，寓意着铁人短暂而不平凡的一生。

　　"宁可少活二十年，拼命也要拿下大油田！"

　　铁人王进喜，1970 年患胃癌病逝，年仅 47 岁。

　　（资料来源：人民网，https://baijiahao.baidu.com/s？id＝1644867881320677352&wfr＝spider&for＝pc）

　　微感悟：

　　铁人精神蕴含着怎样的内涵？

　　人就是要有一股气，对一个国家来讲，就是要有民气；对一个集体来讲，就是要有士气；对一个人来讲，就是要有志气。人总得有一种精神，铁人精神体现了一个国家、一个民族、一个集体实现自己崇高理想和奋斗目标的势不可挡的意志。这种精神在任何时代、任何地方，都是一种奋发进取的力量，有了它就会前进；失去了它，也就失去了进步的动力。民族精神是一个民族赖以生存和发展的精神支撑。用铁人精神继续激励我们为国争光、为国分忧，不计名利、不计报酬，埋头苦干、不畏艰难险阻、战天斗地，对技术精益求精，为事业练就一身硬功夫、真本领，不安于现状，不拘于常规，奋发思变。

九、《劳动防护用品使用与维护》

《劳动防护用品使用与维护》教案设计见图 4-10。

广西工业职业技术学院
教案首页

课程名称	化工安全技术	本教案授课学时	2
本次课标题	劳动防护用品的使用与维护		
教学目标	能力目标： （1）具备分类归纳的能力； （2）会使用常见的劳动防护用品的能力 知识目标： （1）认识劳动防护用品的分类、重要性和配置要求； （2）认识常见的人体危害及防护部位； （3）清楚劳动防护用品的使用要求 素质目标： （1）思政目标：培养学生对事业的热爱追求，对真理不断探索的精神，对科学事业的严谨态度； （2）养成分类归纳举一反三的学习习惯		
思政元素	以人民为中心		
教学主要内容	一、劳动防护用品的重要性 二、劳动防护用品的分类 三、劳动防护用品的配置要求 四、常见人体危害及防护部位 五、劳动防护用品使用要求		
教学重点、难点	重点和难点：劳动防护用品的配置和使用要求		
备注			

图 4-10　《劳动防护用品使用与维护》的教案设计

《劳动防护用品使用与维护》的教学设计见表 4-12。

表4-12 《劳动防护用品的使用与维护》教学设计

课程组织	教学环节	教学内容	线上活动 教师活动	线上活动 学生活动	线下活动 教师活动	线下活动 学生活动	设计意图	育人目标
课前预习	发布预习任务	1.在超星学习通上完成自学：微课视频、电子教案、PPT课件、思政案例。2.在工院云课堂上完成过关测验任务。3.收集有关劳动防护用品使用与维护的案例	1.完善超星学习通的教学资源：电子教案，PPT课件，微课视频，思政案例，微课案例。2.通过工院云课堂上发布学习任务，引导学生学习本次课内容。3.在工院云课堂上发布过关测试题	1.登录超星学习通，预习观看微课视频，PPT课件以及思政案例完成任务。2.自我测验完成关测试题任务。3.做好完成课堂学习任务的准备	—	—	培养学生自主学习和收集材料能力	培养学生良好的学习习惯，为进入企业工作打下良好基础
	云课堂交流互动	—	1.在工院云课堂平台上在线答疑。2.了解，分析学生在线学习情况	如果在自学当中有问题，有疑惑，与老师在线上交流，解决问题	—	—		
课中学习	考勤	—	—	—	观看云课堂上签到情况	学生用手机登录，进入学习状态	检查学生到课率	培养学生遵守纪律的自觉性
	情景导入	—	—	—	分析课前同学们在工院云课堂上完成过关测试题情况，导入本次课	通过认真听老师的分析，对一些问题进一步地理解	1.对学生预习结果的反馈。2.通过检查分析，使学生更加重视每次课前的过关测试	—
	知识讲授	1.劳动防护用品的重要性 2.劳动防护用品的分类 3.劳动防护用品的配置要求 4.常见人体危害及防护部位 5.劳动防护用品使用要求	—	—	1.根据学生学习情况，通过PPT集中精讲重点。2.发布投票、头脑风暴、点名、抢答等环节，考核学生掌握知识点情况	1.仔细听老师讲解。2.学生通过云课堂回答问题	现知识目标	1.了解劳动防护用品的分类、重要性和配置要求。2.认识常见的人体危害及防护部位。3.清楚使用劳动防护用品的要求

表4-12（续）

课程组织	教学环节	教学内容	线上活动		线下活动		设计意图	育人目标
			教师活动	学生活动	教师活动	学生活动		
课中学习	思政教学一体（四微：微元素、微故事、微感悟、微养成）	以人民为中心	—	—	思政微故事：以人民为根本，以健康为中心，怎样以人民为中心？屠呦呦叫"以人民为中心"？	1.学生感悟"以人民为中心"。2.屠呦呦认真做好科研工作的故事带给我们的是一种精神，是甘于清贫、默默拼搏、淡泊名利、勇攀高峰、爱岗敬业和无私奉献的精神。在本职工作中需求日益增长的要求，适应群众健康的要求，服务人民，增进人民幸福做贡献。	通过微元素的融入，通过讲微故事，让学生产生微感悟，实现素养养成	对事业的热爱追求，对真理不断探索的精神，对科学事业的严谨态度
	测试	云课堂平台提问	—	—	课中测试几个问题	学生通过云课堂回答问题	检验学生学习成效	—
	角色扮演	劳动场景与劳动防护用品配置小游戏	—	—	布置任务：分组讨论：设置劳动场景，要求匹配合适的劳动防护用品，并且正确穿戴	完成小组组建，分工完成提问和角色扮演	实现能力目标	1.具备分类归纳的能力。2.会使用常用的防护用品
	小组汇报点评总结	组织评价	—	—	1.组织学生总结本次课学习内容。2.布置作业。3.发布下一个学习任务	1.学生总结。2.接收任务	锻炼学生总结能力，实现能力目标	—
课后拓展	布置作业	课外思政作业：说说你知道化生产中哪些岗位需要配置哪些劳动防护用品？	—	—	1.发布本次课外作业。2.线上关注并回答学生提出的问题	1.课后学生反思课堂知识。2.完成课外作业，巩固所学知识	将课程思政延伸到课外	通过同学们亲自思考回答，实现同学汇介认我做起，提高职业素养，实现安全生产

思政案例

　　思政微元素：以人民为中心

　　思政微故事：

以人民为中心，以健康为根本

——心怀大众健康的"仁心医者"屠呦呦

　　2015年10月5日，瑞典卡罗琳医学院宣布，将2015年诺贝尔生理学或医学奖授予中国中医研究院的药学家屠呦呦等三名科学家，以表彰他们对疟疾等寄生虫病机理和治疗的研究成果，其中我国屠呦呦教授的获奖原因是发现了对疟疾有神奇治疗功效的青蒿素。

　　消息传来，举国欢喜。这是中国在自然科学领域诺贝尔奖零的突破，屠呦呦教授则是第一位获得诺贝尔奖的中国本土科学家、女科学家，第一位获得诺贝尔生理医学奖的华人科学家，这是中国科学界的大喜事、中国人的大喜事、世界华人的大喜事。

　　40年的坚持、3 200多种可能中药的筛选、超过380种的提取方式、191次实验失败……最终，屠呦呦创新性地使用了低温萃取方法，在沸点60摄氏度下的乙醚中制取青蒿素，终于在实验室观察到青蒿素对鼠疟、猴疟原虫的抑制率达到了100%。她给挣扎在疟疾生死线上的患者们，带来了新的生机和希望。

　　20世纪60年代，我国每年感染疟疾人口高达数千万。以屠呦呦为代表的中国医学家，研制的青蒿素类药物不仅让中国人免除了疟疾的危害，也在全球治愈了两亿多名疟疾患者。

　　为尽快研发出药物，她意志坚定，克服艰苦条件，即使不断失败也从不放弃；为保证病人用药安全，她带头试药；为获取第一手资料，她冒着酷暑奔走在海南疟区；而当任务完成、艰难时刻过去，她又在其后漫长的岁月里选择继续低头耕耘，直到诺贝尔奖将她推至闪光灯前。面对如今接踵而至的表彰，屠呦呦将成就归功于参与研究的科学家集体。

　　以屠呦呦为代表的中国医学家，充分发挥中医药独特优势，为中医药科技创新和人类健康事业做出了巨大贡献，为建设健康中国和实现"两个一百年"奋斗目标继续贡献力量。

　　（资料来源：立德树人网，https://ldsrw.swjtu.edu.cn/info/1017/1098.htm）

　　微感悟：

　　屠呦呦攻坚破难的力量之源是什么？

　　"人民对美好生活的向往，就是我们的奋斗目标。"党的十八大以来，以习近平同志为核心的党中央，把人民身体健康作为全面建成小康社会的重要内涵，从维护全民健康和实现国家长远发展出发，身体力行、率先垂范，推进

"健康中国"建设。一株"中国小草"，挽救全球数百万生命。传奇般的故事背后，是中国卫生健康工作者坚持创新攻坚的使命感和心系人类健康的责任感。我们从屠呦呦的身上，我们看到了无私奉献的精神，安安静静认真做好科研工作的故事带给我们的是一种精神，是甘守清贫、淡泊名利、默默耕耘、勇攀高峰、爱岗敬业和无私奉献的精神。增强民族自信和使命感，扎实学好专业知识，在继承中创新发展，适应群众健康需求日益增长的趋势，在发展中服务人民，为增进人民健康福祉做出新贡献。

十、《火灾与爆炸的认识》

《火灾与爆炸的认识》教案设计见图 4-11。

广西工业职业技术学院
教案首页

课程名称	化工安全技术	本教案 授课学时	2
本次课标题	火灾与爆炸的认识		
教学目标	能力目标： （1）能区分燃烧、爆炸的区别，具备分析和解决问题的能力； （2）清楚火灾爆炸危险性物质及其处理方法 知识目标： （1）理解燃烧、爆炸和火灾的定义； （2）理解燃烧、爆炸和火灾的分类及其影响因素 素质目标： 培养学生们担负时代使命；在担当中历练，在履责中成长		
思政元素	责任心		
教学 主要内容	一、燃烧的定义、类型和过程 二、爆炸的定义、类型及其影响因素 三、火灾爆炸危险性物质分析及其处理		
教学重点、 难点	重点：爆炸极限及其影响因素 难点：火灾爆炸危险性物质分析及其处理		
备注			

图 4-11 《火灾与爆炸的认识》的教案设计

《火灾与爆炸的认识》的教学设计见表 4-13。

表4-13 《火灾与爆炸的认识》教学设计

课程组织	教学环节	教学内容	线上活动		线下活动		设计意图	育人目标
			教师活动	学生活动	教师活动	学生活动		
课前预习	发布预习任务	1.在超星自学完成自学：微课视频、电子教案、PPT课件、相关案例。2.在工院云课堂上完成过关测试题。3.收集有关火灾与爆炸事故的案例	1.完善超星学习通的教学资源：电子教案,PPT课件,微课视频,思政案例。2.通过在工院云课堂上发布学生任务,引导学生学习本次课内容。3.在工院云课堂上发布过关测试题	1.登录超星学习通,预习观看微课视频,PPT课件以及思政案例等。2.自我测试题完成任务。3.做好完成课堂学习任务的准备	—	—	培养学生自主学习和收集材料能力	培养学生良好的学习习惯,为进入企业工作打下良好基础
	云课堂交流互动	—	1.在工院云课堂平台上在线答疑。2.了解、分析学生在线学习情况	如果学生在自学当中有问题、有疑惑,与老师在线上交流,解决问题	—	—		
课中学习	考勤	—	—	—	观看云课堂上签到情况	学生用手机登录,进入学习状态	检查学生到课率	培养学生遵守纪律的自觉性
	案例导入	广西维尼纶8·26爆炸事故	—	—	分析课前同学们在工院云课堂上完成的过关测试题的情况,导入本次课	通过认真听老师的分析,对一些问题进一步地理解	1.对学生预习结果的反馈。2.通过检查分析,使学生更加重视每次课前的过关测试	能从事故案例中分析事故原因,能区分燃烧、爆炸的区别,具备分析和总结的能力

表4-13（续）

课程组织	教学环节	教学内容	线上活动 教师活动	线上活动 学生活动	线下活动 教师活动	线下活动 学生活动	设计意图	育人目标
课中学习	思政教学（四微一体：微元素、微故事、微感悟、微养成）	思政教学：责任心	—	—	思政微故事：维护先进人物，播音757先进人物刘俊奎。什么是责任心？	1.学生感悟责任心。2.我们必须坚定理想信念，恪守职业道德，维护生命安全，强化使命担当，为民履职	通过讲微故事，引入思政微元素，学生谈微感悟，促使学生逐渐微养成	培养学生们担负时代使命；在担当中历练，在履责中成
	知识讲授	1.燃烧的定义、类型和过程。2.爆炸的定义、类型及其影响因素。3.火灾其爆炸危险性及其物质分析处理	—	—	1.根据学生学习情况，通过PPT集中精讲内容。2.发布投票、点名、抢答等风暴环节，考核学生学习掌握知识点情况	1.仔细听老师重点讲解。2.学生通过云课堂回答问题	通过知识讲授，实现知识目标	理解燃烧，爆炸和火灾的定义，分类和影响因素，锻炼分类归纳的能力
	测试	云课堂平台提问问题	—	—	课中测试几个问题	学生通过云课堂回答问题	检验学生学习成效	—
	点评总结	组织评价	—	—	1.组织学生总结本次课学习内容。2.布置作业。3.发布下一个学习任务	1.学生总结。2.接收任务	锻炼学生总结能力	—
课后拓展	布置作业	课外思政作业：通过今天的学习，请你说说作为一名普通员工，怎样才能做到在工作中有责任心？请写一篇500字左右的心得	—	—	1.发布本次课外作业。2.线上关注回答学生提出的问题	1.课后学生反思课堂知识。2.完成课外作业，巩固所学知识	将课程思政延伸课外，实现能力目标	把思政元素与专业内容有机结合。能区分燃烧，爆炸和火灾的区别，具备分析和解决问题的能力。清楚火灾爆炸危险性质及其处理方法

思政案例

　　思政微元素：责任心

　　思政微故事：

放飞安全　闪亮青春
——维护波音757先进人物：刘俊奎

　　刘俊奎，汉族，1981年11月出生，本科学历，中共党员。2005年毕业于中国民航大学，是一名优秀的"80后"时代青年。2005年参加工作，任南航新疆分公司飞机维修基地航线机电员，至今一直从事于波音飞机的航线维护及排故工作。刘俊奎同志在其13年的维修工作中，始终保持严谨认真的工作态度和一丝不苟的工作作风，处处严格要求自己，爱岗敬业、认真负责、积极主动、勇挑重担。多次发现并排除飞机各类重大隐患与重复疑难故障，从未发生一起维修不安全事件，在保障飞机飞行安全与正点方面做出突出贡献。

　　（资料来源：中国民用航空网，https://www.ccaonline.cn/hqtx/405055.html）

　　微感悟：

　　我们从刘俊奎身上，主要学习什么？

　　刘俊奎同志立足本岗、兢兢业业、勤于磨炼，在实践中充实和完善自己，为公司的发展贡献力量，为祖国民航事业奋斗。我们应该自觉学习安全生产知识和习近平总书记关于新时代安全生产工作的重要论述，牢记安全工作初心使命，不断提升安全素质。做有理想、有道德、有文化、有纪律的新青年，为祖国化工事业奋斗。

十一、《石油化工生产防火防爆》

《石油化工生产防火防爆》教案设计见图 4-12。

<table>
<tr><td colspan="4" align="center">广西工业职业技术学院
教案首页</td></tr>
<tr><td>课程名称</td><td>化工安全技术</td><td>本教案
授课学时</td><td>2</td></tr>
<tr><td>本次课标题</td><td colspan="3" align="center">石油化工生产防火防爆</td></tr>
<tr><td>教学目标</td><td colspan="3">能力目标：
（1）初步了解生产工艺参数的安全控制，基本具备判断工艺参数是否正常安全的能力；
（2）了解火灾及爆炸事故控制的应急处置方式，具备面对火灾及爆炸事故时能沉着应对、团结协作、有效处置的能力
知识目标：
（1）工艺参数的安全控制；
（2）火灾及爆炸蔓延的控制
素质目标：
引导学生树立诚实守信、严谨负责的职业道德观</td></tr>
<tr><td>思政元素</td><td colspan="3">诚实守信</td></tr>
<tr><td>教学
主要内容</td><td colspan="3">一、工艺参数的安全控制
二、火灾及爆炸蔓延的控制</td></tr>
<tr><td>教学重点、
难点</td><td colspan="3">重点及难点：火灾及爆炸蔓延的控制</td></tr>
<tr><td>备注</td><td colspan="3"></td></tr>
</table>

图 4-12 《石油化工生产防火防爆》的教案设计

《石油化工生产防火防爆》的教学设计见表 4-14。

表4-14　《石油化工生产火防爆》教学设计

课程组织	教学环节	教学内容	线上活动		线下活动		设计意图	育人目标
			教师活动	学生活动	教师活动	学生活动		
课前预习	发布预习任务	1.在超星自学,完成线上学习通上微课视频、电子教案、PPT课件相关案例。2.在工院云课堂上完成过关测试题。3.收集有关防火防爆的案例	1.完善超星学习通的教学资源:电子教案,PPT课件,微课视频,思政案例。2.通过工院云课堂上发布学习任务,引导学生学习本次课内容。3.在工院云课堂上发布过关测试题	1.登录超星学习通,预习观看微课视频、PPT课件、电子教案及思政案例等。2.自我测试题完成关测验完成任务。3.做好完成课堂学习任务的准备	1.在超星自学完成线上学习通:微课视频、电子教案、PPT课件、相关案例。2.在工院云课堂上完成过关测试题。3.收集有关现场救护中毒的案例	—	培养学生自主学习和收集材料能力	培养学生良好的学习习惯,为进入企业工作打下良好基础
	云课堂交流互动	—	1.在工院云课堂平台上在线答疑。2.了解分析学生在线学习情况	如果学生在自学当中有问题、有疑惑,与老师在线上交流,解决问题	—	—		
课中学习	考勤	—	—	—	观看云课堂上签到情况	学生用手机登录,进入学习状态	检查学生到课率	培养学生遵守纪律的自觉性
	情景导入	某工厂火灾及爆炸事故调查报告	—	—	分析课前同学们在工院云课堂上完成过关测试题的情况,导入本次课	通过认真听老师的分析,对一些问题进一步地理解	1.对学生预习结果的反馈。2.通过检查使学生更加重视课前的过关测试	—
	知识讲授	1.工艺参数的安全控制2.火灾及爆炸蔓延的控制	—	—	1.根据学生学习情况,通过PPT集中精讲内容。2.发布投票、点名、抢答等环节,考核学生学习掌握知识点情况	1.仔细听老师重点讲解。2.学生通过云课堂回答问题	实现知识目标	了解化工生产中有哪些常用的工艺参数及其安全控制。在化工企业中常采用什么手段控制火灾及爆炸蔓延

表4-14（续)

课程组织	教学环节	教学内容	线上活动		线下活动		设计意图	育人目标
			教师活动	学生活动	教师活动	学生活动		
课中学习	思政教学一体（四微：微元素、微故事、微感悟、微素养成）	诚实守信	—	—	思政微故事：履职尽责微信至上，服务群众以人为本——林明，济南市殡仪馆殡仪服务员。从这个微故事中我们学到了什么？	1.学生感悟履职尽责，诚信至上的力量。2.努力做到令人满意的服务首先应具备诚信意识	通过微元素的融入，通过讲微故事，让学生产生微感悟，实现素养养成	引导学生树立诚实守信、严肃认真负责的职业道德观
	动手做一做	设计化工企业防火防爆方案	—	—	布置任务：分组完成，针对一个化工生产企业，设计防火防爆方案	完成小组组建，分工合作设计化工企业防火防爆方案的任务	实现能力目标	1.初步了解生产工艺参数的安全控制，基本具备判断工艺参数是否正常安全的能力
	小组汇报点评总结	组织评价	—	—	1.组织学生进行小组汇报。2.对汇报情况进行点评	1.小组代表汇报。2.组内成员补充。3.其他小组成员点评	检查任务完成情况	2.具备面对火灾及爆炸事故时能沉着应对、团结协作、有效处置的能力
课后拓展	布置作业	课外思政作业：在化工企业发生火灾及爆炸时，我们作为普通员工能做哪些力所能及的事情？	—	—	1.发布本次课外作业。2.线上关注回答学生提出的问题	1.课后学生反思课堂知识。2.完成课外作业，巩固所学知识	将课程思政延伸到课外	通过同学们素自思考和撰写预防范措施，实现同学们对从我做起，提高职业素养，实现安全生产

思政案例

　　思政微元素： 诚实守信

　　思政微故事：

履职尽责诚信至上　　服务群众以人为本

　　林阳，男，汉族，1982年2月出生，群众，济南市殡仪馆殡仪服务员。

　　林阳于2012年进入济南市殡仪馆工作，到2019年这7年的时间，他一直在一线，先后从事过引导服务员、遗体接运工、司仪、洽谈等工作。殡葬行业作为一个特殊的行业，令许多人谈之色变。它作为一个相对特殊的行业，亦归属于服务类。殡葬行业与其他服务行业虽有所区别，但侧重点是一样的，都注重服务以人为本，诚信至上。林阳作为一名殡葬职工，能够始终提供令人满意的服务。他常说："服务人员首先应具备的就是诚信意识。"

　　坚守职业道德　　筑起诚信之盾

　　职业道德是一个行业内所应遵守的行为规范。职业道德和社会道德的精神是一致的，主张人们诚实守信、爱岗敬业。殡葬道德是一种特殊的职业道德。所谓殡葬道德，就是殡葬职工提供殡葬服务时应遵守的行为规范总和，还可以将殡葬道德延伸为人们在某一殡葬环境中应遵守的行为规范。例如丧户交纳费用，殡仪馆有义务提供等值的殡葬服务。对丧户不热情、不耐烦、给脸色、索红包等都属于不道德行为。治丧群众形形色色，林阳坚持以诚实守信为原则，用心地为每一家服务，其间，很多丧属都纷纷拿出礼物相送，却一一被林阳婉拒，他说这是他的工作，更是他的责任。

　　2019年2月21日1时，一位逝者家属来济南市殡仪馆办理老人丧葬事宜。恰逢林阳在值班，家属对老人的离世非常的悲痛，执意要求一直守在老人身边，并要求在做遗体整容、遗体铺花与请进棺木的过程中，也要守护老人的身旁。但按照规定，这是不允许的。林阳在向家属解释后，家属并不能理解这种规定，说："这是我们最后的心愿，老人一辈子都在守着我们，感谢你让我们也守着老人一回，虽然是最后一回，但这就是我们的心愿，拿多少钱都行，我们都愿意！"于是，林阳先安抚了家属的悲伤情绪，将逝者请进守灵室，经过与科长沟通，及时汇报馆领导，从上到下都非常重视，多部室共同协调，拿出解决方案，最后决定在守灵室为逝者做整容与遗体铺花，这在之前都是史无前例的。家属得知一切安排得如此妥当后，向林阳下跪表示感谢，按照习俗12点后起灵，遗体火化。但家属对起灵不了解。于是，林阳又为逝者主持了起灵仪式。按照规定，起灵服务是收费服务，但在之前家属已经预订完项目协议书并签字确认，考虑到如果更改，时间上是不允许的，于是未收取任何费用，顺利地将老人送走！家属对这一系列的服务非常满意，一直在感谢，并且拿出价值不菲的字画相送，也被林阳婉言拒绝。林阳说："丧属的要求就是我们的工作目标，尽一切努力，在条件允许的范围内，让逝者安息，生者慰藉。"

林阳进入济南市殡仪馆后，踏实为治丧群众服务的心，也感动了丧者的家属。在这人生的终点站上，做好送走逝者的最后一班送站员，赢得了治丧群众的一致好评。他通过学习、征求丧户意见，研创新的服务方式，为循序渐进推进殡葬改革打下坚实基础，助推殡葬事业向文明、绿色方向健康有序地发展。殡葬服务是为人服务，不仅是为逝者服务，更是为生者服务。

以人为本服务　架起信任之桥

林阳用自己辛勤的汗水，诚实守信的服务态度，坚守殡葬岗位。面对前来治丧的家属，他总是用最温情的服务对待，满足群众的需求，面对出现的问题，总是认真细致不厌烦，热心不马虎，站在群众的角度，分析发生问题原因。从心理疏导明了是非入手，设身处地以诚相待，在不违反原则的前下尽量帮助逝者家属解决实际困难克服悲伤心绪。上为领导分忧，下为群众解难，得到了领导和群众的一致好评。

客服部是与逝者家属接触最直接的部门，特别是林阳所在的洽谈组，主要工作是与家属洽谈服务项目的。殡仪馆里告别、火化、寄存等所有服务项目的工作流程、工作标准和收费依据，都要通过洽谈向家属介绍，再由洽谈将家属确定的服务项目向其他部门做出安排，可以说是殡仪馆与家属连接的桥梁。洽谈的一举一动都直接代表殡仪馆的形象，家属的种种情绪也直接向洽谈发泄。

有一天，两三个人架着一个伤心欲绝的中年男性走进洽谈室，谈话中得知，他的父亲刚刚突发急病去世，家里人实在无法接受。出于孝心，他选择了最高档的告别仪式。他说，父亲一生操劳，没享几天福，如今这么突然离开，他也只能用这种方式来答谢养育之恩。看到一个大男人哭得不能自制，林阳心里也很不是滋味，就立刻通知了告别厅，准备好三天后告别仪式需要的挽联、横幅等，并预订了鲜花，确保万无一失。不敢奢望这样安排能让家属不再悲痛，但是作为一名殡葬职工，此刻，他只能通过自己的工作，让逝者体面地离开这个世界。正当林阳为此事忙碌时，第二天那位家属又来到洽谈室，生气地问质问，为什么收这么多钱。一句话把他问懵了，他拿出家属签字的服务项目单解释说："这都是按照您的意思安排的啊。"家属说："当时我那么伤心，糊里糊涂地就签了单子，怎么知道你们这里这么黑啊？"林阳待在那里，一句话也说不出来，眼泪不住地在眼眶里打转。您心里难过，语气生硬他能理解，预订鲜花的损失他们也可以承担，但是您怎么能把一心想要办好告别仪式的他们理解成"黑"啊。同事们劝他，领导也安慰他说，殡葬行业服务对象特殊，家属心情悲痛，说两句骂两句也是正常的，他们必须受得起委屈才能开展好服务。

（资料来源：大众网，https://www.dzwww.com/2012/sdhrmzzx/104/cssx/202011/t20201106_19926500.htm）

微感悟：

孟子说："诚者，天之道也；思诚者，人之道也。"此言道出了诚信的重要性。在林阳看来，诚信是一种责任，是对逝者的责任，对丧属的责任，更是对自己的责任；诚信是一种美德，更是一种力量。一直以来，林阳坚持以"学会诚实守信，做到诚实守信"为行为准则。一直以诚信来面对每一名同事，每一家治丧群众，每一位逝者。为丧户办实事、办好事、解难事，尽管没有轰轰烈烈的大事，但在平凡的事迹中仍透露着点点感动，温暖着身边的每一个人！在日常的工作中，与同事互相支持不争权，互相信任不怀疑，互相尊重不刁难，互相配合不推诿。正因为这种高度的彼此信任，使得林阳与其他职工的工作总是十分默契，这就会让丧户对他们更加的信赖。

林阳秉持着对这份工作的热爱，对这特有的工种所带给自己及逝者家属的一份慰藉，一份感动，直至今日，坚守在工作的第一线。尽自己所能，让每一位逝者安详，有尊严地离开。在殡仪馆工作的这几年，也曾多次获得济南市殡仪馆先进工作者的称号，积极参加馆里的各项活动：在首届玉函山公益生态葬公祭仪式中担任司仪一职，市局举办的广播操比赛，2016年全国殡葬博览会礼仪展示主持司仪，省厅殡葬行业交流会礼仪展示主持司仪，2017年首届全国殡葬年会参展单位致辞展示。并在这些活动中，在各项工作中不断总结自己，提高自己的业务水平。工作态度积极，端正。"只要路是对的，就不怕路远"这一直是他的座右铭，脚踏实地地做好每一件事，再远的路，是对的，他就要勇往直前地走下去。

新生命的到来总是伴随着喜悦，人们把迎接他们的人叫作白衣天使；而生命的逝去却总是伴随着悲伤与痛苦，但是正是由于他们的工作，让逝者安详，让生者无憾。他正以自己的正直和善良为歌，诚实和守信为曲，弹奏着一曲奋发向上的爱心之歌！

十二、《消防设施的使用与管理》

《消防设施的使用与管理》教案设计见图 4-13。

广西工业职业技术学院
教案首页

课程名称	化工安全技术	本教案授课学时	2
本次课标题	消防设施的使用与管理		
教学目标	能力目标： （1）掌握灭火器类型及使用方法，具备正确使用灭火器的能力； （2）了解初起火灾的类型及扑救方法，具备分析问题和解决问题的能力 知识目标： （1）灭火的原理及方法； （2）灭火器的类型； （3）初起火灾的扑救 素质目标： （1）培养和发展创新精神，激发学生的中国道路自信和行业领域发展信心； （2）激发同学们学好专业提供更大的动力		
思政元素	创新发展		
教学主要内容	一、灭火的原理及方法 二、灭火器的类型 三、初起火灾的扑救		
教学重点、难点	重点：灭火器的类型及使用方法 难点：初起火灾的扑救		
备注			

图 4-13 《消防设施的使用与管理》的教案设计

《消防设施的使用与管理》的教学设计见表 4-15。

表 4-15　　《消防设施的使用与管理》教学设计

课程组织	教学环节	教学内容	线上活动		线下活动		设计意图	育人目标
			教师活动	学生活动	教师活动	学生活动		
课前预习	发布预习任务	1.在超星星学习通上完成自学：微课视频、电子教案、PPT课件、相关案例。2.在工院云课堂上完成过关测试题。3.收集有关灭火器及其使用方法的素材	1.完善超星学习通的教学资源：电子教案,PPT课件,微课视频,思政案例。2.通过工院云课堂上发布学习任务,引导学生学习本次课内容。3.在工院云课堂上发布过关学习测试题	1.登录超星学习通,预习观看微课视频,PPT课件以及思政案例等。2.自我测验完成关键测试题。3.做好完成课堂学习任务的准备	—	—	培养学生自主学习和收集材料能力	培养学生良好的学习习惯,为进入企业工作打下良好基础
	云课堂交流互动	—	1.在工院云课堂平台上在线答疑。2.了解、分析学生在线学习情况	如果在自学当中有问题,有疑惑,可与老师在线上交流,解决问题	—	—		
课中学习	考勤	—	—	—	观看云课堂签到情况	学生用手机登录,进入学习状态	检查学生到课率	培养学生遵守纪律的自觉性
	知识引入	—	—	—	分析课前同学们在工院云课堂上完成过关测试题的情况,导入本次课	通过认真听老师的分析,对一些问题进一步地理解	1.对学生预习结果的反馈。2.通过检查分析,使学生更加重视每次课前的过关测试	—
	知识讲授	1.灭火的原理及方法。2.灭火器的类型及使用方法。3.初起火灾的扑救	—	—	1.根据学生学习情况,通过PPT集中精讲内容。2.发布投票、点名、抢答、头脑风暴等环节,考核学生学习掌握知识点情况	1.仔细听老师重点讲解。2.学生通过云课堂回答问题	实现知识目标	掌握灭火的原理、类型及使用方法。掌握初起火灾类型及其扑救方法

表4-15（续）

课程组织	教学环节	教学内容	线上活动 教师活动	线上活动 学生活动	线下活动 教师活动	线下活动 学生活动	设计意图	育人目标
课中学习	思政教学（四微一体、微元素、微故事、微感悟、微养成）	创新发展	—	—	思政微故事：自主创新 担当新时代创新使命责任——中国自主研发并走向世界的灭火机器人。什么是创新发展，创新发展对企业发展的意义是什么？	1.学生感悟创新发展的力量。2.制造业是国民经济之基、兴国之器、立国之本。制造业是国家之主体，没有强大国家就没有强大制造业和民族的强盛。打造具有国际竞争力的制造业是我国提升综合国力、保障国家安全、建设世界强国的必由之路	通过微元素的融入，让学生通过讲微故事、微感悟，实现素养的微养成	培养和发展创新精神，激发学生的中国道路自信和行业自信心。为同学们好专业提供更大的动力
	问题思考	云课堂平台提出问题	—	—	课中测试几个问题	学生通过云课堂回答问题	检验学生学习成效	—
	点评总结	组织评价	—	—	1.组织学生总结本次课学习内容。2.布置作业。3.发布下一个学习任务	1.学生总结。2.接收任务	—	—
课后拓展	布置作业	课外作业 列举几种初起火灾，并选择正确的灭火方式	—	—	1.发布本次课外作业。2.线上关注回答学生提出的问题	1.课后学生反思课堂知识。2.完成课外作业，巩固所学知识	锻炼学生总结能力，实现能力目标	1.具备正确使用灭火器的能力。2.具备分析问题和解决问题的能力

思政案例

　思政微元素：创新发展

　思政微故事：

自主创新 担当新时代使命责任

　　——中国团队自主研发并走向世界的灭火机器人

　　每次火灾出现，人们仓皇逃生时，只有消防战士逆行而上，用生命与火焰战斗。他们虽不惧生死，我们却心疼，如何减少伤亡，尽可能地避免英雄的牺牲，我国中信重工就自主研发了一款防爆灭火搜救机器人，灭火救人的效果十分惊艳。不怕高温、无须氧气，在极度危险的地方，钢筋铁骨的灭火机器人就可以代替血肉之躯冲在第一线了。它们虽然叫机器人，但其实看起来还是很小巧可爱的，它的基础平台就是一个小型的履带车，但装有水枪、遥感装置和摄像头，既能够顺畅地在房屋楼道等狭窄地方移动，也能适应满是障碍物的复杂地形。它防爆防火防尘，还自带水幕降温系统，能防止机器过热，并通过搭载的红外热成像摄像头对现场进行探测，消防战士只要在安全距离拿着手持遥控终端操控它即可。

　　（资料来源：环渤海新闻网，https://www.toutiao.com/article/6272850537083830786/）

　微感悟：

　　青年学生如何在工作中做好创新发展？

　　《中国制造2025》提出，坚持"创新驱动、质量为先、绿色发展、结构优化、人才为本"的基本方针，坚持"市场主导、政府引导，立足当前、着眼长远，整体推进、重点突破，自主发展、开放合作"的基本原则，通过"三步走"实现制造强国的战略目标。

　　"中国制造2025"是在新的国际国内环境下，中国政府立足于国际产业变革大势，做出的全面提升中国制造业发展质量和水平的重大战略部署。其根本目标在于改变中国制造业"大而不强"的局面，通过努力，使中国迈入制造强国行列，为到2045年将中国建成具有全球引领和影响力的制造强国奠定坚实基础。

　　中国制造能力越来越扎实、越来越稳健地向高端攀升，创新的能力得到了提高。青年学生是最富有创新精神的社会群体，青年时代是最能研究出创新成果的黄金时代。新时代开启新征程，新征程担当新使命。"两个一百年"奋斗目标的实现时期与青年的人生黄金时期完全契合，新时代青年应不忘初心，坚定理想信念，立足当下，潜心研究，不断创新，在建设科技强国中贡献力量。

十三、《电气设备安全使用》

《电气设备安全使用》教案设计见图4-14。

广西工业职业技术学院
教案首页

课程名称	化工安全技术	本教案授课学时	2
本次课标题	电气设备安全使用		
教学目标	能力目标: (1)会正确操作用电设备; (2)对一般触电事故能施以救治 知识目标: (1)掌握电气安全基本知识; (2)掌握电气安全技术措施 素质目标: (1)思政目标:学习感悟工匠精神; (2)养成良好的学习习惯		
教学主要内容	一、电气安全基本知识 二、电气安全技术措施、触电与救治		
思政微元素	工匠精神		
教学重点、难点	重点:电气安全技术措施 难点:电气安全技术措施		
备注			

图4-14 《电气设备安全使用》的教案设计

《电气设备安全使用》的教学设计见表4-16。

表 4-16 《电气设备安全使用》教学设计

课程组织	教学环节	教学内容	线上活动 教师活动	线上活动 学生活动	线下活动 教师活动	线下活动 学生活动	设计意图	育人目标
课前预习	发布预习任务	1.在超星学习通上完成自学:微课视频,电子教案,PPT课件,相关案例。2.在工院云完成过关测试题。3.收集有关大国工匠的先进事迹资料	1.完善超星学习通的教学资源:电子教案,思政课件,微课视频,PPT课件例。2.通过工院云课堂上发布学生学习本次课内容。3.在工院云课堂上发布过关测试题	1.登录超星学习通,预习观看微课视频,PPT课件以及思政案例等。2.自我测验完成过关测试题务。3.做好完成课堂学习任务的准备	—	—	培养学生自主学习和收集材料能力	培养学生良好的学习习惯,为进入企业工作打下良好基础
	云课堂交流互动	—	1.在工院云课堂平台上在线答疑。2.了解,分析学生在线学习情况	如果在自学当中有问题,有疑惑,与老师在线上交流,解决问题	—	—	为线下教学活动调整做准备	—
课中学习	考勤	—	—	—	观看云课堂上签到情况	学生用手机登录,进入学习状态	检查学生到课率	培养学生遵守纪律的自觉性
	导入	—	—	—	分析课前同学们在工院云课堂上完成过关测试题的情况,导入本次课	通过认真听老师的讲解,对一些问题进一步地理解	1.对学生预习结果的反馈。2.通过检查分析,使学生更加重视每次课前的过关测试	—
	知识讲授	1.电气安全基本知识	—	—	1.根据学生学习情况,通过PPT集中精讲内容。2.发布投票,头脑风暴等活动,考核学生对知识点的学习情况	1.仔细听老师重点讲解。2.学生通过工院云课堂上的相关活动,回答相关问题	实现知识目标1	会正确操作用电子设备

表4-16（续）

课程组织	教学环节	教学内容	线上活动		线下活动		设计意图	育人目标
			教师活动	学生活动	教师活动	学生活动		
课中学习	思政教学（四微一体、微元素、微故事、微感悟、微养成）	工匠精神	—	—	利用教学团队预先挖掘的微元素，引出微故事。（创新路上的"大国工匠"——姚敏，从他的事迹中我们学到了什么？）	1.学生感悟工匠精神。2.认识到工匠精神对青年人岗位成才的意义	通过微元素的融入，通过讲微故事，让学生产生微感悟，实现微素养养成	培养大学生拼搏，积极进取的精神
	知识讲授	2.电气安全技术措施、触电事故救治	—	—	1.根据学生学习情况，通过讲PPT集中精讲内容。2.发布点拨，考核等把握学生对的学习情况	1.仔细听老师讲解。2.学生通过手机完成云课堂活动，回答相关问题	实现知识目标2	1.对一般触电事故施以救治
	动手做一做	制订安全用电与触电事故救治方案	—	—	布置任务：分组完成，针对安全用电及触电救治，制定方案	1.完成小组组建。2.分工合作完成制定安全用电及触电事故救治方案的任务	实现能力目标	1.会正确操作用电设备。2.对一般触电事故施以救治
	小组汇报点评总结	组织评评价	—	—	1.组织学生进行小组汇报。2.对汇报情况进行点评	1.小组代表汇报。2.组内成员补充。3.其他小组成员点评	检查任务完成情况	—
	测试	云课堂平台提问题	—	—	课中测试几个问题	学生通过云课堂回答问题	检验学生学习成效，进一步加深对知识的理解	—
课后拓展	布置作业	课外思政作业：查找大国工匠们的先进事迹	—	—	1.发布本次课外作业。2.线上关注学生提出的问题	完成作业，巩固所学知识	将课程思政延伸到课外	学生学习大国工匠们"勇于拼搏，不断创新"的精神

思政案例

　　思政微元素：工匠精神
　　思政微故事：

创新路上的"大国工匠"
——姚敏

　　自从 400 万吨/年煤炭间接液化项目试车成功，神华宁煤的名气越来越大，其创新团队领军人物——集团副总经理姚敏也越来越受到媒体关注。姚敏带领他的团队首创了 400 万吨/年高温浆态床中温费托合成及油品加工成套技术，攻克了大型高温浆态床反应器设计、制造和工程技术难题——成功地完成了 GSP（干煤粉气化技术）和 MTP（甲醇制丙烯技术）全球首次工业化应用，其中单项工程近万个；投资 178 亿元的年产 50 万吨煤基烯烃项目一次性投料试车成功，作为全球最大的煤制丙烯项目，涵盖了当今世界最先进的煤化工技术，完成烯烃项目技改 5 200 项，多套装置实现世界首次工业化运行；攻克了世界级装置规模、套数、系列、公用工程配置上的优化集成难关，打破了传统的规模装置工程化限制和研究方法的局限性……十年磨一剑。

　　作为我国煤制油化工产业的领军人物，姚敏扎根宁东 20 余年，以"敢于第一个吃螃蟹"的胆魄，"不到长城非好汉"的拼搏精神，先后主持和组织了 8 个大型现代煤制油化工项目的建设与运营，并针对煤制油化工部分关键技术、装备、材料国外垄断状况和工业化、大型化难题，在大型煤气化技术研发及甲醇制丙烯、煤炭间接液化等核心技术工程化方面取得了突破性成果，填补了多项国际、国内空白，奠定了我国在煤炭清洁转化领域的国际领先地位。"煤田"变"油田"，几代人的能源化工梦在这里成为现实，宁东能源化工基地已由沉寂千年的戈壁荒原成为我国西部一颗璀璨的明珠。

　　（资料来源：中国经济网，http://bgimg.ce.cn/xwzx/gnsz/gdxw/201809/20/t20180920_30351285.shtml）

　　微感悟：

　　学生感悟工匠精神，认识到工匠精神对青年人岗位成才的意义。

　　当今世界，谁掌握先进技术，谁就有话语权。正如习近平总书记在讲话中对青年说的"勤劳智慧勇气创人间奇迹"。就是告诉我们广大青年学生要有理想信念，脚踏实地，开放眼界，不安于现状、坚持不懈、努力奋斗。在实现中华民族伟大复兴的历史使命中，坚定信念，勇于创造，把握机遇，做改革创新的践行者。

十四、《静电防护》

《静电防护》教案设计见图4-15。

<table>
<tr><td colspan="4" align="center">广西工业职业技术学院
教案首页</td></tr>
<tr><td>课程名称</td><td>化工安全技术</td><td>本教案
授课学时</td><td>2</td></tr>
<tr><td>本次课标题</td><td colspan="3" align="center">静电防护</td></tr>
<tr><td>教学目标</td><td colspan="3">能力目标：
（1）能为生产制定防静电方案；
（2）防静电装置的使用
知识目标：
（1）掌握静电生成的基本知识；
（2）掌握静电防护理论知识
素质目标：
（1）思政目标：无私奉献的精神，精益求精的工作态度；
（2）养成良好的学习习惯</td></tr>
<tr><td>思政微元素</td><td colspan="3">奉献社会</td></tr>
<tr><td>教学
主要内容</td><td colspan="3">一、静电的危害及特性
二、静电防护技术</td></tr>
<tr><td>教学重点、
难点</td><td colspan="3">重点：静电防护技术
难点：静电防护技术</td></tr>
<tr><td>备注</td><td colspan="3"></td></tr>
</table>

图4-15 《静电防护》的教案设计

《静电防护》的教学设计见表4-17。

表 4-17　《静电防护》教学设计

课程组织	教学环节	教学内容	线上活动 教师活动	线上活动 学生活动	线下活动 教师活动	线下活动 学生活动	设计意图	育人目标
课前预习	发布预习任务	1.在超星学习通自学，完成自学：微课视频、电子教案、PPT课件、相关案例。2.在工院云课堂完成过关测试题。3.收集有关职业道德的工匠们的职业道德事迹资料	1.完善超星学习资源：电子教案，PPT课件，微课视频，思政案例。2.通过工院云课堂上发布导学学生学习本次课内容。3.在工院云课堂上发布过关测试题	1.登录超星学习通，预习观看微课视频，PPT课件以及思政案例等。2.自我测验完成关测试任务。3.做好完成课堂学习任务的准备	—	—	培养学生自主学习和收集材料的能力	培养学生良好的学习习惯，为进入企业工作打下良好基础
课前预习	云课堂交流互动	—	1.在工院平台上在线答疑。2.了解，分析学生在线学习情况	如果在自学当中有问题，有疑惑，与老师在线上交流，解决问题	—	—	为线下教学活动调整做准备	—
课中学习	考勤	—	—	—	观看云课堂上签到情况	学生用手机登录进入学习状态	检查学生到课率	培养学生遵守纪律的自觉性
课中学习	导入	—	—	—	分析课前同学们在工院云课堂上完成过关测试题的情况，导入本次课	通过认真听老师的分析，对一些问题进一步地理解	1.对学生预习结果的反馈。2.通过检查分析，使学生更加重视每次课前的过关测试	—
课中学习	知识讲授	1.静电的危害及特性	—	—	1.根据学生学习情况，通过PPT集中精讲内容。2.发布投票、头脑风暴等活动，考核学生对知识点的学习情况	1.仔细听老师重点讲解。2.学生通过手机完成工院云课堂活动，回答相关问题	实现知识目标1	能为生产制定防静电方案

表4-17（续）

课程组织	教学环节	教学内容	线上活动		线下活动		设计意图	育人目标
			教师活动	学生活动	教师活动	学生活动		
课中学习	思政教学（四微一体：微元素、微故事、微感悟、微养成）	奉献社会	—	—	利用教学团队事先挖掘的微元素，引出微故事（徐立平："雕刻"火药的大国工匠，他的精神事迹中我们学到了什么?）	1.学生职业道德。2.认识到工匠精神，对青年人岗无私奉献的精神，精益求精的态度对岗位的形成才意义	通过微元素的融入，通过讲微故事，让学生产生微感悟，实现素养的微养成	培养学生无私奉献的精神，精益求精的工作态度
	知识讲授	2.静电防护技术	—	—	1.根据学生学习情况，通过PPT集中精讲内容。2.发布点评，抽考核等学生对知识点的学习情况	1.仔细听老师重点讲解。2.学生通过手机完成云课堂活动，回答相关问题	实现知识目标2	1.防静电装置的使用
	动手做一做	设计化工生产车间防静电措施	—	—	布置任务：分组完成，针对化工生产车间能产生静电的设备，制定防静电措施	1.完成小组合建。2.分工合作制定防静电措施	实现能力目标	1.能为生产制定配电方案。2.防静电装置的使用
	小组汇报点评总结	组织评价	—	—	1.组织学生进行小组汇报。2.对汇报情况进行点评	1.小组代表学生汇报。2.组内成员补充。3.其他小组成员点评	检查任务完成情况	—
	测试	云课堂平台提问问题	—	—	课中测试几个问题	学生通过云课堂回答问题	检验学生学习成效，进一步加深对知识的理解	—
课后拓展	布置作业	课外思政作业：查找大国工匠们的先进事迹	—	—	1.发布本次课作业。2.线上关注学生提出的问题	完成作业，巩固所学知识/线上提出问题	将课程思政延伸到课外	培养学生无私奉献的精神，精益求精态度

思政案例

思政微元素:职业道德

思政微故事:

精益求精,追求极致——

徐立平:"雕刻"火药的大国工匠

徐立平是中国航天科技集团有限公司第四研究院 7416 厂班组长。30 多年来,徐立平立足航天固体发动机整形岗位,不惧危险,执着坚守,勇于担当,练就一身绝技绝招,为火箭上天、导弹发射、神舟遨游"精雕细刻",是雕刻火药、为国铸剑的大国工匠。他光荣当选第十三届全国人大代表,荣获时代楷模、最美航天人、全国技术能手等荣誉称号,获全国五一劳动奖章、中华技能大奖。

身着防静电棉服,小心翼翼地用金属刀具将火箭或导弹发动机内装填好的固体火药一点一点地削切、修整至设计要求的型面,以满足火箭及导弹飞行的各种复杂需要。整个过程不能出现一丝一毫的疏忽和纰漏。一丁点磕碰,甚至衣服摩擦擦出静电,都可能瞬间引起燃烧爆炸。这,就是徐立平的工作日常。

作为中国航天科技集团有限公司第四研究院固体火箭发动机装药总装厂7416 厂固体火箭发动机燃料药面整形组(徐立平班组)组长,徐立平从事火药的"微整形"工作已经 32 年了。每一次操作,都像是在刀尖上跳舞;每一次落刀,都能听到自己心跳的声音。徐立平被形象地称为"在炸药堆里工作的人""雕刻火药的大国工匠"。

作为战略战术导弹和运载火箭的动力之源,发动机推进剂燃面的尺寸和精度,直接决定着飞行轨道和射程的精准性。30 多年来,在这个只能由人工操作的高危工作上,徐立平以严慎细实的极致追求、以国为重的赤胆忠诚,为火箭上天、导弹发射、"神舟"遨游做"精雕细刻",让一件件"大国利器"在云霄华丽绽放。

(资料来源:腾讯网,https://view.inews.qq.com/k/20220304A03YVA00? web_channel = wap&openApp = false)

微感悟:

在自己平凡工作岗位上虽然风险大但依然坚守。不应在学习工作中得过且过。只有真正爱一行才能干好一行,不论什么工作,贵在热爱和坚持。

十五、《雷电防护》

《雷电防护》教案设计见图4-16。

广西工业职业技术学院
教案首页

课程名称	化工安全技术	本教案授课学时	2
本次课标题	雷电防护		
教学目标	能力目标： （1）能判别雷电的类型； （2）能使用防雷电装置 知识目标： （1）了解雷电的形成； （2）掌握防雷装置种类及作用 素质目标： （1）思政目标：生态文明建设； （2）养成良好的学习习惯		
思政微元素	加强生态文明建设		
教学主要内容	一、雷电的形成与危害 二、防雷装置种类及作用		
教学重点、难点	重点：防雷装置种类及作用 难点：防雷装置种类及作用		
备注			

图4-16 《雷电防护》的教案设计

《雷电防护》的教学设计见表4-18。

表 4-18 《雷电防护》教学设计

课程组织	教学环节	教学内容	线上活动 教师活动	线上活动 学生活动	线下活动 教师活动	线下活动 学生活动	设计意图	育人目标
课前预习	发布预习任务	1.在超星学习通上完成自学:微课视频、电子教案、PPT课件、相关案例。2.在工院云课堂上完成过关测试题。3.收集有关本课主席生态文明建设的论述	1.完善超星学习通的教学资源:电子教案,PPT课件,微课视频,思政案例等。2.通过工院云课堂上发布学习任务,引导学生学习本次课内容。3.在工院云课堂上发布过关测试题	1.登录超星学习通,预习观看微课视频、思政案例及反思案例等。2.自我测验完成关测试题任务。3.做好完成课堂学习任务的准备	—	—	培养学生自主学习和收集材料能力	培养学生良好的学习习惯,为进入企业工作打下良好基础
	云课堂交流互动	—	1.在工院云课堂平台上任务答疑。2.了解、分析学生在线学习情况	如果在自学当中有问题,有疑惑,与老师在线上交流,解决问题	—	—	为线下教学活动调整做准备	—
课中学习	考勤	—	—	—	观看云课堂上签到情况	学生用手机登录,进入学习状态	检查学生到课率	培养学生遵守纪律的自觉性
	导入	—	—	—	分析课前同学们在工院云课堂上完成过关试题的情况,导入本次课	通过认真听老师的分析,对一些问题进一步地理解	1.对学生预习结果的反馈。2.通过检查过关,使学生更加重视每次课前的过关测试	—
	知识讲授	1.雷电的形成与危害	—	—	1.根据学生学习情况,通过PPT集中精讲重点。2.发布投票、头脑风暴等活动,考查学生对知识点的学习情况	1.仔细听老师重点讲解。2.学生通过工院云课堂上的相关活动,回答相关问题	实现知识目标1	1.能判别雷电的类型

表4-18(续)

课程组织	教学环节	教学内容	线上活动		线下活动		设计意图	育人目标
			教师活动	学生活动	教师活动	学生活动		
课中学习	思政教学(四微一体、微元素、微故事、微感悟、微养成)	加强生态文明建设:微元素、微故事、微感悟、微养成	—	—	利用教学团队事先挖掘的微元素,引出微故事,通过讲微故事,让学生产生微感悟。(追着雷电奔跑的人:谷山强)	1.学生感悟各观认识自然现象 2.人类与自然和谐相处	通过微元素的融入,通过讲微故事,让学生产生微感悟,实现素养的微养成	加强生态文明建设,构建和谐美丽家园
	知识讲授	2.防雷装置种类及作用	—	—	1.根据学生学习情况,通过PPT集中精讲内容。2.发布试卷,抢答等活动,考查学生对知识点的学习情况	1.仔细听老师重点讲解。2.学生通过手机上完成云课堂上的活动,回答相关问题	实现知识目标2	1.能使用防雷电装置
	动手做一做	设计厂房避雷装置	—	—	布置任务:分组完成:化工厂厂房,设计厂房避雷装置	完成小组任务,分工合作完成设计厂房避雷装置任务	实现能力目标	1.能判别雷电的类型 2.能使用防雷装置
	小组汇报点评评价	组织评价	—	—	1.组织学生进行小组汇报。2.对汇报情况进行点评	1.小组代表汇报。2.组内成员补充。3.其他小组成员点评	检查任务完成情况	—
	测试	云课堂平台提问题	—	—	课中测试几个问题	学生通过云课堂回答问题	检验学生学习效果,进一步加深对知识的理解	—
课后拓展	布置作业	课外思政作业:学习习近平主席"绿水青山,就是金山银山"理论	—	—	1.发布本次课外作业。2.线上关注学生提出的问题	完成作业,巩固所学知识	将课程思政延伸到课外	加强学生对生态文明建设,构建美丽和谐家园的认识

思政案例

  思政微元素： 加强生态文明建设
  思政微故事：

让雷电与人类社会和谐相处

追着雷电奔跑的人：谷山强

  每当雷暴发生的时候，别人总是急忙躲避往屋里跑，而谷山强常常一个箭步冲到屋外，第一时间站到距离雷电最近的位置。他常开玩笑说："咱就是跟着雷跑的人，雷在哪咱就追去哪。"

  雷电，大自然中最平凡普通的现象之一，但就是这样普通的自然现象，却让很多人心生敬畏甚至充满恐惧。因为雷电造成的人员伤亡、经济损失不计其数。但是，谷山强常与雷电"亲密接触"，并带领团队潜心研究电网雷电监测与防护技术。

  探索雷电奥秘

  入行初期，瞬息万变的雷电对于谷山强来说仍是一个未知的自然现象，畏惧但又好奇。"天上电闪雷鸣，它会落在哪里、破坏什么设施？"对此他充满了疑问。

  "要防范雷击，首先得摸准'雷公'的脾气"，2008 年一次技术研讨会上，谷山强提出了他最初的研发思路，从此，捕捉雷电、分析数据成了他工作的全部，那间顶楼简陋的观测室里，每天都能见到他"摆弄"观测设备的身影。

  提起防雷领域的科研工作，谷山强心潮澎湃。由于自然雷电观测可遇而不可求，为了深入研究雷电机理，只能通过人工"制造"雷电。2009 年夏天，为开展国家电网公司科技攻关团队专项"雷击模拟试验放电通道特性同步观测技术研究及应用"等项目研究，他在北京郊外的长间隙放电试验基地开始了放电试验。

  琢磨"防雷"捧回国家大奖

  2017 年 12 月，谷山强自主研发的"一种架空输电线路雷击闪络的预警方法"荣获第十九届中国专利唯一金奖，填补了全球在雷电大面积预警方面的空白。

  从最初对国外先进技术的追赶，到全面赶上，再到如今某些方面的赶超甚至领先，电网防雷技术在不断进步。未来，谷山强希望能找到一种万能的措施和方法对雷电施加影响和利用，减少雷害的发生，让雷电与人类社会和谐相处。

  （资料来源：央视网，https://baijiahao.baidu.com/s？id＝1622600058680986109&wfr＝spider&for＝pc）

微感悟：

引导学生树立崇尚自然、尊重自然的理念，切实增强投身生态文明建设的责任感、使命感。

十六、《压力容器安全运行》

《压力容器安全运行》教案设计见图4-17。

<table>
<tr><td colspan="4" align="center">广西工业职业技术学院
教案首页</td></tr>
<tr><td>课程名称</td><td>化工安全技术</td><td>本教案
授课学时</td><td>2</td></tr>
<tr><td>本次课标题</td><td colspan="3" align="center">压力容器安全运行</td></tr>
<tr><td>教学目标</td><td colspan="3">能力目标：
（1）会选择合适的压力容器运行控制参数；
（2）根据实际情况调整控制参数
知识目标：
（1）了解压力容器的概念、分类和用途；
（2）掌握压力容器运行参数对安全的意义
素质目标：
（1）思政目标：弘扬爱国主义精神；
（2）养成良好的学习习惯</td></tr>
<tr><td>思政微元素</td><td colspan="3">爱国主义精神</td></tr>
<tr><td>教学
主要内容</td><td colspan="3">一、压力容器的概念、分类和用途
二、压力容器运行参数对安全的意义</td></tr>
<tr><td>教学重点、
难点</td><td colspan="3">重点：压力容器运行参数对安全的意义
难点：压力容器运行参数对安全的意义</td></tr>
<tr><td>备注</td><td colspan="3"></td></tr>
</table>

图4-17 《压力容器安全运行》的教案设计

《压力容器安全运行》的教学设计见表4-19。

表4-19 《压力容器安全运行》教学设计

课程组织	教学环节	教学内容	线上活动		线下活动		设计意图	育人目标
			教师活动	学生活动	教师活动	学生活动		
课前预习	发布预习任务	1.在超星学习通上完成自学:微课视频、电子教案、PPT课件、相关案例。2.在工院云课堂完成过关测试题。3.收集有关弘扬爱国主义精神的案例	1.完善超星学习通上的教学资源:电子教案、PPT课件、微课视频、思政案例。2.通过工院云课堂上发布学习任务,引导学生学习本次课内容。3.在工院云课堂发布过关测试题	1.登录超星学习通,预习观看微课视频、PPT课件及思政案例等。2.自我测验完成过关测试题。3.做好完成课堂学习任务的准备	—	—	培养学生自主学习能力和收集材料能力	培养学生良好的学习习惯,为进入企业工作打下良好基础
	云课堂交流互动	—	1.在工院云课堂平台上在线答疑。2.了解、分析学生在线学习情况	如果在自学当中有问题,有疑惑,与老师在线上交流,解决问题	—	—	为线下教学活动调整做准备	—
课中学习	考勤	—	—	—	观看云课堂签到情况	学生用手机登录,进入学习状态	检查学生到课率	培养学生遵守纪律的自觉性
	导入	—	—	—	分析前面同学们在工院云课堂上完成过关测试题的情况,导入本次课	通过认真听老师分析,对一些问题进一步地理解	1.对学生预习结果的反馈。2.通过检查分析,使学生更加重视每次课前的过关测试	—
	知识讲授	1.压力容器的概念、组成、分类和用途	—	—	1.根据学生学习情况,通过PPT集中精讲细讲。2.发布投票、头脑风暴等活动,考查学生对知识点的学习情况	1.仔细听老师重点讲解。2.学生通过工院云课堂上完成工院云课堂相关活动,回答相关问题	实现知识目标1	1.会选择合适的压力容器运行控制参数

表4-19（续）

课程组织	教学环节	教学内容	线上活动		线下活动		设计意图	育人目标
			教师活动	学生活动	教师活动	学生活动		
课中学习	思政教学（四微一体：微元素、微故事、微感悟、微养成）	爱国主义精神	—	—	利用教学团队先挖掘的微元素，通过讲微故事，引出微故事（大国工匠：焊接大师孔建伟）	1.学生感悟爱国主义精神是大国工匠努力工作的动力。2.幸福生活都是奋斗出来的	通过微元素的融入，通过讲微故事，让学生产生微感悟，实现素养的微养成	引导弘扬爱国主义精神，共圆复兴梦想
	知识讲授	2.压力容器运行参数对安全的意义	—	—	1.根据学生学习情况，通过PPT集中精讲内容。2.发布考点，考核学生对知识点的学习情况	1.仔细听老师重点讲解。2.学生通过云课堂活动，抢答相关问题	实现知识目标2	1.根据实际情况调整控制参数
	动手做一做	根据设定工作场景调整工艺参数	—	—	布置任务：分组完成化工生产加氢合成装置参数	完成小组组建，分工合作完成工艺参数	实现能力目标	1.会选择合适的反应器运行控制参数。2.根据实际情况调整控制参数
	小组汇报点评总结	组织评价	—	—	1.组织完成小组汇报。2.对汇报情况进行点评	1.小组代表汇报。2.组内成员补充。3.其他小组成员点评	检查任务完成情况	—
	测试	云课堂平台提问问题	—	—	课中测试几个问题	学生通过云课堂回答问题	检验学生学习成效，进一步加深对知识的理解	—
课后拓展	布置作业	课外思政作业：收集有关爱国主义者的事迹案例	—	—	1.发布本次课外作业。2.线上关注回答学生提出的问题	完成作业，巩固所学知识	将课程思政思政延伸到课外	引导学生认识到在平凡岗位上也能干出不平凡的业绩，就是爱国

思政案例

思政微元素：弘扬爱国主义精神

思政微故事：

幸福都是奋斗出来的

"工匠精神"呼唤"创新达人"——大国工匠：焊接大师孔建伟

今年 52 岁的孔建伟，现任中国东方电气集团东方锅炉股份有限公司工艺部焊接管理室电焊工、室主任、焊接高级技师。在焊接行当摸爬滚打了 32 年，他感受最深的就是企业各级领导和师傅们对技术工人的重视。"1982 年我从东锅技校毕业后进入工艺科焊接试验室，在各级领导和师傅们的关心支持下，初步掌握了一些焊接知识技巧，并与工程技术人员一起参加了国内第一套低温化工容器、300MW 亚临界自然循环汽包锅炉、1 000MW 核电站核主岛设备焊接工艺与操作技术等 150 多项新产品工艺评定、试验项目的技术攻关，学到了很多知识。"孔建伟还掌握了 3 毫米不锈钢薄板焊接、小口径管端面堆焊等多项焊接绝技，为公司创效 200 多万元。

梅花香自苦寒来。近年来孔建伟先后荣获了全国技术能手、四川省十大杰出技术能手、中央企业知识型先进职工、机械工业技能大师、第十届"国家技能人才培育突出贡献奖"、四川省"劳动模范"、第五届"四川杰出创新人才奖"，享受国务院政府特殊津贴，2014 年被省政府聘为四川省第三届专家评审委员会成员，2015 年获"全国劳动模范"荣誉称号。

（资料来源：中国网，http://news. cnr. cn/native/gd/20160704/t20160704_522578667.shtml）

微感悟：

梅花香自苦寒来。只要踏实劳动、勤勉劳动、辛勤劳动、吃苦耐劳，在平凡岗位上也能干出不平凡的业绩。

十七、《压力容器维护与保养》

《压力容器维护与保养》教案设计见图4-18。

广西工业职业技术学院 教案首页			
课程名称	化工安全技术	本教案 授课学时	2
本次课标题	压力容器维护与保养		
教学目标	能力目标： （1）会制订压力容器日常维护方案； （2）会制订检验压力容器计划 知识目标： （1）掌握压力容器日常维护内容； （2）掌握压力容器定期检验与安全装置 素质目标： （1）思政目标：弘扬社会主义核心价值观； （2）养成良好的学习习惯		
思政微元素	社会主义核心价值观		
教学 主要内容	一、压力容器日常维护 二、定期检验、安全装置		
教学重点、 难点	重点：压力容器日常维护 难点：安全装置		
备注			

图 4-18 《压力容器维护与保养》的教案设计

《压力容器维护与保养》的教学设计见表4-20。

表 4-20 《压力容器维护与保养》教学设计

课程组织	教学环节	教学内容	线上活动		线下活动		设计意图	育人目标
			教师活动	学生活动	教师活动	学生活动		
课前预习	发布预习任务	—	1.完善超星学习通的教学资源:电子教案、PPT课件、微课视频、思政案例。2.通过工院云课堂上发布学习任务,引导学生学习本次课内容。3.在工院云课堂上发布过关测试题	1.登录超星学习通,预习观看微课视频、PPT课件以及思政案例等。2.自我测验完成过关测试任务。3.做好完成课堂学习任务的准备	—	—	培养学生自主学习和收集集材料能力	培养学生良好的学习习惯,为进入企业工作打下良好基础
	云课堂交流互动	—	1.在工院云课堂平台上在线答疑。2.了解学生在线学习情况	如果在自学当中有问题,有疑惑,与老师在线上交流,解决问题	—	—	为线下教学活动调整做准备	—
课中学习	考勤	—	—	—	观看云课堂上签到情况	学生用手机登录,进入学习状态	检查学生到课率	培养学生遵守纪律的自觉性
	导入	—	—	—	分析课前同学们在工院云课堂上完成过关测试题的情况,导入本次课	通过认真听老师的分析,对一些问题进一步地理解	1.对预习结果的反馈。2.通过检查结果分析,使学生更加重视每次课前的过关测试	—
	知识讲授	1.压力容器日常维护	—	—	1.根据学生学习情况,通过PPT集中精讲内容。2.发布投票、头脑风暴等活动,考查学生对知识点的学习情况	1.仔细听老师重点讲解。2.学生通过手机完成工院云课堂上的相关活动,回答问题	实现知识目标1	1.会制定压力容器日常维护方案

表4-20（续）

课程组织	教学环节	教学内容	线上活动		线下活动		设计意图	育人目标
			教师活动	学生活动	教师活动	学生活动		
课中学习	思政教学（四微一体：微元素、微故事、微感悟、微养成）	社会主义核心价值观	—	—	利用教学团队事先挖掘的微元素，通过微故事，引出微故事。（社会主义核心价值观引领甫甫有祺）	1.学生感悟价值观对人生成长意义。2.感悟社会主义核心价值观对中华民族伟大复兴的意义	通过微元素的融入以及讲微故事，让学生产生微感悟，实现素养的微养成	引导学生做社会主义核心价值观的坚定信仰者、积极传播者、模范实践者
	知识讲授	2.定期检验、安全装置	—	—	1.根据学生学习情况，通过PPT集中精讲内容。2.发布抢将、抢答等活动，考查学生对知识点的学习情况	1.仔细聆听老师讲解。2.学生通过云课院完成工院手机堂上的活动，回答相关问题	实现知识目标2	1.会制订压力容器计划
	动手做一做	根据设工作场景完成反应器的日常维护	—	—	布置任务：分组完成，分组完成反应器状态完成日常维护	完成小组组建，分工合作完成反应器日常维护	实现能力目标	1.会制订压力容器日常维护方案。2.会制订检验压力容器计划
	小组汇报点评总结	组织评价	—	—	1.组织学生进行小组汇报。2.对汇报情况进行点评	1.小组代表汇报。2.组内成员补充。3.其他小组成员点评	检查任务完成情况	—
	测试	云课堂平台提问问题	—	—	课中测试几个问题	学生通过云课堂回答问题	检验学生学习成效，进一步加深对知识的理解	—
课后拓展	布置作业	课外思政作业：收集有关社会主义核心价值观的事例	—	—	1.发布本次课外作业。2.线上关注学生提出的问题	完成作业，巩固所学知识	将课程思政延伸到课外	引导学生弘扬社会主义核心价值观

思政案例

思政微元素：社会主义核心价值观

思政微故事：

社会主义核心价值观引领者唐有祺

他是我国晶体化学的奠基人，他倡导了化学生物学在中国的发展，又融会贯通了晶体化学与功能材料研究，在国际上开拓了分子工程学。他以期颐之身，见证了中国从积贫积弱走向繁荣昌盛的百年进程——在美求学一切顺利时，他放弃大好前程，毅然回到百废待兴的祖国；在遭遇政治风雨时，他处变不惊，以非凡的定力潜心著书，抓住一切机会为国家建设服务；在"化学消亡论"甚嚣尘上之际，他超越自我，为全中国的化学人仗义执言；在高校科技工作受到市场经济冲击时，他奔走疾呼，为建设稳定的科技队伍布局谋篇。

他宛如一面坚实的盾牌，护佑着中国化学和中国科学安然度过风风雨雨；他宛如一座巍峨的高山，在国际晶体学界，为中国竖起伟岸的丰碑；他宛如一片肥沃的土地，滋养了一代代科学儿女。

他就是中国科学院院士、化学家、教育家、《物理化学学报》创刊主编、北京大学物理化学研究所创所所长、北京分子动态与稳态结构国家重点实验室首任主任、北京大学化学与分子工程学院教授唐有祺先生。

（资料来源：光明网，https://view.inews.qq.com/k/20200713A02MT900? web_channel＝wap&openApp＝false）

微感悟：

只有个人的价值观摆正了，才能进一步理解社会层面的价值观，最后到达国家层面的高度。百年求索的初心不改与远见和睿智，给人以平和，给人以力量。践行社会主义核心价值观，努力维护社会团结稳定，就和压力容器的维护检查一样。

| 八、《工业锅炉安全操作》

《工业锅炉安全操作》教案设计见图4-19。

<table>
<tr><td colspan="4" align="center">广西工业职业技术学院
教案首页</td></tr>
<tr><td>课程名称</td><td>化工安全技术</td><td>本教案
授课学时</td><td>2</td></tr>
<tr><td>本次课标题</td><td colspan="3" align="center">工业锅炉安全操作</td></tr>
<tr><td>教学目标</td><td colspan="3">能力目标：
(1) 会判别工业锅炉安全运行状况；
(2) 会处理工业锅炉运行一般故障
知识目标：
(1) 掌握锅炉基本知识；
(2) 掌握安全运行规律
素质目标：
(1) 思政目标：树立新发展理念；
(2) 养成良好的学习习惯</td></tr>
<tr><td>思政微元素</td><td colspan="3">新发展理念</td></tr>
<tr><td>教学
主要内容</td><td colspan="3">一、锅炉基本知识
二、工业锅炉安全操作</td></tr>
<tr><td>教学重点、
难点</td><td colspan="3">重点：工业锅炉安全操作
难点：锅炉基本知识</td></tr>
<tr><td>备注</td><td colspan="3"></td></tr>
</table>

图4-19 《工业锅炉安全操作》的教案设计

《工业锅炉安全操作》的教学设计见表4-21。

表4-21 《工业锅炉安全操作》教学设计

课程组织	教学环节	教学内容	线上活动		线下活动		设计意图	育人目标
			教师活动	学生活动	教师活动	学生活动		
课前预习	发布预习任务	1.在超星学习通上完成自学：微课视频、电子教案、PPT课件、相关案例。2.在工院云课堂完成过关测试题。3.收集有关锅炉全观的事例	1.完善超星学习通的教学资源：电子教案、PPT课件、微课视频、思政案例。2.通过工院云课堂上发布学习任务，引导学生学习本次课内容。3.在工院云课堂上发布过关测试题	1.登录超星学习通，预习观看微课视频、PPT课件以及思政案例等。2.自我测验完成关测试题任务。3.做好完成课堂学习任务的准备	—	—	培养学生自主学习和收集材料能力	培养学生良好的学习习惯，为进入企业打下良好基础
	云课堂交流互动	—	1.在工院云课堂平台上在线答疑。2.了解、分析学生在线学习情况	如果在自学当中有问题、有疑惑，可与老师在线上交流、解决问题	—	—	为线下教学活动调整做准备	—
课中学习	考勤	—	—	—	观看云课堂上签到情况	学生用手机登录，进入学习状态	检查学生到课率	培养学生遵守纪律的自觉性
	导入	—	—	—	分析课前同学们在工院云课堂上完成过关测试题的情况，导入本次课	通过认真听老师的分析，对一些问题进一步地理解	1.对学生预习结果的反馈。2.通过检查分析，使学生更加重视每次课前的过关测试	—
	知识讲授	1.锅炉基本知识	—	—	1.根据学生学习情况，通过PPT集中精讲内容。2.发布投票、头脑风暴等活动、考核学生对知识点的学习情况	1.仔细聆听老师重点讲解。2.完成工院云课堂上的相关活动，回答问题	实现知识目标1	1.会判别工业锅炉安全运行状况

表4-21（续）

课程组织	教学环节	教学内容	线上活动 教师活动	线上活动 学生活动	线下活动 教师活动	线下活动 学生活动	设计意图	育人目标
课中学习	思政教学（四微一体：微元素、微故事、微感悟、微养成）	新发展理念	—	—	利用教学团队事先挖掘的微元素，通过讲微故事出微感悟，以创新理念实现新发展	1.学生感悟创新、协调、绿色、开放、共享的发展理念 2.在工作中协同发力，形成合力，不能畸轻畸重，不能以偏概全	通过微元素的融入，以及讲微故事，让学生产生微感悟，实现素养的养成	引导同学认同新发展理念是一个系统的理论体系，是关于发展的目的、动力、方式、路径等一系列理论和实践问题
	知识讲授	2.工业锅炉安全操作	—	—	1.根据学生学习情况，通过手机PPT集中精讲内容。2.发布重点、抢答等，考核学生对知识点的学习情况	1.仔细听老师讲解。2.学生通过云课堂上的活动，回答相关问题	实现知识目标2	2.能处理工业锅炉运行一般故障
	动手做一做	根据设定工作场景，调整锅炉运行参数	—	—	布置任务：分组完成：根据设定的锅炉运行场景调整工艺参数	完成小组组建，分工合作完成锅炉运行工艺参数任务	实现能力目标	(1)会判别工业锅炉安全运行状况 (2)会处理工业锅炉运行故障
	小组汇报点评总结	组织评价	—	—	1.组织学生进行小组汇报。2.对汇报情况进行点评	1.小组代表汇报。2.组内成员补充。3.其他小组成员点评	检查任务完成情况	—
	测试	云课堂平台提问问题	—	—	中测试几个问题	学生通过云课堂回答问题	检验学生学习成效，进一步加深对知识的理解	—
课后拓展	布置作业	课外思政作业：收集有关新发展理念的事例	—	—	1.发布本次课外作业。2.线上关注回答学生提出的问题	完成作业，巩固所学知识	将课程思政延伸到课外	引导学生理解创新、协调、绿色、开放、共享的发展理念

思政案例

思政微元素：新发展理念

思政微故事：

让新发展理念成为我们工作的指挥棒和红绿灯

哈电集团哈尔滨锅炉厂有限责任公司（以下简称"哈锅"）面对国家去产能及煤电市场下滑等新形势、新常态、新要求，以党的十九大精神为指引，团结拼搏、勇于突破，转型升级谋求新发展，在科技创新、品牌建设等方面取得了新突破，全年完成工业总产值和营业收入均超过 90 亿元，利润水平行业领先，保持了稳中求胜、逆中求进的良好发展势头。

"哈锅创造"领跑行业。哈锅强化科技创新，技术开发取得突破性进展，哈锅大型燃煤耦合垃圾发电技术率先通过国家能源局评审，拿到国内首个 CO_2 循环发电锅炉科研项目等，"哈锅创造"再次领跑行业。

守住蓝天碧水，央企率先发力。哈锅自主研发的燃煤耦合垃圾发电技术率先通过国家能源局评审，该技术成为首个通过国家级评审的燃煤耦合垃圾发电技术，标志着哈锅在燃煤耦合垃圾发电技术走在了行业前列。相较于传统垃圾焚烧发电，燃煤耦合垃圾发电技术可将垃圾焚烧发电效率提高至 32%，提效 10% 左右，实现垃圾无害化、减量化、资源化、低成本化的处置，提高垃圾能源化利用效率，降低单位垃圾处理投资成本及运行维护费用。

（资料来源：中国产业经济信息网，http://www.cinic.org.cn/zgzz/xw/419019.html）

微感悟：

创新发展、协调发展、绿色发展、开放发展、共享发展，在工作中都要予以关注，使之协同发力、形成合力，既不能畸轻畸重，也不能以偏概全。

十九、《应急预案的制定与应急演练》

《应急预案的制定与应急演练》教案设计见图4-20。

广西工业职业技术学院
教案首页

课程名称	化工安全技术	本教案授课学时	2
本次课标题	应急预案的制定与应急演练		
教学目标	能力目标： （1）会对应急预案体系分类； （2）会制定简单的应急预案 知识目标： （1）掌握应急预案体系分类、编制要求及程序； （2）掌握应急预案主要内容 素质目标： （1）思政目标：弘扬抗震精神； （2）养成良好的学习习惯		
思政微元素	抗震精神		
教学主要内容	一、应急预案体系分类、编制要求及程序 二、应急预案主要内容、应急演练		
教学重点、难点	重点：应急预案体系分类、编制要求及程序 难点：应急预案主要内容		
备注			

图4-20 《应急预案的制定与应急演练》的教案设计

《应急预案的制定与应急演练》的教学设计见表4-22。

表4-22 《应急预案的制定与应急演练》教学设计

课程组织	教学环节	教学内容	线上活动 教师活动	线上活动 学生活动	线下活动 教师活动	线下活动 学生活动	设计意图	育人目标
课前预习	发布预习任务	1.在超星星学习通上完成自学:微课视频、电子教案、PPT课件。2.在工院云课堂完成过关测试题。3.收集过有关抗震地险故事	1.完善超星星学习通的教学资源:电子教案,PPT课件,微课视频,思政案例等。2.通过工院云课堂上发布学习任务,引导学生学习本次课内容。3.在工院云课堂上发布过关测试题	1.登录超星星学习通,预习观看微课视频、PPT课件以及思政案例等。2.自我测验完成过关测试题任务。3.做好完成课堂学习任务的准备	—	—	培养学生自主学习和收集材料能力	培养学生良好的学习习惯,为进入企业工作打下良好基础
	云课堂交流互动	—	1.在工院云课堂平台上在线答疑。2.了解、分析学生在线自学习情况	如果在自学当中有问题、有疑惑,与老师在线上交流,解决问题	—	—	为线下教学活动调整做准备	—
课中学习	考勤	—	—	—	观看云课堂上签到情况	学生用手机登录,进入学习状态	检查学生到课率	培养学生遵守纪律的自觉性
	导入	—	—	—	分析课前同学们在工院云课堂上过关测试题完成的情况,导入本次课	通过认真听老师的分析,对一些问题进一步地理解	1.对学生预习结果的反馈。2.通过检查分析,使学生更加重视每次课前的过关测试	—
	知识讲授	1.应急预案体系分类、编制要求及程序	—	—	1.根据学生学习情况,通过PPT集中精讲重点。2.发布投票、头脑风暴活动、考核学生对知识点的学习情况	1.仔细听老师重点讲解。2.学生通过工院云课堂活动,回答相关问题	实现知识目标1	1.会对应急预案体系分类

表4-22（续）

课程组织	教学环节	教学内容	线上活动		线下活动		设计意图	育人目标
			教师活动	学生活动	教师活动	学生活动		
课中学习	思政教学（四微一体：微元素、微故事、微感悟、微养成）	抗震精神	—	—	利用教学团队事先挖掘的微元素，引出微故事。（史上最牛校长：叶志平）	1.学生不断强化责任、爱岗敬业意识。2.安全生产的警钟常鸣，做到居安思危	通过微元素的融入，让学生产生微感悟，实现素养的微养成	引导学生养成认真负责的工作态度，增强学生居安思危的责任担当
	知识讲授	2.应急预案主要内容，应急演练	—	—	1.根据学生学习情况，通过PPT集中精讲内容。2.发布重点、抢答等活动，考查学生对知识点的学习情况	1.仔细听老师讲解。2.学生通过云课堂完成工院云课堂上的相关活动，回答相关问题	实现知识目标2	1.会制定简单的应急预案
	动手做一做	根据设定工作场景编制应急预案	—	—	布置任务：分组完成：根据设定工作场景编制应急预案	完成小组组建，分工合作完成编制应急预案	实现能力目标	(1)会对应急体系分类。(2)会制定简单应急预案
	小组汇报点评总结	组织评价	—	—	1.组织学生进行小组汇报。2.对汇报情况进行点评	1.小组代表汇报。2.组内成员补充。3.其他小组成员点评	检查任务完成情况	—
	测试	云课堂平台提问问题	—	—	测试几个问题	学生通过云课堂回答问题	检验学生学习成效，进一步加深对知识的理解	—
课后拓展	布置作业	课外思政作业：收集有关抗震的小故事	—	—	1.发布本次课外作业。2.线上关注并回答学生提出的问题	完成作业，巩固所学知识	将课程思政延伸到课外	引导学生安全的警钟常鸣，做到居安思危

思政案例

思政微元素：**抗震精神**

思政微故事：

责任高于一切，成就源于付出

——史上最牛校长：叶志平

叶志平（1953 年 9 月 9 日—2011 年 6 月 27 日），男，汉族，四川绵竹人，生前是四川省绵阳市安县桑枣镇桑枣中学校长。因秉承"责任高于一切，成就源于付出"，多年来他不断加强教学楼的加固，引导学生做安全疏导训练。在 2008 年"5·12"汶川特大地震发生后，自己学校学生教师无一人伤亡。震后，他以一个共产党员高度的责任感，带领全校教职工自强不息地战斗在抗震自救的最前线。被称作"史上最牛校长"。2011 年 6 月 27 日，叶志平因脑出血在四川成都辞世，享年 57 岁。2008 年叶志平被中央组织部授予"抗震救灾优秀共产党员"称号，荣获四川省"五一劳动奖章"。

（资料来源：今日头条，https://www.toutiao.com/article/6651703736991220237/?wid=1666149556690）

微感悟：

不断强化责任，爱岗敬业，无私奉献，并时刻警惕起来，让安全的警钟长鸣，做到居安思危。

二十、《应急救援与应急处置》

《应急救援与应急处置》教案设计见图 4-21。

广西工业职业技术学院
教案首页

课程名称	化工安全技术	本教案授课学时	2
本次课标题	应急救援与应急处置		
教学目标	能力目标： （1）对一般事故能写出应急处置方案； （2）事故发生时能展开基本的应急救援； 知识目标： （1）懂得应急救援的基本任务和形式； （2）对一般事故知道如何处置； 素质目标： （1）思政目标：对社会主义制度产生自信； （2）养成良好的学习习惯		
思政微元素	制度自信		
教学主要内容	一、应急救援的基本任务和形式 二、事故应急处置		
教学重点、难点	重点及难点：写出事故应急处置方案		
备注			

图 4-21 《应急救援与应急处置》的教案设计

《应急救援与应急处置》的教学设计见表 4-23。

表4-23　《应急救援与应急处置》教学设计

课程组织	教学环节	教学内容	线上活动 教师活动	线上活动 学生活动	线下活动 教师活动	线下活动 学生活动	设计意图	育人目标
课前预习	发布预习任务	1.在超星自学完成自学：微课视频、电子教案、PPT课件、思政案例。2.在工院云测试题上完成。3.收集有关新冠疫情下国家紧急救援的案例	1.完善超星学习资源：电子教案,PPT课件,微课视频,思政案例等。2.通过工院云课堂上发布学习任务,引导学生学习本次课内容。3.在工院云课堂上发布过关测试题	1.登录超星学习通,预习观看微课视频、PPT课件以及思政案例等。2.自我测验完成过关测试题任务。3.做好完成课堂学习任务的准备	—	—	1.培养学生自主学习和收集材料能力。2.学生在收集资料的过程中体会制度的优越,为课上学生感悟打下良好的基础	培养学生良好的学习习惯,为进入企业工作打下良好基础
	云课堂交流互动	—	1.在工院云课堂平台上在线答疑。2.了解、分析学生在线学习情况	如果在自学当中有问题,有疑惑,与老师在线上交流,解决问题	—	—	为线下教学活动调整做准备	—
课中学习	考勤	—	—	—	观看云课堂上签到情况	学生用手机登录,进入学习状态	检查学生到课率	培养学生遵守纪律的自觉性
	导入	—	—	—	分析课前同学们在工院云课堂完成过关测试题的情况,导入本次课	通过认真听老师的分析,对一些问题进一步地理解	1.对学生预习结果的反馈。2.通过检查结果,使学生更加重视每次课前的关测试	—
	知识讲授	1.应急救援的基本任务和形式	—	—	1.根据学生学习情况,通过PPT精讲内容,头脑风暴等活动,考查学生对知识点的学习情况 2.发布投票、风暴等活动	1.仔细听老师讲解。2.学生通过工院云课堂完成相关活动,回答问题	实现知识目标1	1.懂得应急救援的基本任务和形式

表4-23（续）

课程组织	教学环节	教学内容	线上活动		线下活动		设计意图	育人目标
			教师活动	学生活动	教师活动	学生活动		
课中学习	思政教学（四微一体，微元素、微故事、微感悟、微素养成）	制度自信	—	—	利用教学团队先挖掘教学的微元素，引出微故事（武汉新冠疫情暴发，国家采取了哪些应急救援形式？说明了什么？）	1.学生感悟社会主义制度的优势 2.产生制度自信的微感	通过微元素的融入，通过讲微故事让学生产生微感悟，实现素养养成	对社会主义制度产生自信
	知识讲授	2.事故应急处置	—	—	1.根据学生学习情况，通过PPT集中精讲内容。2.发布点将、抢答等活动，考核学生对应急知识点的学习情况	1.仔细听老师讲解。2.学生通过云课堂上的活动，回答相关问题	实现知识目标2	2.对一般事故知道如何处置
	动手做一做	设计应急救援方案	—	—	布置任务：分组学生针对一个一般事故，设计应急救援方案	完成小组组建、分工合作完成应急救援方案设计的任务	实现能力目标	1.对一般事故能提出应急处置方案。2.事故发生时能展开基本的应急救援
	小组汇报点评总结	组织评价	—	—	1.组织学生进行小组汇报。2.对汇报情况进行点评	1.小组代表汇报。2.组内成员补充。3.其他小组成员点评	检查任务完成情况	—
	测试	云课堂平台提问题	—	—	课中测试几个问题	学生通过云课堂回答问题	检验学生学习效果，进一步加深对知识的理解	—
课后拓展	布置作业	课外思政作业：第二课堂讨论主题：对比分析中国与西方国家对待抗疫的态度	—	—	1.发布本次课外作业。2.线上关注回答学生提出的问题	完成作业，巩固所学知识	将课程思政延伸到课外	1.学生对社会主义制度的优势有更加清晰的认识。2.对社会主义制度更加自信

思政案例

　　思政微元素：制度自信

　　思政微故事：

　　（见本章第五节案例选择的案例三：新时代不朽的精神丰碑 ——伟大抗疫
精神）

　　二十一、《事故管理与分析》

　　《事故管理与分析》教案设计见图4-22。

广西工业职业技术学院
教案首页

课程名称	化工安全技术	本教案 授课学时	2
本次课标题	事故管理与分析		
教学目标	能力目标： （1）能做事故原因调查； （2）能区分各类事故 知识目标： （1）掌握事故分类与等级； （2）掌握事故管理有关规定 素质目标： （1）思政目标：制度自信； （2）养成良好的学习习惯		
思政微元素	对社会主义制度产生自信		
教学 主要内容	一、事故分类与等级 二、事故管理有关规定及事故分析		
教学重点、 难点	重点：事故管理有关规定及事故分析 难点：事故分类与等级		
备注			

图4-22　《事故管理与分析》的教案设计

　　《事故管理与分析》的教学设计见表4-24。

表4-24 《事故管理与分析》教学设计

课程组织	教学环节	教学内容	线上活动 教师活动	线上活动 学生活动	线下活动 教师活动	线下活动 学生活动	设计意图	育人目标
课前预习	发布预习任务	1.在超星学习通上完成自学：微课视频、电子教案、PPT课件、相关案例。2.在工院云课堂上完成过关测试题。3.收集有关安依法治国的故事	1.完善超星学习通的教学资源：电子教案、PPT课件、微课视频、思政案例。2.通过工院云课堂上发布学习任务，引导学生学习本次课内容。3.在工院云课堂上发布过关测试题	1.登录超星学习通，预习观看微课视频，PPT课件以及思政案例等。2.自我测验完成过关测试题任务。3.做好完成课堂学习任务的准备	—	—	培养学生自主学习和收集材料能力	培养学生良好的学习习惯，为进入企业工作打下良好基础
	云课堂交流互动	—	1.在工院云课堂平台上在线答疑。2.了解、分析学生在线学习情况	如果在自学当中有问题，有疑惑，与老师在线上交流，解决问题	—	—	为线下教学活动调整做准备	—
课中学习	考勤	—	—	—	观看云课堂签到情况	学生用手机登录，进入学习状态	检查学生到课率	培养学生遵守纪律的自觉性
	导入	—	—	—	分析课前同学们在工院云课堂上完成的过关测试题情况，导入本次课	通过认真听老师的分析，对一些问题进一步地理解	1.对学生预习结果的反馈。2.通过检查分析，使学生更加重视每次课前的过关测试	—
	知识讲授	1 事故分类与等级	—	—	1.根据学生学习情况，通过PPT集中精讲内容：发布投票、头脑风暴等活动，考查学生对知识点的学习情况	1.仔细听老师讲解。2.学生通过手机完成工院云课堂上的相关活动，回答问题	实现知识目标1	1.能做事故原因调查

表4-24（续）

课程组织	教学环节	教学内容	线上活动		线下活动		设计意图	育人目标
			教师活动	学生活动	教师活动	学生活动		
课中学习	思政教学（四微一体：微元素、微故事、微感悟、微素养成）	对社会主义制度产生自信	—	—	利用教学团队事先挖掘的微元素，引出微故事。（2020年度法治人物候选人王同林：执法保留传员压舱石）	1.学生感悟公民权益要靠法律保障，法律权威要靠人民维护。2.安全生产，人人有责，是法律责任也是工作职责	通过微元素的融入，通过讲微故事，让学生产生的微感悟，实现素养养成	引导学生树立尊重法律的信念，培养遵守法律的习惯，自觉为法治国家建设贡献力量
	知识讲授	2.事故管理有关规定及事故分析	—	—	1.根据学生学习情况，通过PPT集中精讲内容。2.发布点格、抢答等活动，考查学生对知识点的学习情况	1.仔细听老师重点讲解。2.学生通过手机完成工院云课堂上的相关活动，回答相关问题	实现知识目标2	1.能区分各类事故
	动手做一做	根据设定的安全生产事故依据事故管理规定进行处理	—	—	布置任务：分组完成，设定工作场景进行事故处理	完成小组组建，分工合作完成事故工作任务工作	实现能力目标	（1）能做事故调查 （2）能区分各类事故
	小组汇报点评总结	组织评价	—	—	1.组织学生进行小组汇报。2.对汇报情况进行点评	1.小组代表汇报。2.组内成员补充。3.其他小组成员点评	检查任务完成情况	—
	测试	云课堂平台答同问题	—	—	课内测试几个问题	学生通过云课堂回答问题	检验学生学习成效，进一步加深对知识的理解	—
课后拓展	布置作业	课外思政作业：收集有关依法处理安全事故案例	—	—	1.发布本次课作业。2.线上关注并回答学生提出的问题	完成作业，巩固所学知识	将课程思政延伸到课外	培养学生遵守法律的习惯，将法治护法，爱法的法治精神融入人生活和工作中

思政案例

思政微元素：对社会主义制度产生自信

思政微故事：

法治护航，筑梦未来
——环保宣传员 执法压舱石：王同林

在法制工作中，王同林着力树立以审判为中心的目标，强化证据意识，规范执法程序，制定《环境行政处罚工作程序》《行政处罚内部审核工作程序》，对处罚案件采取"背对背"式法制审核，克服"书面审""被动审""机械审"的弊端，直接审核处理的 1 000 多件行政处罚案件无一错案，无一败诉。

2020 年新冠疫情暴发后，为助力企业复工复产，最大限度降低疫情影响，落实审慎监管理念，王同林作为主要起草人，及时编写制定了《减轻和免除行政处罚的实施意见》和《企业复工复产生态环境执法帮扶行动实施方案》，明确了 10 种免除行政处罚和 6 种减轻行政处罚的具体情形，将 919 家符合条件的企业纳入正面清单名单，推行差异化执法监管。

（资料来源：央视网，https://news.cctv.com/2020/11/18/ARTI7NOcy644rxMtF6HG9 HKg201118.shtml）

微感悟：

公民权益要靠法律保障，法律权威要靠人民维护。安全生产，人人有责，是法律责任也是工作职责。

第五章 "有机化学"教学有效性的研究

如何打通专业教学标准、课程标准到课堂教学标准的通道，提升课堂教学有效性与针对性。我们以"有机化学"这门课为例开展课堂教学改革，通过教学有效性诊改的工作模式（见图5-1），实现课堂教学有效性诊改，实现职业院校课堂教学质量逐步提高。

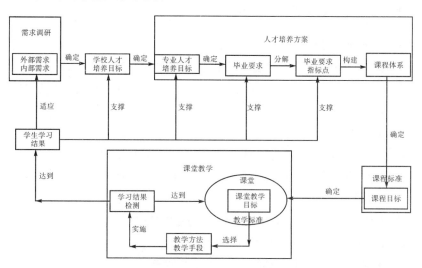

图 5-1　教学有效性诊改的工作模式

一、有机化学和有机化合物

（一）教学目标和教学标准

（1）教学目标：知道什么是有机化合物和有机化学的研究对象。

（2）教学标准：90%的学生知道什么是有机化合物和有机化学的研究对象。

（二）检测内容

1. 由人工通过无机化合物合成的第一个有机化合物是（ A ）。

A. 尿素　　　　　B. 汽油　　　　　C. 酒精　　　　　D. 沼气

2. 有机化学是主要研究（ B ）的来源、制备、结构、性质、合成、应用及相关理论的一门科学。

A. 无机化合物　　　　　　　　　B. 有机化合物

C. 稀有矿物质　　　　　　　　　D. 生命物质

3. 所有的有机化合物，均含有（ A ）。

A. C　　　　　　　　　　　　　B. H

C. O　　　　　　　　　　　　　D. N

4. 下列化合物是有机物的是（ C ）。

A. 盐酸　　　　　B. 硫酸　　　　　C. 醋酸　　　　　D. 硝酸

5. 下列化合物是有机物的是（ B ）。

A. 小苏打　　　　B. 蔗糖　　　　　C. 氢氧化钠　　　D. 碳粉

二、无机化合物及有机化合物的区别

（一）教学目标和教学标准

（1）教学目标：能判断所给化合物是无机化合物还是有机化合物。

（2）教学标准：90%的学生能判断所给化合物是无机化合物还是有机化合物。

（二）检测内容

1. 无机化学是主要研究（ A ）的化学变化的基本原理、重要规律和元素、单质及其化合物的性质、存在、制备及用途的一门学科。

A. 无机化合物　　　　　　　　　B. 有机化合物

C. 稀有矿物质　　　　　　　　　D. 生命物质

2. 下列化合物不是无机化合物的是（ C ）。

A. 盐酸　　　　　B. 硫酸　　　　　C. 醋酸　　　　　D. 硝酸

3. 下列化合物是有机物的是（ A ）。

A. 橡胶　　　　　B. 陶瓷　　　　　C. 石头　　　　　D. 沙子

4. 下列化合物是有机物的是（ D ）。

A. 水　　　　　　B. 食盐　　　　　C. 铁锅　　　　　D. 花生油

5. 下列化合物是有机物的是（ C ）。

A. 空气　　　　　B. 氧气　　　　　C. 酒精　　　　　D. 二氧化碳

三、有机物官能团

（一）教学目标和教学标准

（1）教学目标：能根据名称写出烯烃、炔烃、醇、酚、醚、醛、酮的官能团。

（2）教学标准：90%的学生能根据名称写出烯烃、炔烃、醇、酚、醚、醛、酮的官能团。

（二）检测内容

1. 烯烃的官能团是（ B ）。

A. 碳碳单键   B. 碳碳双键

C. 碳碳三键   D. 以上都有可能

2. 丙炔的官能团是（ C ）。

A. 碳碳单键   B. 碳碳双键

C. 碳碳三键   D. 以上都有可能

3. 乙醇的官能团是（ A ）。

A. $-OH$ B. $C=C$ C. $-CN$ D. $-COOH$

4. 乙醛的官能团是（ B ）。

A. $-OH$ B. $-CHO$ C. $-CN$ D. $-COOH$

5. 乙酸的官能团是（ D ）。

A. $-OH$ B. $-CHO$ C. $-CN$ D. $-COOH$

四、有机化合物的分类

（一）教学目标和教学标准

（1）教学目标：给定官能团能说出有机化合物的分类。

（2）教学标准：90%的学生给定官能团能说出有机化合物的分类。

（二）检测内容

1. 下列不属于开链化合物的是（ A ）。

A.   B. CH_3CHCH_3 其中带有一个 CH_3 支链

C. $CH_3CH_2CH_3$ D. CH_3CH_3

2. 按官能团分类，下列化合物属于醇的是（ D ）。

A.   B. CH_3CHO

C. $CH_3—O—CH_3$ D. 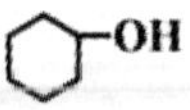 —OH

3. 按官能团分类，下列化合物属于酸的是 （ B ）。

A. CH_3CH_2CHO B. HCCOH

C. 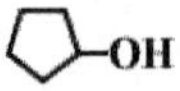 —OH D. 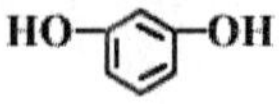 HO——OH

4. 按官能团分类，下列化合物属于烯烃的是 （ D ）。

A. $CH_3CH_2CH_3$ B. HCOOH

C. $CH \equiv C-CH_3$ D. $CH_2 = CHCH = CH_2$

五、饱和烃的分类

（一）教学目标和教学标准

（1）教学目标：能对饱和烃进行分类。

（2）教学标准：90%的学生能对饱和烃进行分类。

（二）检测内容

1. 以下哪个化合物不是烃类化合物 （ D ）。

A. 乙炔　　　　B. 乙烷　　　　C. 乙烯　　　　D. 乙醇

2. 下列哪个化合物是烃类化合物 （ A ）。

A. 乙炔　　　　B. 甲醇　　　　C. 乙醚　　　　D. 乙醇

3. 正丁烷有 （ B ）伯碳原子

A. 1　　　　　B. 2　　　　　C. 3　　　　　D. 4

4. 新戊烷是开链化合物 （ A ）。

A. 正确　　　　B. 错误

5. 下列化合物不是环烷烃的是 （ B ）。

A. 环己烷 B. 2-甲基环己烯

C. 环戊烷 D. 甲基环己烷

六、饱和烃的命名

（一）教学目标和教学标准

（1）教学目标：能给饱和烃进行系统命名。

（2）教学标准：90%的学生能给饱和烃进行系统命名。

（二）检测内容

1. 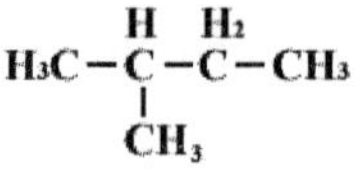 $H_3C-\overset{H}{\underset{CH_3}{C}}-\overset{H_2}{C}-CH_3$ 用系统命名法叫 （ B ）。

A. 3-甲基丁烷   B. 2-甲基丁烷

C. 3-甲基戊烷   D. 2-甲基戊烷

2. 用系统命名法来命名该物质 $H_3C-\overset{\displaystyle CH_3}{\underset{\displaystyle CH_3}{CH}}-CH_2-CH_3$ ，主链上应有几个碳

（ A ）。

   A. 7   B. 6   C. 5   D. 4

3. 用系统命名法命名时，$H_3C-\overset{\displaystyle }{\underset{\displaystyle CH_3}{CH}}-CH_2-CH_2-CH_3$ 中甲基的编号是（ D ）。

   A. 5   B. 4   C. 6   D. 3

4. 用系统命名法命名 $H_3C-\overset{}{\underset{CH_3}{CH}}-\overset{}{\underset{CH_2CH_3}{CH}}-CH_3$ （ A ）。

A. 3-甲基-5-乙基庚烷   B. 3-甲基-4-乙基庚烷

C. 2-甲基-6-乙基庚烷   D. 2-甲基-5-乙基庚烷

5. 写出 3-甲基戊烷的结构式（ A ）。

A. $H_3C-\overset{H_2}{\underset{}{C}}-\overset{H}{\underset{CH_3}{C}}-\overset{H_2}{\underset{}{C}}-CH_3$ B. $H_3C-\overset{H_2}{C}-\overset{H_2}{C}-\overset{H_2}{C}-\overset{H_2}{C}-CH_3$

C. $H_3C-\overset{H}{C}-\overset{H_2}{C}-\overset{H_2}{C}-CH_3$ CH_3 D. $H_3C-\overset{H}{\underset{CH_3}{C}}-\overset{H_2}{C}-\overset{H_2}{C}-\overset{H_2}{C}-CH_3$

6. 异丁烷用系统命名法又叫（ B ）。

A. 2-甲基丁烷   B. 2-甲基丙烷

C. 3-甲基丁烷   D. 3-甲基丙烷

7. $H_3C-\overset{\displaystyle CH_3}{\underset{\displaystyle CH_2CH_3}{C}}-CH_2$ 的系统命名为（ B ）。

A. 1-乙基-2-甲基丙烷   B. 2-甲基戊烷

C. 2-甲基丙烷   D. 4-甲基戊烷

七、饱和烃的结构和物理性质

（一）教学目标和教学标准

（1）教学目标：知道饱和烃的结构和物理性质变化规律。

（2）教学标准：90%的学生知道饱和烃的结构和物理性质变化规律。

（二）检测内容

1. 在常温常压下，正己烷是（ A ）。

A. 液体   B. 固体   C. 气体   D. 以上皆不是

2. 下列烷烃的沸点最高的应为 （ C ）。

A. 正戊烷　　　　　B. 正庚烷　　　　　C. 正辛烷　　　　　D. 正己烷

3. 烷烃的相对密度都 （ B ） 1

A. 大于　　　　　　B. 小于　　　　　　C. 等于　　　　　　D. 以上皆不是

4. 下列化合物沸点最高的是 （ A ）。

A. 辛烷　　　　　　　　　　　　　　B. 2，2，2，3，3-四甲基丁烷

C. 3-甲基庚烷　　　　　　　　　　　D. 2，3-二甲基戊烷

5. 不查表将下列烷烃的沸点按由低到高的顺序排列 （ C ）。

①辛烷　　　　　　　　　　　　　　②2，2，2，3，3-四甲基丁烷

③3-甲基庚烷　　　　　　　　　　　④2，3-二甲基戊烷

A. ①③②④　　　　　　　　　　　　B. ④②①③

C. ④②③①　　　　　　　　　　　　D. ④③②①

6. 常温常压下，6个碳的烷烃物态是 （ B ）。

A. 气体　　　　　　B. 液体　　　　　　C. 固体　　　　　　D. 结晶体

7. 戊烷的3个异构体（正戊烷、异戊烷、新戊烷），沸点最高的是 （ A ）。

A. 正戊烷　　　　　B. 异戊烷　　　　　C. 新戊烷　　　　　D. 无法确定

8. 辛烷和水混合后，状态是 （ A ）。

A. 分成两层，上层是辛烷，下层是水

B. 分成两层，上层是水，下层是辛烷

C. 分成三层，上层是辛烷，中层混浊层，下层是水

D. 均匀混合

八、饱和烃的化学性质

（一）教学目标和教学标准

（1）教学目标：知道饱和烃有哪些化学性质。

（2）教学标准：80%学生知道饱和烃有哪些化学性质。

（二）检测内容

1. 甲烷和氯气在下列哪种情况下不发生取代反应 （ C ）。

A. 光照　　　　　　　　　　　　　　B. 加热

C. 黑暗　　　　　　　　　　　　　　D. 以上皆不发生反应

2. 甲烷完全燃烧的产物是 （ B ）。

A. 二氧化碳　　　　　　　　　　　　B. 二氧化碳和水

C. 一氧化碳　　　　　　　　　　　　D. 一氧化碳和水

3. 甲烷的燃烧反应又叫（ C ）。

A. 取代反应　　　　B. 还原反应　　　　C. 氧化反应　　　　D. 裂化反应

4. 丙烷进行一氯代反应时，有（ B ）种一氯代产物。

A. 1　　　　　　　B. 2　　　　　　　C. 3　　　　　　　D. 4

5. 将甲烷与氯气混合后，不能发生氯代反应的是（ C ）。

A. 光照

B. 高温

C. 将甲烷先用光照，再在黑暗中与氯气混合

D. 将氯气先用光照，再在黑暗中甲烷混合

6. 将丙烷进行二氯取代反应，有（ C ）种二氯代产物。

A. 2　　　　　　　B. 3　　　　　　　C. 4　　　　　　　D. 5

7. 某烷烃与氯气反应只生成一种一氯代产物，该烃的分子式为（ B ）。

A. C_4H_{10}　　　　B. C_2H_6　　　　C. C_3H_8　　　　D. C_6H_{14}

8. 已知二氯丙烷的同分异构有四种，可推知六氯丙烷的同分异构体有（ B ）种。

A. 5　　　　　　　B. 4　　　　　　　C. 3　　　　　　　D. 2

9. 甲烷发生氯代反应，可以得到（ D ）种氯代混合物。

A. 1　　　　　　　B. 2　　　　　　　C. 3　　　　　　　D. 4

10. 含有伯氢、仲氢、叔氢的烷烃进行取代反应时，活性最高的是（ C ）。

A. 伯氢　　　　　B. 仲氢　　　　　C. 叔氢　　　　　D. 无法确定

11. 烷烃燃烧的反应属于（ A ）。

A. 氧化反应　　　　B. 还原反应　　　　C. 水解反应　　　　D. 取代反应

12. 烷烃发生的取代反应主要是（ A ）。

A. 卤代反应　　　　B. 氧代反应　　　　C. 氮代反应　　　　D. 硝化反应

九、不饱和烃的分类

（一）教学目标和教学标准

（1）教学目标：知道不饱和烃的官能团和其碳原子的杂化类型。

（2）教学标准：100%学生知道不饱和烃的官能团和其碳原子的杂化类型。

（二）检测内容

1. $CH\equiv CH$ 分子是（ C ）形结构。

A. 平面四边　　　　　　　　　B. 正四面体

C. 直线　　　　　　　　　　　D. 圆柱体

2. 乙烯的官能团是（ A ）。

A. $C=C$ B. $C\equiv C$

C. $C-H$ D. $C-C$

3. 炔烃的官能团是（ A ）。

A. $C\equiv C$ B. $C-H$

C. $C-C$ D. $C=C$

4. 下列分子中属于端炔的是（ D ）。

A. $\underset{H}{Cl-C}=HC-HC=\underset{H}{C}-Cl$

B. $Cl-C\equiv C-\overset{H_2}{C}-CH_3$

C. $H_3C-C\equiv C-\overset{H_2}{C}-CH_3$

D. $HC\equiv C-\overset{H_2}{C}-CH_3$

5. 以下烯烃中为累积二烯烃的是（ D ）。

A. $H_2C=\underset{H}{C}-\overset{H_2}{C}-\underset{H}{C}=\underset{H}{C}-CH_3$

B. $H_2C=\underset{H}{C}-\underset{H}{C}=\underset{H}{C}-CH_3$

C. $H_2C=\underset{H}{C}-\overset{H_2}{C}-\underset{H}{C}=CH_2$

D. $H_2C=C=\underset{H}{C}-CH_3$

6. 以下二烯烃为共轭二烯烃的是（ B ）。

A. 1，4-己二烯   B. 1，3-戊二烯

C. 1，4-戊二烯   D. 1，2-丁二烯

7. $H_2C=CH_2$ 分子是结构（ B ）。

A. 三角形   B. 平面四边形

C. 正四面体   D. 三角锥体

十、不饱和烃的同分异构体

（一）教学目标和教学标准

（1）教学目标：能根据不饱和烃的化学式写出烯烃的同分异构体。

（2）教学标准：80%学生能根据不饱和烃的化学式写出不饱和烃的同分异构体。

（二）检测内容

1. 下列烯烃中没有同分异构体的是（ A ）。

A. 丙烯   B. 己烯

C. 戊烯   D. 丁烯

2. 下列烯烃中没有同分异构体的是（ C ）。

A. $H_3C-\underset{H}{C}=\underset{H}{C}-CH_3$

B. $H_3C-\underset{H}{C}=\underset{H}{C}-\overset{H_2}{C}-CH_3$

C. $H_2C=C-CH_3$ H D. $H_2C=C-\overset{H_2}{C}-CH_3$ H

3. 下列物质不是1-丁炔得同分异构体的是（ D ）。

A. 2-丁炔   B. 1，3-丁二烯

C. 2，3-丁二烯   D. 2-丁烯

4. 下列物质不是2-甲基-2-丁烯的同分异构体的为（ B ）。

A. 1-戊烯   B. 2-丁烯

C. 2-戊烯   D. 2-甲基-1-丁烯

十一、不饱和脂肪烃的命名（一）

（一）教学目标和教学标准

（1）教学目标：能根据不饱和烃的结构式说出名称。

（2）教学标准：80%学生能根据不饱和烃的结构式说出不饱和烃的名称。

（二）检测内容

1. 用系统命名法命名 $H_3C-\overset{CH_3}{\underset{H}{C}}-C\equiv CH$ （ B ）。

A. 3-甲基-1-丁烯   B. 3-甲基-1-丁炔

C. 2-甲基-4-丁炔   D. 4-甲基-2-丁炔

2. $H_3C-C\equiv C-\overset{H_2}{C}-CH_3$ 的系统命名法命名为（ A ）。

A. 2-戊炔   B. 4-甲基-2-戊炔

C. 3-戊炔   D. 1-甲基-3-戊炔

3. $H_3C-\overset{CH_3}{\underset{H}{C}}-\overset{}{\underset{H}{C}}=CH_2$ 的系统命名应为（ C ）。

A. 2-甲基-3-丁烯   B. 2-甲基丁烯

C. 3-甲基-1-丁烯   D. 1-丁烯

4. $\overset{H_3C}{\underset{H}{}}C=C\overset{CH_3}{\underset{H}{}}$ 的系统命名应为（ C ）。

A. 2-丁烯   B. 1-丁烯

C. 反-2-丁烯   D. 顺-2-丁烯

5. 用系统命名法命名 $H_2C=CHCH\overset{CH_3}{}CH_2CH_3$ 应为（ A ）。

A. 3-甲基-1-戊烯   B. 1-甲基-3-戊烯

C. 2-甲基-1-戊烯   D. 1-甲基-1-戊烯

6. $H_2C = C = C(CH_3)_2$ 用系统命名法是（ B ）。

A. 2-甲基-1，2-丁二烯   B. 3-甲基-1，2-丁二烯

C. 2-甲基-2，3-丁二烯   D. 3-甲基-2，3-丁二烯

十二、不饱和脂肪烃的命名（二）

（一）教学目标和教学标准

（1）教学目标：能根据不饱和烃的名称写出结构式。

（2）教学标准：80%学生能根据不饱和烃的名称写出不饱和烃的结构式。

（二）检测内容

1. 丙炔的结构式是（ C ）。

A. $HC \equiv CH$ B. $H_2C = \underset{H}{C} - CH_3$

C. $HC \equiv C - CH_3$ D. $H_3C - \underset{H_2}{C} - CH_3$

2. 丁炔的结构式是（ A ）。

A. $H_3C - \underset{H_2}{C} - C \equiv CH$ B. $HC \equiv CH$

C. $HC \equiv C - CH_3$ D. $H_2C = \underset{H}{C} - CH_3$

3. 乙炔的结构是（ D ）。

A. $H_2C = \underset{H}{C} - CH_3$ B. $H_2C = CH_2$

C. $HC \equiv C - CH_3$ D. $HC \equiv CH$

4. 1，2-丁二烯的结构式是（ C ）。

A. $H_2C = \underset{H}{C} - \underset{H_2}{C} - \underset{H}{C} = CH_2$ B. $H_2C = \underset{H}{C} - \underset{H}{C} = \underset{H}{C} - CH_3$

C. $H_2C = C = \underset{H}{C} - CH_3$ D. $H_2C = \underset{H}{C} - \underset{H_2}{C} - \underset{H}{C} = \underset{H}{C} - CH_3$

十三、不饱和脂肪烃的物理性质

（一）教学目标和教学标准

（1）教学目标：知道不饱和脂肪烃的物理性质。

（2）教学标准：90%学生知道不饱和脂肪烃的物理性质。

（二）检测内容

1. 下列物质中沸点最高的是（ C ）。

A. 正己烷   B. 1-庚烯   C. 1-壬烯   D. 1-戊烯

2. 下列物质在常温常压下为气体的是（ A ）。

A. 丙烯   B. 己烯

C. 戊烯   D. 1-戊炔

3. 常温常压下，下列物质中相对密度最大的是（ C ）。

A. 己烷   B. 己烯

C. 己炔   D. 无法比较

4. 烯烃难溶于下列哪种溶剂（ D ）。

A. 苯   B. 乙醚

C. 氯仿   D. 水

5. 常温常压下，下列物质相对密度比水大的是（ A ）。

A. 四氯化碳   B. 己烯

C. 戊烯   D. 1-戊炔

十四、烯烃的加成反应

（一）教学目标和教学标准

（1）教学目标：能写出烯烃的加成反应方程式。

（2）教学标准：80%学生能根据不饱和烃的名称写出不饱和烃的结构式。

（二）检测内容

1. 反应：$H_2C=C-CH_3 \xrightarrow{H_2/Pt}$? 中的产物是（ B ）。（结构中含 H）

A. $H_3C-\overset{H}{C}=CH_2$ B. $H_3C-\overset{H_2}{C}-CH_3$

C. $H_2C=C=CH_2$ D. $H_3C-\underset{H}{C}=CH_2$

2. 烯烃双键中的 π 键容易断裂，发生加成反应，烯烃主要与下列哪些物质发生加成反应？（ C ）。

A. 甲烷   B. 乙烯   C. 氯气和溴气   D. 氧气

3. 下列乙烯在溴的四氯化碳溶液中的化学反应方程式正确的是（ D ）。

A. $H_2C=CH_2 + Br_2 \xrightarrow{CCl_4} BrHC=CHBr$

B. $H_2C=CH_2 + Br_2 \xrightarrow{CCl_4} H_3C-CH_2Br$

C. $H_2C=CH_2 + Br_2 \xrightarrow{CCl_4} H_2C=CHBr$

D. $H_2C=CH_2 + Br_2 \xrightarrow{CCl_4} BrH_2C-CH_2Br$

4. 反应：$H_2C=\underset{H}{C}-\overset{H_2}{C}-CH_3 + HBr \longrightarrow$? 的主要产物是（ C ）。

A. $H_2C=\underset{\underset{Br}{|}}{C}-CH_2CH_3$ B. $BrH_2C-\underset{}{\overset{H_2}{C}}-\overset{H_2}{C}-CH_3$

C. $H_3C-\underset{\underset{Br}{|}}{\overset{H}{C}}-\overset{H_2}{C}-CH_3$ D. $\underset{}{\overset{}{HC}}=\underset{\underset{Br}{|}}{\overset{H}{C}}-CH_2CH_3$

5. 反应：$H_2C=\underset{\underset{H}{|}}{C}-\overset{H_2}{C}-CH_3 + HBr \xrightarrow{H_2O_2}$? 的主要产物是（ A ）。

A. $BrH_2C-\overset{H_2}{C}-\overset{H_2}{C}-CH_3$ B. $H_3C-\underset{\underset{Br}{|}}{\overset{H}{C}}-\overset{H_2}{C}-CH_3$

C. $\underset{}{HC}=\underset{\underset{Br}{|}}{\overset{H}{C}}-CH_2CH_3$ D. $H_2C=\underset{\underset{Br}{|}}{C}-CH_2CH_3$

十五、烯烃的聚合反应

（一）教学目标和教学标准

（1）教学目标：能写出烯烃的聚合反应方程式。

（2）教学标准：80%学生能写出烯烃的聚合反应方程式。

（二）检测内容

1. 以下方程式是丙烯聚合生成聚丙烯（ A ）。

$$n \underset{\underset{CH_3}{|}}{CH}=CH_2 \longrightarrow \underset{\underset{CH_3}{|}}{+CH}-CH_2\overset{}{+_n}$$

A. 正确　　　　　B. 错误

2. 常用的（ B ）有酚醛树脂、脲醛树脂、环氧树脂和不饱和聚酯等。

A. 加聚树脂　　　B. 缩聚树脂　　　C. 天然树脂　　　D. 合成树脂

3. 聚合物 $\underset{\underset{CH_3}{|}}{+CH}-CH_2\overset{}{+_n}$ 中的 n 的意思是（ C ）。

A. 分子数量　　　B. 反应程度　　　C. 聚合度　　　D. 不饱和度

4. 生产聚氯乙烯的原料（ C ）。

A. $H_3C-CH=CH-Cl$ B. $HC\equiv C-Cl$

C. $CH_2=CH-Cl$ D. $Cl-C\equiv C-CH_3$

十六、烯烃的 α-氢原子的反应

（一）教学目标和教学标准

（1）教学目标：能写出烯烃的 α-氢原子的反应方程式。

（2）教学标准：80%学生能写出烯烃的 α-氢原子的反应方程式。

（二）检测内容

1. 烯烃分子的α-氢原子比较活泼的原因是（ A ）。

A. 碳碳双键的影响　　　　　　　B. 碳氢键的影响

C. 碳碳单键的影响　　　　　　　D. 氢原子之间的影响

2. 烯烃分子的α-氢原子在低温度下发生的反应为（ D ）。

A. 氧化反应　　　B. 取代反应　　　C. 置换反应　　　D. 加成反应

3. 烯烃分子的α-氢原子在高温度下发生的反应为（ B ）。

A. 氧化反应　　　B. 取代反应　　　C. 置换反应　　　D. 加成反应

4. 烯烃分子的α-氢原子可被空气或氧气、催化剂氧化。如，丙烯在氧化铜催化下被空气氧化生成（ C ）。

A. 丙酮　　　　　B. 丙酸　　　　　C. 丙烯酸　　　　D. 丙烷

5. 反应：$CH_3-CH=CH_2 + Cl_2 \xrightarrow{<200\,°C}$ 的产物是（ A ）。

A. $\begin{matrix} CH_3-CH-CH_2-Cl \\ | \\ Cl \end{matrix}$　　B. $\begin{matrix} CH_2-CH_2-CH_2-Cl \\ | \\ Cl \end{matrix}$

C. $CH_3-CH=CCl_2$　　　　　　D. $CHCl_2-CH=CH_2$

十七、烯烃的氧化反应

（一）教学目标和教学标准

（1）教学目标：能写出烯烃氧化反应的方程式。

（2）教学标准：80%学生能写出烯烃氧化反应的方程式。

（二）检测内容

1. 乙烯在酸性高锰酸钾溶液中被氧化的主要产物是（ D ）。

A. 甲酸　　　　　B. 乙酸　　　　　C. 甲醛　　　　　D. 二氧化碳

2. 下列溶液不能鉴别乙烯和乙烷的是（ D ）。

A. Br_2/CCl_4　　　B. $KMnO_4/H^+$　　　C. $KMnO_4/\triangle$　　　D. $AgNO_3$溶液

3. 以下烯烃被酸性高锰酸钾氧化不能产生二氧化碳的是（ C ）。

A. 丙烯　　　　　B. 1-丁烯　　　　C. 2-丁烯　　　　D. 1-己烯

4. 异丁烯在酸性高锰酸钾溶液中被氧化后的产物名称是（ C ）。

A. 丙酸和甲酸　　　　　　　　　B. 丙酮和甲酸

C. 丙酮和二氧化碳　　　　　　　D. 二氧化碳

5. 丙烯在空气中完全燃烧后的产物是（ C ）。

A. 二氧化碳　　　　　　　　　　B. 一氧化碳

C. 二氧化碳和水　　　　　　　　D. 一氧化碳和水

十八、炔烃的加成反应

（一）教学目标和教学标准

（1）教学目标：能写出炔烃的加成反应方程式。

（2）教学标准：70%学生能写出炔烃的加成反应方程式。

（二）检测内容

1. 乙炔在 Pt 催化下加氢后的产物是（ B ）。

A. 乙烯　　　　　B. 乙烷　　　　　C. 乙醇　　　　　D. 二氧化碳

2. 1-丁炔在林德拉催化剂作用下加氢得到的产物是（ A ）。

A. 1-丁烯　　　　B. 1-丁烷　　　　C. 丁酸　　　　　D. 2-丁烯

3. 2-丁炔在林德拉催化剂作用下加氢的产物是（ A ）。

4. 反应：$HC \equiv C - CH_3 + 2HCl \xrightarrow[HCl]{HgCl_2}$? 的产物是（ C ）。

A. 2-氯丙烯　　　　B. 1，2-二氯丙烷

C. 2，2-二氯丙烷　D. 1-氯丙烯

5. 反应：$HC \equiv C - CH_3 + H_2O \xrightarrow[H_2SO_4]{HgSO_4}$? 的产物是（ B ）。

A. 丙烯　　　　　B. 丙酮　　　　　C. 丙醛　　　　　D. 丙酸

十九、炔烃的氧化反应

（一）教学目标和教学标准

（1）教学目标：能写出炔烃氧化反应的方程式。

（2）教学标准：70%学生能写出炔烃氧化反应的方程式。

（二）检测内容

1. 乙炔被酸性高锰酸钾溶液氧化的产物是（ A ）。

A. 二氧化碳　　　B. 乙酸　　　　　C. 甲酸　　　　　D. 甲醛

2. 下列溶液能鉴别乙烯和乙炔的是（ C ）。

A. 溴的四氯化碳溶液　　　　　　B. 酸性高锰酸钾

C. 硝酸银的氨溶液　　　　　　　D. 以上皆不能

3. 1-丁炔被酸性高锰酸钾溶液氧化的产物是（ C ）。

A. 二氧化碳　　　　　　　　　　B. 丁酸

C. 丙酸和二氧化碳　　　　　　　　D. 丁酸和二氧化碳

二十、炔氢反应和炔烃的聚合反应

（一）教学目标和教学标准

（1）教学目标：能写出炔氢反应。

（2）教学标准：70%学生能写出炔氢反应。

（二）检测内容

1. 下列化合物能让硝酸银的氨溶液生成白色沉淀的是（ A ）。

A. 1-庚炔　　　B. 2-庚炔　　　C. 3-庚炔　　　D. 2-丁炔

2. 含有炔氢原子的乙炔与熔融金属钠反应，可得到（ B ）。

A. 乙烯　　　　B. 乙炔钠　　　C. 乙酸　　　　D. 乙烷

3. 增长炔烃碳链的重要方法是（ D ）。

A. 炔烃与氢原子反应　　　　　　B. 炔烃与溴化氢反应

C. 炔烃与硝酸银的氨溶液反应　　D. 炔化钠与伯卤代烷的反应

4. 末端炔烃的鉴定是（ C ）。

A. 炔烃与氢原子反应　　　　　　B. 炔烃与溴化氢反应

C. 炔烃与硝酸银的氨溶液反应　　D. 炔化钠与伯卤代烷的反应

二十一、炔烃的聚合反应

（一）教学目标和教学标准

（1）教学目标：能写出炔烃聚合反应方程式。

（2）教学标准：70%学生能写出炔烃聚合反应方程式。

（二）检测内容

1. 乙炔在不同的催化剂和反应条件下，可以聚合成不同产物的是（ C ）。

A. 氧化和燃烧反应　　　　　　　B. 加成反应

C. 聚合反应　　　　　　　　　　D. 金属炔化物的生成反应

2. 关于炔烃的二聚，说法正确的是（ D ）。

A. 可用 $Cu_2Cl_2-NH_4Cl$ 作催化剂　B. 生成的产物为 1，3-丁二烯

C. 生成的主产物为二乙烯基乙炔　D. 生成的产物为 1，3-丁二炔

3. 下面关于乙炔的说法不正确的是（ B ）。

A. 乙炔能发生聚合反应

B. 乙炔聚合后，一般生成高聚物

C. 乙炔是一种重要的有机合成材料

D. 乙炔可用作高温氧炔焰的燃料

4. 乙炔的聚合反应方程为 $n\ CH\equiv CH \longrightarrow \{CH=CH\}_n$ （ A ）。

A. 正确　　　　　B. 错误

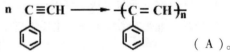

5. 苯乙炔的聚合反应方程为 （ A ）。

A. 正确　　　　　B. 错误

二十二、二烯烃的分类和命名

（一）教学目标和教学标准

（1）教学目标：能给指定的二烯烃命名。

（2）教学标准：80%学生能给指定的二烯烃命名。

（二）检测内容

1. $CH_2=CH-CH=CH_2$ 是 （ C ）。

A. 累积二烯烃　　　　　　　　B. 孤立二烯烃

C. 共轭二烯烃　　　　　　　　D. 以上皆不是

2. $CH_2=C=C(CH_3)_2$ 用系统命名法是 （ A ）。

A. 3-甲基-1，2-丁二烯　　　　B. 2-甲基-2，3-丁二烯

C. 3-甲基-2，3-丁二烯　　　　D. 2-甲基-1，2-丁二烯

3. 下列物质是 2-甲基-1，3-丁二烯的结构是 （ D ）。

A.
$$\overset{\overset{\displaystyle CH_3}{|}}{H_2C=C-CH_2-CH=CH_2}$$

B.
$$\overset{\overset{\displaystyle CH_3}{|}}{HC=C-CH=CH_2}$$

C.
$$\overset{\overset{\displaystyle CH_3}{|}}{H_2C=CH-CH-CH=CH_2}$$

D.
$$\overset{\overset{\displaystyle CH_3}{|}}{H_2C=C-CH=CH_2}$$

4. 下列物质是孤立二烯烃的 （ B ）。

A. $CH_2=C=CH-CH_2$ 　　　　B. $CH_2=CH-CH_2-CH=CH_2$

C.
$$\overset{\overset{\displaystyle CH_3}{|}}{HC=C-CH=CH_2}$$

D.
$$\overset{\overset{\displaystyle CH_3}{|}}{H_2C=C-CH=CH_2}$$

5. 化合物 ⬡ 的名称是 （ D ）。

A. 1，3-己二烯　　　　　　　　B. 苯

C. 1，4-环己二烯　　　　　　　D. 1，3-环己二烯

6. 1，3 丁二烯分子中四个碳原子的 p 轨道之间都发生一定程度的重叠，形成包括（ D ）个碳原子的大 π 键。

A. 1　　　　　　　B. 2　　　　　　　C. 3　　　　　　　D. 4

二十三、二烯烃的化学性质

（一）教学目标和教学标准

（1）教学目标：能写出二烯烃发生化学反应的方程式。

（2）教学标准：70%学生能写出二烯烃发生化学反应的方程式。

（二）检测内容

1. $CH_2=CH-CH=CH_2$ 和 $CH_2=CH_2$ 发生双烯合成的产物是（ B ）。

A.  　　　　　　B.

C.  　　　　　　D.

2. 制备 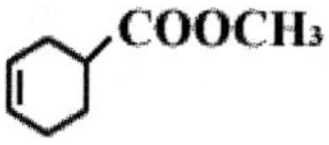 需要的双烯体是（ C ）。

A.  　　　　　　B.

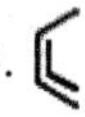

C.  　　　　　　D.

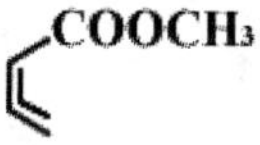

3. 下列反应方程式正确的是（ C ）。

A.

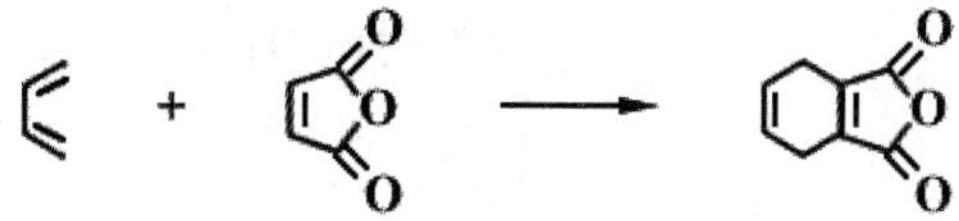

B.

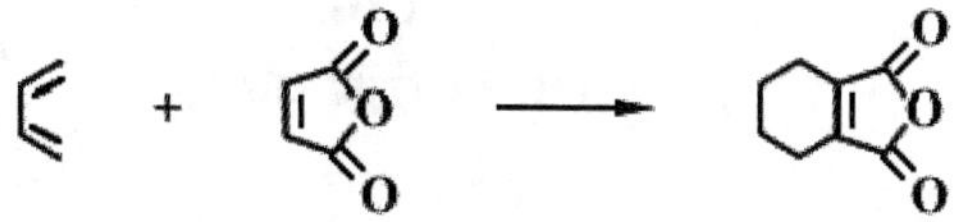

C.

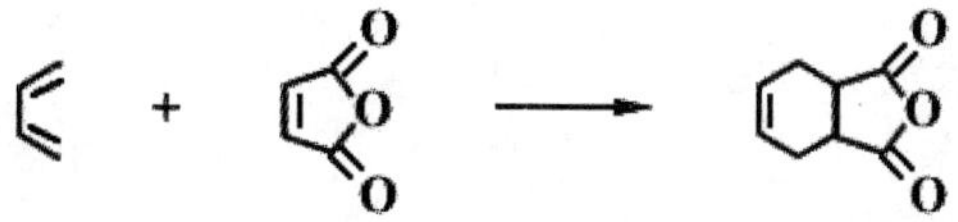

D.

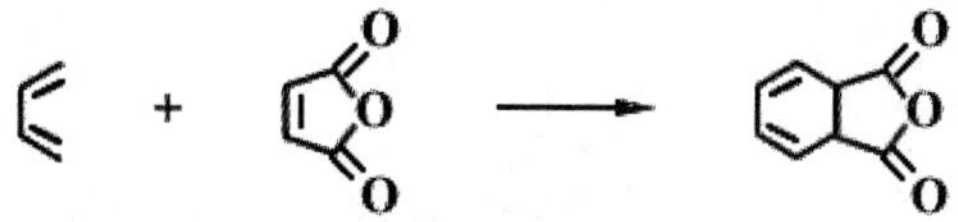

4. 1，3-丁二烯与 HBr 进行 1，4-加成产物的结构式为（ D ）。

A.
Br
H2C−CH2−CH=CH2

B.
H3C−CH2−CH=CH
Br

C.
H2C=CH2−CH=CH
Br

D.
Br
H2C−CH=CH−CH3

二十四、芳香烃的分类和命名

（一）教学目标和教学标准

（1）教学目标：会给芳香烃命名。

（2）教学标准：80%学生会给芳香烃命名。

（二）检测内容

1. 下列芳香烃命名不正确的是（ D ）。

A.
CH3
甲苯

B.
CH2CH3
乙苯

C.
CH2CH2CH3
丙苯

D.
CH3
CH3
二甲苯

2.
CH3
CH2CH3
的命名为（ D ）。

A. 3-乙基-1-甲苯　　B. 间乙苯

C. 3-甲基-1-乙苯　　D. 1-甲基-3-乙苯

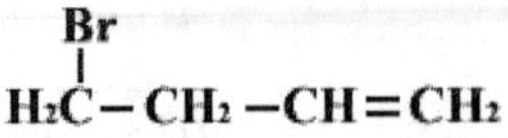

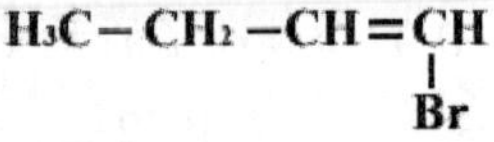

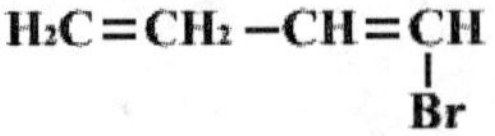

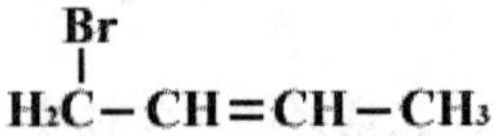

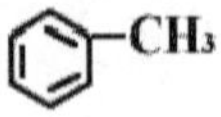

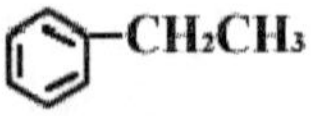

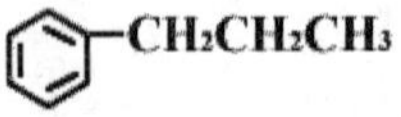

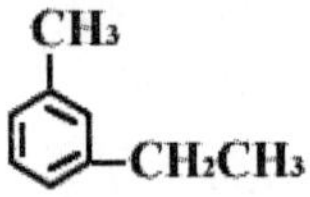

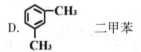

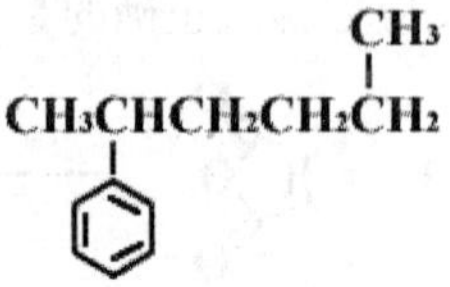

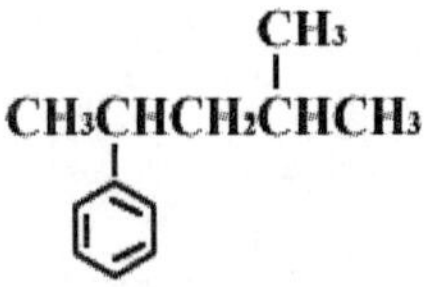

3. 下列选项为 2-甲基-4-苯基戊烷的化学结构的是（ C ）。

A.
CH3
CH2CHCH2CH2CH3

B.
CH3
CH3CHCH2CH2CH2

C.
CH3
CH3CHCH2CHCH3

D.
CH3
CH3CHCHCH2CH3

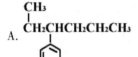

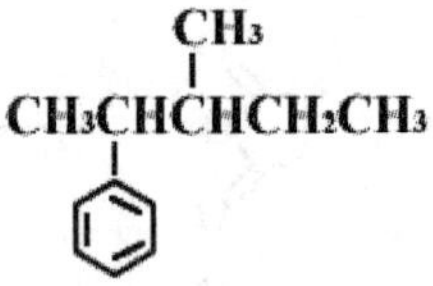

4. 单环芳烃中最简单又最重要的化合物是（ C ）。

A. 丙苯　　B. 乙苯　　C. 甲苯　　D. 二甲苯

5. 1，2-二甲基-4-乙苯的结构式是（ D ）。

A.
CH3
CH3
CH2CH3

B.
CH3
CH2CH3
CH3

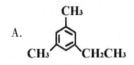

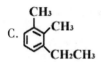
C.

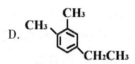
D.

6. 已知在苯分子中，不存在单、双键交替的结构，下列可以作为证据的实验事实是（ D ）。

①苯不能使酸性 $KMnO_4$ 溶液褪色

②苯中 6 个碳碳键完全相同

③苯能在一定条件下与氢气加成生成环己烷

④实验室测得邻二甲苯只有一种结构

⑤苯不能使溴水因反应而褪色

A. ②③④⑤　　　　　　　　　　B. ①③④⑤

C. ①②③④　　　　　　　　　　D. ①②④⑤

7. 芳香烃是指（ C ）。

A. 分子里含有苯环的化合物

B. 分子组成符合 C_nH_{2n-6} 通式的一类有机物

C. 分子里含有一个或多个苯环的烃

D. 苯和苯的同系物的总称

8. 芳烃少一个氢原子而形成的基团，叫芳基，可用（ D ）来表示。

A. R–　　　　　　B. Ph–　　　　　　C. X–　　　　　　D. Ar–

9. 对二甲苯也可以命名为（ C ）。

A. 1，2-二甲苯　　　　　　　　B. 1，3-二甲苯

C. 1，4-二甲苯　　　　　　　　D. 1，5-二甲苯

10. 下列选项不属于芳香烃分类的是（ C ）。

A. 单环芳香烃　　　　　　　　B. 多环芳香烃

C. 环烷烃　　　　　　　　　　D. 稠环芳香烃

二十五、芳香烃的取代反应

（一）教学目标和教学标准

（1）教学目标：能写出芳香烃的取代反应。

（2）教学标准：80%学生能写出芳香烃的取代反应。

（二）检测内容

1. 在芳烃的卤化反应中，写出卤素的活性顺序（ C ）。

A. $I_2 > Br_2 > Cl_2 > F_2$　　　　　　　　B. $Cl_2 > F_2 > Br_2 > I_2$

C. $F_2 > Cl_2 > Br_2 > I_2$ D. $Cl_2 > F_2 > I_2 > Br_2$

2. 下列事实能说明苯环对侧链造成影响的是（ C ）。

A. 甲苯能使溴水水层褪色

B. 甲苯与浓硝酸和浓硫酸的混合液在 100℃ 下生产三硝基甲苯

C. 甲苯能使酸性高锰酸钾溶液褪色

D. 甲苯与氯气混合在光照下甲基上发生取代反应

3. 下列反应中，不属于取代反应的是（ D ）。

A. 在催化剂存在条件下，苯与溴反应制溴苯

B. 苯与浓硝酸、浓硫酸混合共热制取硝基苯

C. 苯与浓硫酸共热制取苯磺酸

D. 在一定条件下，苯与氢气反应制环己烷

4. 属于反应 + Cl_2 $\xrightarrow[\text{或Fe}]{\text{FeCl}_3}$ 的产物是（ D ）。

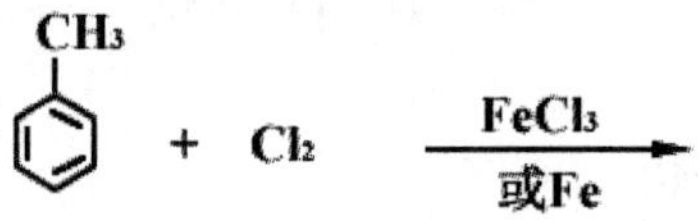

A. 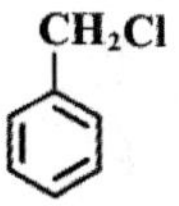
B.

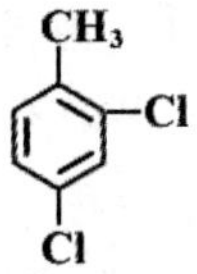

C. 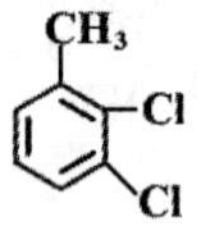
D.

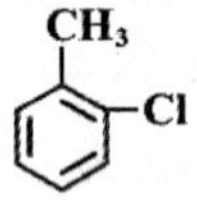

5. 以下是卤化反应的是（ A ）。

A. 苯与溴的反应   B. 苯与硝酸的反应

C. 甲苯与浓硫酸的反应   D. 苯磺酸与硫酸的反应

6. 关于傅瑞德尔-克拉夫茨反应说法正确的是（ C ）。

A. 只发生烷基化   B. 只发生酰基化

C. 在无水氯化铝下催化进行   D. 只与卤代烷反应

二十六、芳香烃的加成反应

（一）教学目标和教学标准

（1）教学目标：能写出芳香烃的加成反应。

（2）教学标准：70%学生能写出芳香烃的加成反应。

（二）检测内容

1. "六六六"的化学结构式是（ D ）。

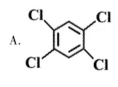

A. (structure) B. (structure)

C. (structure) D. (structure)

2. 苯完全加氢后的产物是（ C ）。

A. 环己烯　　　　　　　　　　B. 1，3-环己二烯

C. 环己烷　　　　　　　　　　D. 正己烷

3. 1分子的苯完全加氢需要（ C ）分子的氢气。

A. 1　　　　　B. 2　　　　　C. 3　　　　　D. 4

4. "六六六"是苯和（ B ）加成的产物

A. HCl　　　　　　　　　　　　B. Cl_2

C. HBr　　　　　　　　　　　　D. Br_2

二十七、芳香烃的氧化反应

（一）教学目标和教学标准

（1）教学目标：能写出芳香烃的氧化反应。

（2）教学标准：70%学生能写出芳香烃的氧化反应。

（二）检测内容

1. 苯乙烯用浓的 $KMnO_4$ 氧化，得到（ C ）。

A. (structure) CH_2COOH

B. (structure) $CH(OH)CH_2OH$

C. (structure) $COOH$

D. (structure) CH_2COOH

2. 由苯氧化制成马来酸酐的反应中作为催化剂的是（ C ）。

A. 氧化镁　　　　B. 氧化铝　　　　C. 五氧化二钒　　　D. 氧化锌

3. 用高锰酸钾氧化一元烷基苯，可根据高锰酸钾是否褪色来区分侧链烷烃是否含有 α 氢（ A ）。

A. 正确　　　　　　B. 错误

4. 带有 α 氢的一元烷基苯很容易被氧化，无论烷基链的长短、结构如何，最后氧化产物都是苯甲酸（ A ）。

A. 正确　　　　　　B. 错误

5. 在 450℃、五氧化二钒催化下，用空气氧化苯，苯环破裂生成顺丁烯二酸酐（ A ）。

A. 正确　　　　　　B. 错误

二十八、苯环上亲电取代反应的定位规律

（一）教学目标和教学标准

（1）教学目标：知道苯环上亲电取代反应的定位规律。

（2）教学标准：70%学生知道苯环上亲电取代反应的定位规律。

（二）检测内容

1. 第二个基团取代苯环上不同位置的氢原子时，可分别生成（ C ）种二元取代物。

A. 1　　　　　　B. 2　　　　　　C. 3　　　　　　D. 4

2. 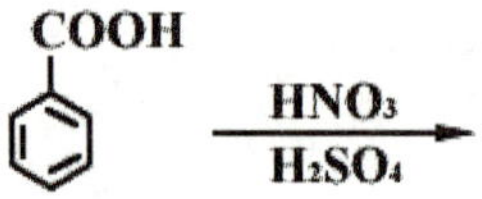 的产物是（ C ）。

A. 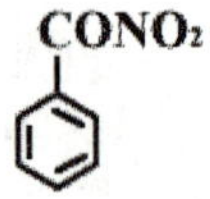 　　　　　　B.

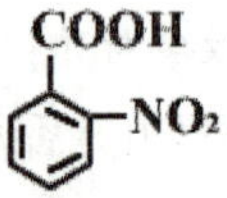

C. 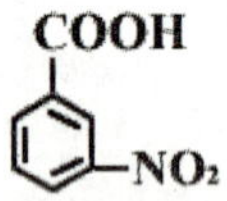 　　　　　　D.

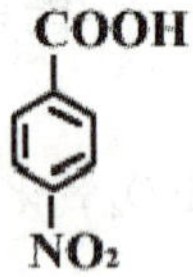

3. -OH 属于哪类取代基（ B ）。

A. 对位定位基　　　　　　B. 邻对位定位基

C. 间位定位基　　　　　　D. 邻位定位基

4. -COOH 属于哪类取代基（ C ）。

A. 对位定位基　　　　　　B. 邻位定位基

C. 间位定位基　　　　　　D. 以上都不是

5. 不属于苯环上邻、对位定位基结构特点的是（ D ）。

A. 与苯环直接相连的原子带负电荷

B. 与苯环直接相连的原子带有未共用电子对

C. 与苯环直接相连的原子是饱和原子

D. 可以是–CCl$_3$和–CF$_3$

6. 间位定位基的结构特点是（ A ）。

A. 与苯环直接相连的原子带正电荷

B. 与电负性较弱的原子相连接

C. 与苯环直接相连的原子带有未共用电子对

D. 与苯环直接相连的原子的是饱和原子

7. 如果两个定位基是同一类，第三个取代基进入苯环的位置主要由（ A ）决定。

A. 较强定位基　　　　　　　　B. 较弱定位基

C. 邻、对位定位基　　　　　　D. 间位取代基

8. 由甲苯合成间硝基苯甲酸的合理路线是（ B ）。

A. 先硝化，后氧化　　　　　　B. 先氧化，后硝化

C. 先加成，后硝化　　　　　　D. 先卤化，后硝化

9. 以苯为原料，制备间-硝基氯苯时应（ D ）。

A. 先氯化，后硝化　　　　　　B. 先氧化，后硝化

C. 先加成，后硝化　　　　　　D. 先硝化，后氯化

10. 预测当第三个取代基进入 ![CH₃…NO₂苯环] 的苯环的位置正确的是（ C ）。

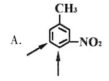

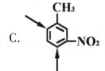

二十九、卤代烃的分类

（一）教学目标和教学标准

（1）教学目标：知道卤代烃分类的依据，能指出给定的卤代烃属于哪一类。

（2）教学标准：90％学生知道卤代烃分类的依据，能指出给定的卤代烃属于哪一类。

（二）检测内容

1. 根据含有卤原子的种类不同可将卤代烃分类，以下不属于该分类的是（ D ）。

A. 氟代烃　　　　B. 氯代烃　　　　C. 溴代烃　　　　D. 硫代烃

2. 以卤原子相连的碳原子种类不同进行分类，不正确的是（ C ）。

A. 伯卤代烃　　　　　　　　　　B. 仲卤代烃

C. 多卤代烃　　　　　　　　　　D. 叔卤代烃

3. 根据所含卤原子的数目将卤代烃分类，不正确的是（ D ）。

A. 一卤代烃　　　　　　　　　　B. 二卤代烃

C. 多卤代烃　　　　　　　　　　D. 叔卤代烃

4. 属于一卤代烃的是（ C ）。

A. $CH_2BrCH_2CH_2Br$　　　　　　B. $CH_3CBr_2CH_3$

C. $CH_3CH_2CH_2Br$　　　　　　　D. $CH_3CH_2CBr_3$

5. 属于多卤代烃的是（ A ）。

A. $CH_3CBr_2CH_3$　　　　　　　B. CH_3Cl

C. $CH_3CH_2CH_2Br$　　　　　　D. $CH_3CH_2CH_2Cl$

6. 属于叔卤代烃的是（ D ）。

A. $CH_3CH_2CH_2\underset{\underset{X}{|}}{CH_2}$　　　　　B. $CH_3CH_2\underset{\underset{X}{|}}{CH}CH_3$

C. $CH_3CH_2\underset{\underset{X}{|}}{\overset{\overset{CH_3}{|}}{C}}CH_3$　　　　D. $CH_3\underset{\underset{X}{|}}{\overset{\overset{CH_3}{|}}{C}}CH_3$

三十、卤代烃的命名

（一）教学目标和教学标准

（1）教学目标：能给指定的卤代烃命名且能根据卤代烃的名称写出结构式。

（2）教学标准：80％学生能给指定的卤代烃命名。

（二）检测内容

1. $CH_3\underset{\underset{I}{|}}{CH}CH_2\underset{\underset{Cl}{|}}{CH}\overset{\overset{CH_3}{|}}{CH}CH_2CH_3$ 的正确名称是（ D ）。

A. 3-甲基-4-氯-6-碘庚烷   B. 2-碘-4-氯-5-甲基庚烷

C. 4-氯-6-碘-3-甲基庚烷   D. 5-甲基-4-氯-2-碘庚烷

2. 用系统命名法命名 $\langle\bigcirc\rangle$—CH₂CHBrCH₃ 正确的是（ C ）。

A. 3-苯基-2-溴丙烷   B. 2-溴-2-苯基丙烷

C. 1-苯基-2-溴丙烷   D. 2-溴-1-苯基丙烷

3. 用系统命名法命名 CH₃CH＝CHCHBrCH₃ 正确的是 （ A ）。

A. 4-溴-2-戊烯   B. 2-溴-2-戊烯

C. 1-溴-3-戊烯   D. 2-溴-4-戊烯

4. 下列结构简式为二氯二氟甲烷的是（ B ）。

A. CHF₂Cl   B. CF₂Cl₂   C. CH₂FCl   D. CHFCl₂

5. 1-氯-2-苯基乙烷的结构简式正确的是 （ C ）。

A.

B.

C.

D.

6. 用系统命名法命名 CH₃CHCHCHCH₃ 正确的是 （ B ）。

A. 1-氯-1，2-二甲基丙烷   B. 2-甲基-3-氯丁烷

C. 2-氯-2-甲基丁烷   D. 2-氯-3-甲基丁烷

三十一、卤代烃的同分异构

（一）教学目标和教学标准

（1）教学目标：能指出给定的卤代烃是不是同分异构体。

（2）教学标准：80%学生能指出给定的卤代烃是不是同分异构体。

（二）检测内容

1. 一氯代丁烷的同分异构体的个数是（ D ）。

A. 1   B. 2   C. 3   D. 4

2. 一卤代丁烷的同分异构体，以下不正确的是 （ C ）。

A.

B.

C. 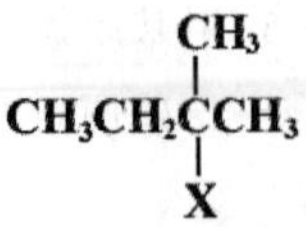

D. 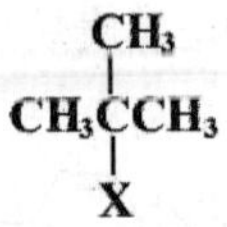

3. C4H10 有 2 个同分异构体，则 C4H9Cl 的同分异构体有（ C）个。

A. 2　　B. 3　　C. 4　　D. 5

4. 不属于卤代烃同分异构的原因是（ C ）。

A. 碳链结构不同　　B. 卤原子位置不同

C. 卤原子的种类不同　　D. 不饱和键位置不同

5. 一溴丙烷的同分异构体的个数是（ A ）。

A. 2　　B. 3　　C. 4　　D. 5

三十二、卤代烃的物理性质

（一）教学目标和教学标准

（1）教学目标：知道卤代烃的物理性质。

（2）教学标准：90%学生知道卤代烃的物理性质。

（二）检测内容

1. 烃基相同的卤代烷，沸点的规律为（ A ）。

A. 碘代烷>溴代烷>氯代烷　　B. 溴代烷>碘代烷>氯代烷

C. 溴代烷>氯代烷>碘代烷　　D. 氯代烷>溴代烷>碘代烷

2. 同分异构体中，支链卤代烃的沸点变化规律是（ C ）。

A. 支链越多，沸点越多　　B. 支链越多，沸点不变

C. 支链越多，沸点越低　　D. 支链越多，沸点无规律变化

3. 若烃基相同的卤代烃，其沸点的顺序为（ D ）。

A. RCl > RI > RBr　　B. RI > RCl > RBr

C. RCl > RBr > RI　　D. RI > RBr > RCl

4. 下列卤代烃密度最大的是（ B ）。

A. $CH_2BrCH_2CH_2Br$　　B. $CH_2BrCHBrCH_2Br$

C. $CH_3CH_2CH_2Br$　　D. $CH_3CBr_2CH_3$

5. 下列卤代烃密度最小的是（ B ）。

A. CH_3CH_2Br　　B. $CH_3CH_2CH_2Br$

C. $CH_3CH_2CH_2CH_2Br$　　D. $CH_3CH_2CH_2CH_2CH_2Br$

三十三、卤代烃的化学性质

(一) 教学目标和教学标准

(1) 教学目标：能根据反应条件写出卤代烃的化学反应方程式；能设计卤代烃的鉴别方案。

(2) 教学标准：70%学生能根据反应条件写出卤代烃的化学反应方程式。

(二) 检测内容

1. 1-溴丁烷与 NaOH，CH_3CH_2OH，加热下反应生成的是（ A ）。

A. $CH_3CH_2CH=CH_2$

B. $CH_3CH_2\underset{|}{C}=CH_2$
$\quad\quad\quad\quad\;Br$

C. $CH_3\underset{|}{CH}CH=CH_2$
$\quad\;\;Br$

D. $CH_3CH_2\underset{|}{CH}CH_3$
$\quad\quad\quad\;\;Br$

2. $CH_3CH_2\overset{CH_3}{\underset{|}{\underset{|}{C}H}}\underset{Br}{\underset{|}{C}H}CH_3$ $\xrightarrow[\text{H}_2\text{O}]{\text{NaOH}}$ 的产物是（ B ）。

A. $CH_3CH_2\overset{CH_3}{\underset{|}{C}H}CH=CH_2$

B. $CH_3CH_2\overset{CH_3}{\underset{|}{C}H}\underset{OH}{\underset{|}{C}H}CH_3$

C. $CH_3CH_2\overset{CH_3}{\underset{|}{C}}=CHCH_3$

D. $CH_3CH_2\overset{CH_3}{\underset{|}{C}H}\underset{OH}{\underset{|}{C}H_2}$

3. $C_2H_5Br + C_6H_5ONa \longrightarrow$ 的产物是（ B ）。

A. $C_6H_5OC_6H_5$

B. $C_2H_5OC_6H_5$

C. $C_2H_5OC_2H_5$

D. C_2H_5OH

4. 鉴别氯苯和苄氯的方法是（ B ）。

A. KOH/醇，产生白色沉淀现象为氯苄，不反应为氯苯

B. $AgNO_3$/醇，产生白色沉淀现象为氯苄，不反应为氯苯

C. KOH/醇，产生白色沉淀现象为氯苯，不反应为氯苄

D. $AgNO_3$/醇，产生白色沉淀现象为氯苯，不反应为氯苄

5. 鉴别 $CH_3\underset{Cl}{\underset{|}{C}H}CH_3$ 和 $CH_3\underset{I}{\underset{|}{C}H}CH_3$ 时加入 $AgNO_3$/醇现象正确的是（ A ）。

A. 白色沉淀为 2-氯丙烷，黄色沉淀为 2-碘丙烷

B. 不反应为 2-氯丙烷，有沉淀生成为 2-碘丙烷

C. 白色沉淀为 2-碘丙烷，黄色沉淀 2-氯丙烷

D. 有沉淀生成为 2-氯丙烷，不反应为 2-碘丙烷

6. 1-溴丁烷与 Mg，乙醚反应的生成物为（ D ）。

A. $CH_3CH_2CH_2MgBr$

B. $CH_3CH_2CH_2CH_2Br$

C. $CH_3CH_2CH_2CH_2Mg$

D. $CH_3CH_2CH_2CH_2MgBr$

7. 反应 $CH_3I + CH_3ONa \longrightarrow$ 的生成物为（ D ）。

A. CH_3OOCH_3 B. CH_3OI

C. CH_3Na D. CH_3OCH_3

8. 反应 $CH_3CH_2CH_2CHBrCH_3 \xrightarrow[\triangle]{KOH/醇}$ 的生成物为（ B ）。

A. $CH_3CH_2CH=CCH_3$

B. $CH_3CH_2CH=CHCH_3$

C. $\underset{\underset{OH}{|}}{CH_3CH_2CH_2CHCH_3}$

D. $CH_3CH_2CH_2CH=CH_2$

三十四、卤代烯烃与卤代芳烃的结构、分类

（一）教学目标和教学标准

（1）教学目标：知道卤代烯烃和卤代芳烃的分类。

（2）教学标准：90%学生知道卤代烯烃和卤代芳烃的分类。

（二）检测内容

1. 乙烯基型和芳基型卤代烃分子的结构特点是（ C ）。

A. 卤原子与饱和烃碳原子相连

B. 卤原子与苯环上碳原子相连

C. 卤原子与不饱和碳原子相连

D. 卤原子与烷烃碳原子相连

2. 该结构 $-\underset{|}{C}=\underset{|}{C}-\underset{\underset{X}{|}}{C}-$ 属于（ D ）。

A. 孤立型卤代烃   B. 苄基型卤代烃

C. 乙烯型卤代烃   D. 烯丙基型卤代烃

3. 该结构 $-\underset{|}{C}=\underset{\underset{X}{|}}{C}-$ 属于（ C ）。

A. 孤立型卤代烃　　　　　　　　B. 苄基型卤代烃

C. 乙烯基型卤代烃　　　　　　　D. 烯丙基型卤代烃

4. 该结构 属于（ B ）。

A. 孤立型卤代烃　　　　　　　　B. 苄基型卤代烃

C. 乙烯基型卤代烃　　　　　　　D. 烯丙基型卤代烃

5. 该结构 $CH_2=CH-CH_2-CH_2Cl$ 属于（ A ）。

A. 孤立型卤代烃　　　　　　　　B. 苄基型卤代烃

C. 乙烯基型卤代烃　　　　　　　D. 烯丙基型卤代烃

6. 该结构 —(CH_2)_nX 属于（ B ）。

A. 苄基型卤代烃　　　　　　　　B. 孤立型卤代烃

C. 乙烯基型卤代烃　　　　　　　D. 烯丙基型卤代烃

三十五、卤代烯烃和卤代芳烃的化学活性

（一）教学目标和教学标准

（1）教学目标：能分辨不同结构卤代烯烃和卤代芳烃的活性。

（2）教学标准：80%学生能分辨不同结构卤代烯烃和卤代芳烃的活性。

（二）检测内容

1. 烯丙基氯在常温下与硝酸银的醇溶液反应的产物是（ B ）。

A. 丙烯　　　　　　　　　　　　B. 氯化银沉淀

C. 丙烷　　　　　　　　　　　　D. 硝酸

2. 烯丙基型卤代烃分子中的卤原子活泼程度如何（ C ）。

A. 非常不活泼　　　　　　　　　B. 比叔卤代烃活泼程度低

C. 非常活泼　　　　　　　　　　D. 与其他类型卤代烃活泼性一样

3. 烯丙基型卤代烃和苄基型卤代烃分子中的卤原子活泼性（ A ）。

A. 相似　　　　　　　　　　　　B. 较弱

C. 较强　　　　　　　　　　　　D. 一样

4. 不饱和卤代烃的亲核取代反应的活泼性为（ C ）。

A. 烯丙基型卤代烃>乙烯基型卤代烃>隔离型卤代烃

B. 乙烯基型卤代烃>烯丙基型卤代烃>隔离型卤代烃

C. 烯丙基型卤代烃>隔离型卤代烃>乙烯基型卤代烃

D. 乙烯基型卤代烃>隔离型卤代烃>烯丙基型卤代烃

5. 乙烯基型和芳基型卤代烃分子属于哪种共轭体系，使得卤原子的反应活性显著降低（ D ）。

A. d-p 共轭   B. π-π 共轭

C. σ-π 共轭   D. p-π 共轭

三十六、醇的分类

（一）教学目标和教学标准

（1）教学目标：知道醇分类的依据。

（2）教学标准：90%学生知道醇分类的依据。

（二）检测内容

1. 下列醇属于二元醇的是（ D ）。

A. CH_3CH_2OH

B. $CH_3\overset{\underset{\textstyle CH_3}{|}}{\underset{\underset{\textstyle OH}{|}}{C}}CH_3$

C. $CH_3\underset{\underset{\textstyle CH_3}{|}}{CHOH}$

D. $HOCH_2CH_2OH$

2. 下列醇属于仲醇的是（ B ）。

A. CH_3CH_2OH

B. $CH_3\underset{\underset{\textstyle CH_3}{|}}{CHOH}$

C. $CH_3\overset{\underset{\textstyle CH_3}{|}}{\underset{\underset{\textstyle OH}{|}}{C}}CH_3$

D. $CH_2=CHCH_2OH$

3. 下列醇属于叔醇的是（ C ）。

A. CH_3OH

B. $CH_3CH_2\underset{\underset{\textstyle OH}{|}}{C}HCH_3$

C. $(CH_3)_3COH$

D. $CH_3CH_2CH_2CH_2OH$

4. 下列醇属于多元醇的是（ D ）。

A. $HOCH_2CH_2OH$

B. $CH_3\underset{\underset{\textstyle OH}{|}}{C}HCH_2\underset{\underset{\textstyle OH}{|}}{C}HCH_3$

C. $CH_3\underset{\underset{\textstyle CH_3}{|}}{CHOH}$

D. $CH_3\underset{\underset{\textstyle OH}{|}}{C}HCH_2\underset{\underset{\textstyle OH}{|}}{C}HCH_2OH$

5. 下列醇属于芳香醇的是（ B ）。

A. $CH_3\overset{\underset{\textstyle CH_3}{|}}{\underset{\underset{\textstyle OH}{|}}{C}}CH_3$

B. ⬡-CH₂OH

C. $CH_2=CHCH_2-OH$

D. ⬡-CH₂CH₂OH

6. 下列化合物中属于脂环醇的是 （ C ）。

A. CH_3CH_2OH

B.

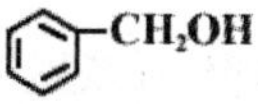

C.

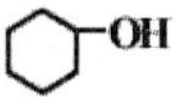

D.

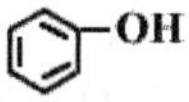

三十七、醇的命名

（一）教学目标和教学标准

（1）教学目标：能给指定的醇命名。

（2）教学标准：90%学生能给指定的醇命名。

（二）检测内容

1. 下列命名不正确的是 （ D ）。

A. CH_3CH_2OH 乙醇

B. 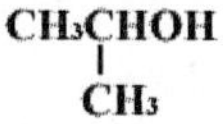 异丙醇

C. 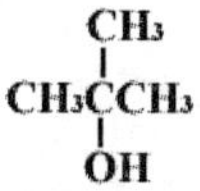 叔丁醇

D. 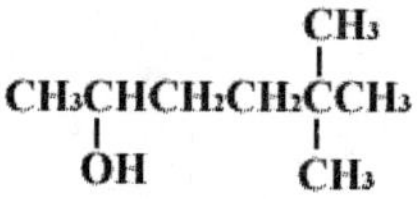 2，2-二甲基-5-己醇

2. 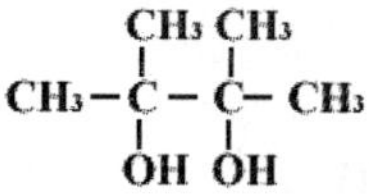 的命名正确的是 （ C ）。

A. 1，3-二甲基-2，3-丁二醇   B. 2，3-二甲基-2，3-戊二醇

C. 2，3-二甲基-2，3-丁二醇   D. 2，3-戊二醇

3. $(CH_3)_3COH$ 的命名正确的是 （ B ）。

A. 1-丁醇   B. 叔丁醇

C. 丙醇   D. 异丙醇

4. 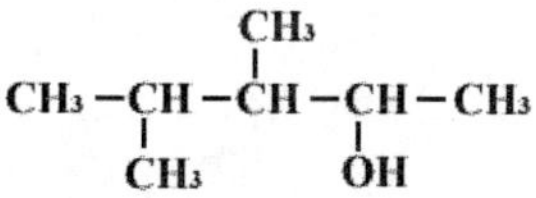 的命名正确的是 （ A ）。

A. 3，4-二甲基-2-戊醇   B. 2，3-二甲基-4-戊醇

C. 2 -甲基-4-戊醇   D. 2，3-二甲基-2-戊醇

5. 下列物质命名正确的是 （ D ）。

A. $(CH_3CH_2)_3COH$ 3-乙基-戊醇

B. $(CH_3)_2CHCH_2CH(OH)CH_3$ 2，5-二甲基-2-己醇

C. 3-环己烯醇

D. $HOCH_2CH_2CH_2OH$ 丙二醇

6. $\underset{\underset{OH}{|}}{CH_3}CH_3CHCHCH_2CH_2OH$ 的命名正确的是（ A ）。

A. 3-甲基-1，4-戊二醇　　　　B. 2-甲基-1，4-戊二醇

C. 3-甲基-2，5-戊二醇　　　　D. 1-甲基-2，5-戊二醇

三十八、醇的物理性质

（一）教学目标和教学标准

（1）教学目标：知道醇的物理性质。

（2）教学标准：80%学生知道醇的物理性质。

（二）检测内容

1. 下列化合物沸点最高的是（ D ）。

A. 2，2-二甲基丙烷　　　　　　B. 正丁醇

C. 2-甲基丁烷　　　　　　　　　D. 正戊烷

2. 下列化合物沸点最低的是（ A ）。

A. 2，2-二甲基丙烷　　　　　　B. 正丁醇

C. 2-甲基丁烷　　　　　　　　　D. 正戊烷

3. 下列化合物酸性最强的是（ B ）。

A. Cl_3CCH_2OH　　　　　　　　B. F_3CCH_2OH

C. $ClCH_2CH_2OH$　　　　　　　　D. CH_3CH_2OH

4. 下列化合物酸性最弱的是（ D ）。

A. Cl_3CCH_2OH　　　　　　　　B. F_3CCH_2OH

2. $ClCH_2CH_2OH$　　　　　　　　D. CH_3CH_2OH

三十九、醇的化学性质

（一）教学目标和教学标准

（1）教学目标：能根据反应条件写出醇的化学反应方程式。

（2）教学标准：70%学生能根据反应条件写出醇的化学反应方程式。

（二）检测内容

1. 下列醇与金属钠反应速度最快的是（ A ）。

A. CH_3OH　　　B. $1° ROH$　　　C. $2° ROH$　　　D. $3° ROH$

2. 下列化合物与 HX 反应的速率最低的是（ A ）。

A. $CH_3CH_2CH_2OH$

B. $CH_2=CHCH_2OH$

C. $\underset{\quad\quad\quad|\;\;\;\;}{CH_3CHCH_2CH_2CH_3}$
$\quad\quad\quad OH$

D. $\underset{\quad\quad\quad\quad|}{CH_3CCH_2CH_3}$ 上接 CH_3，下接 OH

3. 鉴别伯醇和叔醇的方法不正确的是（ C ）。

A. 通过 $K_2Cr_2O_7$ 溶液

B. 通过卢卡斯试剂

C. 滴加酚酞

D. 加入金属钠

4. 硝化甘油在医学临床上用作心绞痛的急救药物，它的构造简式为（ C ）。

A. $\underset{OH\quad OH\quad OH}{CH_2-CH-CH_2}$

B. $\underset{\quad\quad\quad\quad NO_2}{O_2NCH_2-CH-CH_2NO_2}$

C. $\underset{\quad\quad\quad ONO_2}{O_2NOCH_2-CH-CH_2ONO_2}$

D. $O_2NOCH_2-CH_2ONO_2$

5. 反应 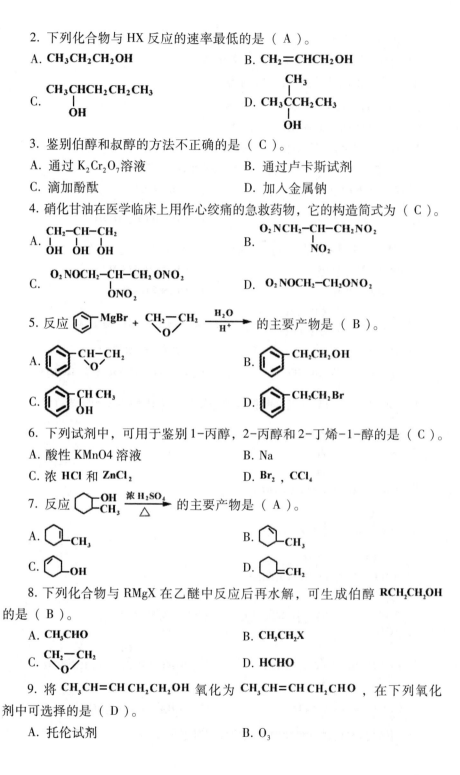 的主要产物是（ B ）。

6. 下列试剂中，可用于鉴别 1-丙醇，2-丙醇和 2-丁烯-1-醇的是（ C ）。

A. 酸性 KMnO4 溶液

B. Na

C. 浓 HCl 和 $ZnCl_2$

D. Br_2，CCl_4

7. 反应 的主要产物是（ A ）。

8. 下列化合物与 RMgX 在乙醚中反应后再水解，可生成伯醇 RCH_2CH_2OH 的是（ B ）。

A. CH_3CHO

B. CH_3CH_2X

C. $\underset{\quad O}{CH_2-CH_2}$

D. $HCHO$

9. 将 $CH_3CH=CHCH_2CH_2OH$ 氧化为 $CH_3CH=CHCH_2CHO$，在下列氧化剂中可选择的是（ D ）。

A. 托伦试剂

B. O_3

C. $KMnO_4$, H_2SO_4 D. CrO_3

10. 下述反应能用于制备伯醇的是（ A ）。

A. 甲醛与格氏试剂加成，然后水解

B. 乙醛与格氏试剂加成，然后水解

C. 丙酮与格氏试剂加成，然后水解

D. 苯甲腈与格氏试剂加成，然后水解

11. 制备 $(CH_3)_2C=CH_2$，在下列 4 种醇中最好选用（ A ）。

A. $(CH_3)_2CHCH_2OH$ B. $(CH_3)_3COH$

C. $CH_3CH_2\underset{\underset{OH}{|}}{C}HCH_3$ D. $CH_3CH_2CH_2CH_2OH$

12. $ClCH_2CH_2CH_2OH$ 与等物质的量的 PBr_3 反应时，主要产物为（ D ）。

A. $BrCH_2CH_2CH_2OH$ B. $CH_2=CHCH_2OH$

C. $ClCH_2CH=CH_2$ D. $ClCH_2CH_2CH_2Br$

13. 三元醇 $\underset{\underset{OH}{|}}{C}H_2-\underset{\underset{OH}{|}}{C}H-\underset{\underset{OH}{|}}{C}H_2$ 与过量 HIO_4 反应，生成的产物是（ D ）。

A. $HCHO$ B. $HCHO$ 和 $RCHO$

C. $OHC-CHO$ 和 $RCHO$ D. $HCHO$，$HCOOH$ 和 $RCHO$

14. 与酸性高锰酸钾溶液作用后，生成的主要产物为（ C ）。

A. $HOOCCH_2CH_2\underset{\underset{OH}{|}}{C}HCH_2COOH$

B. $HOOCCH_2CH_2\overset{\overset{O}{\|}}{C}CH_2COOH$

C. $CH_3\overset{\overset{O}{\|}}{C}CH_2CH_2\overset{\overset{O}{\|}}{C}CH_2COOH$

D. $CH_3\underset{\underset{OH}{|}}{C}HCH_2CH_2\underset{\underset{OH}{|}}{C}HCH_2COOH$

15. 与酸性 $KMnO_4$ 溶液共热，生成的产物是（ A ）。

A. $HOOCCH_2CH_2\overset{\overset{O}{\|}}{C}CH_2COOH$ B. $HOOCCH_2\underset{\underset{OH}{|}}{C}HCH_2CH_2COOH$

C. $OHCCH_2CH_2\overset{\overset{O}{\|}}{C}CH_2CHO$ D. $CH_3\overset{\overset{O}{\|}}{C}CH_2CH_2COOH$

16. 下列醇被高碘酸氧化时，只生成一种醛的是（ B ）。

A. $(CH_3)_2C-C(CH_3)_2$
       | |
       OH   OH

B. $C_2H_5C-CC_2H_5$
        | |
        OH OH

C. $CH_2-CH-CHC_2H_5$
      | | |
      OH   OH   OH

D. $(CH_3)_2C-CHCH_2CH_3$
        | |
        OH   OH

17. 下列化合物中能与新制的 $Cu(OH)_2$ 沉淀生成深蓝色溶液的是（ C ）。

A. $CH_3CH_2CH_2OH$

B. $HOCH_2CH_2CH_2OH$

C. CH_3CHCH_2OH
           |
           OH

D.

18. 鉴别分子中不超过 6 个碳原子的伯醇、仲醇和叔醇，可采用的试剂是（ D ）。

A. Na

B. $KMnO_4$ 溶液

C. Zn–Hg 和浓 HCl

D. 浓 HCl 和 $ZnCl_2$

19. 下列醇在室温下与卢卡斯试剂反应，最先生成沉淀的是（ B ）。

A. $CH_3CH_2CH_2CH_2OH$

B. $(CH_3)_3COH$

C. $(CH_3)_2CHCH_2OH$

D. $CH_3CH_2CHCH_3$
              |
              OH

20. 下列反应方程式书写不正确的是（ C ）。

A. $CH_3CH_2CH_2CH_2OH \xrightarrow[170^{\circ}C]{浓 H_2SO_4} CH_3CH_2CH=CH_2 + H_2O$

B. $CH_3CH_2CH=CH_2 + H_2O \xrightarrow{磷酸-硅藻土} CH_3CH_2CH-CH_3$
                                                         |
                                                         OH

C. $CH_3CH_2CH-CH_3 \xrightarrow{K_2Cr_2O_7-H_2SO_4} CH_3CH_2CCH_3$
              | ‖
              OH   O

D.

四十、酚、醚的分类

（一）教学目标和教学标准

（1）教学目标：知道酚、醚分类的依据。

（2）教学标准：90%学生知道酚、醚分类的依据。

（二）检测内容

1. 下列化合物属于酚的是（ D ）。

A. CH_3CH_2OH

B. $CH_3\overset{\overset{\displaystyle CH_3}{|}}{C}HOH$

C. $CH_3\overset{\overset{\displaystyle CH_3}{|}}{\underset{\underset{\displaystyle OH}{|}}{C}}CH_3$

D. (对苯二酚，OH在上下)

2. 下列化合物属于二元酚的是（ D ）。

A. （CH_3邻位，OH）

B. $CH_3\overset{}{\underset{\underset{\displaystyle OH}{|}}{C}}HCH_2CH_2\overset{\overset{\displaystyle CH_3}{|}}{\underset{\underset{\displaystyle CH_3}{|}}{C}}CH_3$

C. $-OC_2H_5$

D. （苯环，上下各一个OH）

3. 下列化合物中不属于酚的是（ B ）。

A. （OH，CH_3）

B. （OCH_3）

C. （萘，OH）

D. （蒽，OH）

4. 下列化合物属于醚的是（ C ）。

A. CH_3CH_2OH

B. $CH_3\overset{}{\underset{\underset{\displaystyle OH}{|}}{C}}HCH_2CH_2\overset{\overset{\displaystyle CH_3}{|}}{\underset{\underset{\displaystyle CH_3}{|}}{C}}CH_3$

C. $-OC_2H_5$

D. （CH_3，OH）

5. 下列醚中，属于单醚的是（ B ）。

A. $CH_3OCH_2CH_3$

B. $-CH_2OCH_2-$

C. $CH_3OCH_2CH_2CH_3$

D. CH_3O-

6. 下列化合物中，不属于醚的是（ C ）。

A. CH_3OCH_3

B.

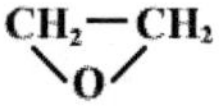

C.

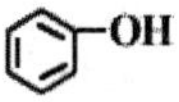

D.

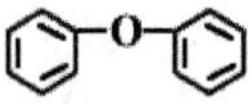

7. 下列醚中，既属于单醚，又属于芳香醚的是（ C ）。

A. $CH_3CH_2O\ CH_2CH_3$

B.

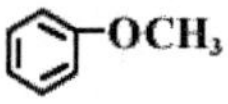

C.

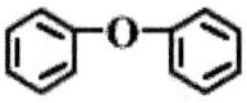

D. $CH_3O\ CH_2CH_3$

四十一、酚、醚的命名

（一）教学目标和教学标准

（1）教学目标：能给指定的酚、醚命名。

（2）教学标准：80%学生能根据酚、醚的名称写出结构式。

（二）检测内容

1. 下列物质命名正确的是（ D ）。

A. 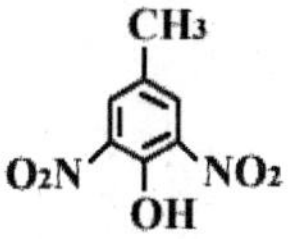   4-甲基-三硝基苯

B. 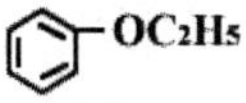   乙氧基苯

C. 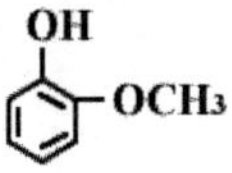   苯乙醚

D. 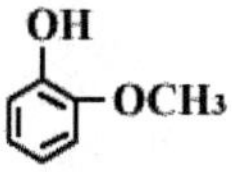   2-羟基甲苯氧醚

2. 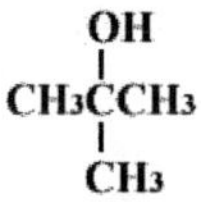 的命名正确的是（ C ）。

A. 1-甲基-1-丙醇   B. 1，1-二甲基-1-丙醇

C. 2-甲基-2-丙醇   D. 2-甲基-3-丙醇

3. $CH_3CH_2OCH_2CH_2CH_3$ 的命名正确的是（ C ）。

A. 乙基正丁基醚   B. 乙基正丙基醇

C. 乙基正丙基醚   D. 甲基正丙基醚

4. 间甲苯酚的是（ B ）。

A.    B.

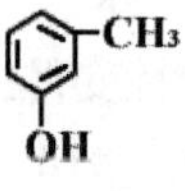

C.   D. HO—⟨benzene⟩—CH₃

5. 乙基正丁基醚的是（ D ）。

A. CH₃CH₂OCH₂CH₃   B. CH₃CH₂OCH₂CH₂CH₃

C. CH₃OCH₂CH₂CH₃   D. CH₃CH₂OCH₂CH₂CH₂CH₃

四十二、酚、醚的物理性质

（一）教学目标和教学标准

（1）教学目标：知道酚、醚的物理性质。

（2）教学标准：80%学生知道酚、醚的物理性质。

（二）检测内容

1. 下列化合物酸性最强的是（ D ）。

A. CH₃CH₂OH   B. H₂O

C. ⟨benzene⟩—OH   D. ⟨benzene with Br⟩—OH

2. 下列化合物酸性最强的是（ D ）。

A. ⟨4-methylphenol⟩   B. ⟨4-chlorophenol⟩

C. ⟨4-nitrophenol⟩   D. ⟨2,4-dinitrophenol⟩

3. 下列化合物酸性最弱的是（ A ）。

A. ⟨4-methylphenol⟩   B. ⟨4-chlorophenol⟩

C. ⟨4-nitrophenol⟩   D. ⟨2,4-dinitrophenol⟩

4. 酚在下列物质中，溶解度不大的是（ B ）。

A. 乙醚   B. 水   C. 乙醇   D. 苯

5. 烷基不仅使醇的酸性变得比水小，而且烷基越大，醇的酸性越小（ A ）。

A. 正确   B. 错误

四十三、酚、醚的化学性质

（一）教学目标和教学标准

（1）教学目标：能根据反应条件写出酚、醚的化学反应方程式。

（2）教学标准：70%学生能根据反应条件写出酚、醚的化学反应方程式。

（二）检测内容

1. 下列化合物中，可与 **FeBr₃** 溶液显色的是（ B ）。

A. ⬡—OH   B. ⬡—OH

C. ⬡—CH₂OH   D. ⬡—OCH₃

2. 在苯酚和乙醇的混合溶液中加入浓 NaOH 溶液，再加入碘甲烷，生成的主要产物是（ B ）。

A. ⬡—OCH₂CH₃   B. ⬡—OCH₃

C. CH₃CH₂OCH₃   D. ⬡—O—⬡

3. 某化合物 A 的化学式为 $C_6H_{14}O$，它不与钠反应，与氢碘酸反应生成一分子碘代烷 B 和一分子醇 C，C 与卢卡斯试剂立即发生反应，在加热并有浓 H_2SO_4 存在下，脱水只生成一种烯烃 D，以下推断正确的是（ B ）。

A. A 是 CH₃CHOCHCH₃
　　　　　CH₃　CH₃   B. B 是 CH₃CH₂I

C. C 是 CH₃CH₂CH₂CH₂OH   D. D 是 CH₃CH₂CH=CH₂

4. 两个芳香族含氧化合物 A、B，化学式均为 C_7H_8O，A 可与 Na 作用，而 B 不能。A 与浓 HI 反应生成 C（C_7H_7I），B 用浓 HI 处理生成 D（C6H6O），D 遇溴水迅速产生白色沉淀，以下推断正确的是（ B ）。

A. 物质 A 是 ⬡—CH₂OH   B. 物质 B 是 ⬡—OCH₃

C. 物质 C 是 ⬡〈CH₃ I   D. 物质 D 是 ⬡—OH

5. ⬡—OCH₃ 与过量浓氢碘酸的反应产物是（ B ）。

A. CH₃OH + ⬡—I   B. CH₃I + ⬡—OH

C. CH₃I + ⬡—I   D. ⬡—CH₂OH

6. 反应 ⬡—MgBr + CH₂—CH₂（O） $\xrightarrow[H^+]{H_2O}$ 的主要产物是（ B ）。

A. 苯-CH—CH₂ 带有 O

B. 苯-CH₂CH₂OH

C. 苯-CH CH₃ 带有 OH

D. 苯-CH₂CH₂Br

7. （环氧环戊烷）与过量的浓氢碘酸反应，主要产物是（ C ）。

A. CH₂CH₂CH₂CH₂ 带有 OH ... OH

B. CH₂CH₂CH₂CH₂ 带有 OH ... I

C. CH₂CH₂CH₂CH₂ 带有 I ... I

D. 环戊烷-I

8. 制备混醚 $(CH_3)_2CHOCH_3$，在下列 4 组试剂中最好选用（ D ）。

A. $CH_3I + (CH_3)_2CHOH$

B. $(CH_3)_2CHI + CH_3OH$

C. $(CH_3)_2CHI + CH_3ONa$

D. $(CH_3)_2CHONa + CH_3I$

9. 有机化合物 Z 的分子式为 C_7H_8O，不溶于 NaOH 溶液，与溴水反应立即生成三溴代沉淀产物，则 Z 的构造简式为（ A ）。

A. 苯-OCH₃

B. 苯 带有 OH 和 CH₃（邻位）

C. 苯 带有 OH 和 CH₃（间位）

D. 苯 带有 OH（上）和 CH₃（下，对位）

10. 混醚 苯-OR 在较高温度下与过量浓氢碘酸反应，主要产物是（ B ）。

A. 苯 + RI

B. 苯-OH + RI

C. 苯-I + RI

D. 苯-I + ROH

11. 下列醚中，不能被浓氢碘酸分解的是（ A ）。

A. 苯-O-苯

B. 苯-OCH₃

C. $CH_3CH_2OCH_2CH_3$

D. $CH_3OCH_2CH_3$

四十四、醛酮的结构、分类

（一）教学目标和教学标准

（1）教学目标：能根据烃基结构对醛和酮进行分类。

（2）教学标准：90%学生能根据烃基结构对醛和酮进行分类。

（二）检测内容

1. 芳香醛的通式是（ B ）。

A. R-CHO   B. Ar-CHO

C. P-CHO   D. Ar-OH

2. 决定醛和酮化学性质的官能团是（ B ）。

A. 碳碳双键   B. 碳氧双键   C. 羟基   D. 羧基

3. 羰基中的碳氧双键和碳碳双键结构相似，都是由一个 σ 键和一个 π 键组成，不同的是（ A ）。

A. 羰基是个极性基团   B. 羰基中 π 键电子云分布均匀

C. 羰基间可以形成氢键   D. 羰基相对分子质量小

4. 下列化合物属于芳香醛的是（ B ）。

A. 蚁醛   B. 苯甲醛   C. 苯乙酮   D. 环己基甲醛

四十五、醛酮的命名

（一）教学目标和教学标准

（1）教学目标：能对醛和酮进行命名。

（2）教学标准：85％学生能对醛和酮进行命名。

（二）检测内容

1. 用普通命名法命名 (CH₃)₂CHCHO 正确的是（ D ）。

A. 异丁醛   B. 丁醛

C. 丙醛   D. 异丙醛

2. 用系统命名法命名 (CH₃)₂CHCHO 正确的是（ D ）。

A. 异丙醛   B. 丁醛

C. 丙醛   D. 2-甲基丙醛

3. 2，4-二甲基-3-戊酮的结构正确的是（ B ）。

A. CH₃CH₂COCH₂CH(CH₃)₂

B. (CH₃)₂CHCOCH(CH₃)₂

C. CH₃CH₂COCH(CH₃)₂

D. (CH₃)₂CHCH₂COCH(CH₃)₂

4. 用系统命名法命名 (CH₃)₂CHCOCH₃ 正确的是（ A ）。

A. 3-甲基-2-丁酮   B. 1-甲基-3-丁酮

C. 2-甲基-3-丁酮   D. 3-戊酮

5. CH₃O—⟨苯环⟩—CHO 命名正确的是（ D ）。

A. 间甲氧基苯甲酮   B. 对甲氧基苯甲醛

C. 邻甲氧基苯甲醛　　　　　　　D. 间甲氧基苯甲醛

6. (CH₃)₂C=CHCHO 命名正确的是（ C ）。

A. 2-甲基-2-丁烯醛　　　　　　　B. 1-甲基-2-丁烯醛

C. 3-甲基-2-丁烯醛　　　　　　　D. 3-甲基-2-丁烯酮

7. 属于 α - 卤代醛化学结构式的是（ B ）。

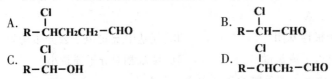

8. 属于 β-羟基酮化学结构式的是（ C ）。

$$
\begin{array}{ll}
\text{A.} \quad \underset{R-C-CH_2CHCH_3}{\overset{O\quad\quad CHO}{\overset{\|}{}\quad\overset{|}{}}} &
\text{B.} \quad \underset{R-C-CH_2CH_2CHCH_3}{\overset{O\quad\quad\quad\quad CHO}{\overset{\|}{}\quad\quad\quad\overset{|}{}}} \\[2em]
\text{C.} \quad \underset{R-C-CH_2CHCH_3}{\overset{O\quad\quad OH}{\overset{\|}{}\quad\overset{|}{}}} &
\text{D.} \quad \underset{R-C-CH_2CH_2CHCH_3}{\overset{O\quad\quad\quad\quad OH}{\overset{\|}{}\quad\quad\quad\overset{|}{}}}
\end{array}
$$

四十六、醛酮的物理性质

（一）教学目标和教学标准

（1）教学目标：能了解低级醛酮的物理性质。

（2）教学标准：80%学生能了解低级醛酮的物理性质。

（二）检测内容

1. 甲醛是室内空气中的主要污染物，国家强制标准其释放量不得超过（ B ）。

A. 0.01 mg/m³　　　　　　　　　B. 0.08 mg/m³

C. 0.10 mg/m³　　　　　　　　　D. 1.00 mg/m³

2. 下列化合物不可以任意比例与水混溶是（ D ）。

A. 甲醛　　　　B. 乙醛　　　　C. 丙酮　　　　　D. 苯甲醛

3. 由于羰基的偶极矩，羰基化合物与分子量相近的烷烃相比较，沸点增高约（ B ）度。

A. 20　　　　　B. 50　　　　　C. 80　　　　　D. 100

4. 乙醛对眼及皮肤有刺激作用，企业厂房空气中乙醛最大允许浓度为（ A ）。

A. 0.1 mg/L　　　B. 0.2 mg/L　　　C. 0.3 mg/L　　　D. 0.5 mg/L

四十七、醛酮的化学性质

（一）教学目标和教学标准

（1）教学目标：能写出醛和酮与氢氰酸、亚硫酸氢钠、醇、格氏试剂、氨的衍生物加成及其反应的应用。

（2）教学标准：80%学生能写出醛和酮与氢氰酸、亚硫酸氢钠、醇、格氏试剂、氨的衍生物加成及其反应的应用。

（二）检测内容

1. 羰基化合物的特征反应是（ C ）。

A. 亲电加成反应　　　　　　　　　B. 亲电取代反应

C. 亲核加成反应　　　　　　　　　D. 亲核取代反应

2. 羧酸及其衍生物可以通过间接的还原法，变成醛或酮，所用的还原剂是（ B ）。

A. Na　　　　　　　　　　　　　　B. LiAl（t-BuO）$_3$H

C. HBr　　　　　　　　　　　　　　D. KMnO$_4$

3. 工业上采用空气氧化法大规模生产甲醛所用的原料是（ C ）。

A. 甲烷　　　　　B. 乙烯　　　　　C. 甲醇　　　　　D. 苯

4. 几乎任何醇都可以通过醛酮和格氏试剂的亲核加成来制取，甲醛与格氏试剂作用制得（ A ）。

A. 伯醇　　　　　B. 仲醇　　　　　C. 叔醇　　　　　D. 季醇

5. 醛、酮主要发生以下三种类型的化学反应（ ABC ）。

A. 羰基的亲核加成反应　　　　　　B. 醛、酮的氧化还原反应

C. 醛、酮的α-H反应　　　　　　　D. 亲电取代反应

6. 甲醇作为亲核试剂可以和醛反应生成缩醛，但要在（ A ）条件下进行。

A. 酸性　　　　　B. 碱性　　　　　C. 氧化剂　　　　　D. 还原剂

7. 乙醛和羟胺反应生成物质称为（ B ）。

A. 醛胺　　　　　B. 肟　　　　　C. 腙　　　　　D. 脲

8. 乙醛和 CH₃CH₂MgBr 反应制醇，得到的醇是（ B ）。

A. 1-丁醇　　　　B. 2-丁醇　　　　C. 叔丁醇　　　　D. 环丁醇

9. 2，4-二甲基-3-戊酮与格氏试剂 RMgBr 制备醇，当 R-是下列（ D ）基团时，加成产物产率为0。

A. 甲基　　　　　B. 乙基　　　　　C. 正丙基　　　　　D. 异丙基

10. 3-丁烯醛转变成丁醛，可以用下列（ A ）先与3-丁烯醛反应生成缩醛来保护醛基。

　　A. 乙醇　　　　　B. 乙醚　　　　　C. 苯酚　　　　D. 环己烷

11. 用化学方法分离环己醇和环己酮混合物，可选用下列（ B ）来反应进行分离。

　　A. 乙醇　　　　　B. 亚硫酸氢钠　　　C. 丙酮　　　　D. 苯

12. 鉴别乙醛和丙酮，可以用下列（ C ）分别与乙醛和丙酮作用。

　　A. 格氏试剂　　　　　　　　　　B. 卢卡斯试剂

　　C. 多伦试剂　　　　　　　　　　D. 亚硫酸氢钠

13. 丙烯醛用 Tollens 试剂来氧化会生成（ B ）。

　　A. 丙酸　　　　　　　　　　　　B. 丙烯酸

　　C. 二氧化碳　　　　　　　　　　D. 乙二酸

14. 想把2-丁烯醛还原成2-丁烯醇，下列还原剂应选（ B ）。

　　A. 金属 Na　　　　　　　　　　B. $NaBH_4$

　　C. Zn（Hg）　　　　　　　　　　D. H_2NNH_2

15. 下列在碱条件下发生歧化反应的醛是（ AD ）。

　　A. 甲醛　　　　　B. 乙醛　　　　　C. 丙醛　　　　D. 丁醛

16. 某醇 $C_5H_{11}OH$ 氧化后得到一种酮，该醇脱水后得一种烃，此烃氧化后可生成另一种酮与一种羧酸，推断该醇的结构式错误的是（ C ）。

　　A. 该醇的结构式是 $CH_3CHCHCH_3$（含 CH_3、OH 取代基）

　　B. 烃的结构式是 $CH_3CH_2CH{=}CHCH_3$

　　C. 酮的结构式是 $CH_3CH_2C{=}O$（含 CH_3 取代基）

　　D. 羧酸的结构式是 CH_3COOH

17. 由化合物 A（$C_6H_{13}Br$）所制得的格氏试剂与丙酮作用可制得 2，4—二甲基—3—乙基—2—戊醇。A 能发生消除反应生成两种互为异构体的产物 B 和 C。B 经酸性高锰酸钾氧化，得到碳原子数相同的酸 D 和酮 E。以下推断错误的是（ A ）。

　　A. A 是 $CH_3CHCHCH_2CH_3$（含 CH_3、OH 取代基）　　　　B. B 是 $CH_3C{=}CHCH_2CH_3$（含 CH_3 取代基）

　　C. C 是 $CH_3CHCH{=}CHCH_3$（含 CH_3 取代基）　　　　D. D 是 CH_3CH_2COOH

18. 化合物 Z 的分子式为 $C_5H_{10}O$，不溶于水，不能使酸性 $KMnO_4$ 溶液褪色，也不与金属钠反应，Z 在稀盐酸溶液中与水反应生成 Y（$C_5H_{12}O_2$），Y 与 HIO_4 反应生成甲醛和一种酮，则 Z 的构造简式为（B）。

A. $CH_3-CH-CH-CH_2CH_3$ （O 桥接中间两碳）

B. $CH_2-C(CH_3)-CH_2CH_3$ （O 桥接）

C. $CH_3-CH-C(CH_3)-CH_2CH_3$ （O 桥接）

D. $CH_2-CH-CH_2-CH_2CH_3$ （O 桥接）

四十八、羧酸的命名

（一）教学目标和教学标准

（1）教学目标：能对 10 个碳以内的羧酸进行命名。

（2）教学标准：85% 学生能对 10 个碳以内的羧酸进行命名。

（二）检测内容

1. 羧酸就是分子是含有（B）的一类有机化合物。

A. 羰基+羟基　　　　　　　　　B. 羧基

C. 醛基+羟基　　　　　　　　　D. 酮基+羟基

2. 羧酸的官能团（A）。

A. 羧基　　　　　　　　　　　　B. α-氢

C. 羟基　　　　　　　　　　　　D. 碳基

3. $CH_3COOCH_2CH_2CH_2CH_3$ 的正确命名是（A）。

A. 乙酸正丁酯　　　　　　　　　B. 乙丁酸酯

C. 丁酸乙酯　　　　　　　　　　D. 乙丁酸酐

4. 羧酸分子中去掉羟基后剩余的部分称为（B）。

A. 醛基　　　　　　　　　　　　B. 酰基

3. 烃基　　　　　　　　　　　　D. 酮基

四十九、羧酸的物理性质

（一）教学目标和教学标准

（1）教学目标：能了解 10 个碳以内羧酸的基本物理性质。

（2）教学标准：80% 学生能了解 10 个碳以内羧酸的基本物理性质。

（二）检测内容

1. 油漆工业中常用的"香蕉水"是指（B）。

A. 香蕉榨取出和汁

B. 含乙酸异戊酯等多种有机溶剂的混合物

C. 芳香烃混合物

D. 酒精浸泡香蕉的溶液

2. 将下列化合物按酸性增强的顺序排列（ C ）。

a. CH₃CH₂CHBrCOOH

b. CH₃CHBrCH₂COOH

c. CH₃CH₂CH₂COOH

d. CH₃CH₂CH₂CH₂OH

A. a>b>d>c

B. d>b>c>a

C. a>b>c>d

D. d>a>b>c

3. 羧酸在固态和液态时，羧酸分子主要以（ B ）的形式存在。

A. 单分子自由体

B. 双分子缔合体

C. 多分子络合体

D. 高分子混合体

4. 将下列化合物按酸性增强的顺序排列（ D ）。

a. C₆H₅OH

b. H₂CO₃

c. Br₃CCOOH

d. H₂O

A. a>c>b>d

B. c>a>d>b

C. d>c>b>a

D. c>b>a>d

5. 下列可以以任意比例与水混溶的羧酸是（ A ）。

A. 甲酸

B. 十一酸

2. 苯甲酸

D. 月桂酸

五十、羧酸的化学性质

（一）教学目标和教学标准

（1）教学目标：能写出羧酸的基本化学反应。

（2）教学标准：85%学生能写出羧酸的基本化学反应。

（二）检测内容

1. 羧酸的化学性质主要取决于（ A ）。

A. 羧基

B. 非 α-氢

C. 烃基碳原子

D. 所有原子上

2. 羧酸溶液可以使蓝色石蕊试纸（ A ）。

A. 变红色

B. 变绿色

C. 变紫色

D. 不变色

3. 1-己醇和己酸混合物，可以用下列（ C ）将它们分开。

A. 乙醇

B. 硫酸溶液

C. 氢氧化钠溶液 D. 高锰酸钾溶液

4. 反应 $CH_3COCHCOOC_2H_5$ （下标 CH_3） $\xrightarrow[\text{2)}H^+,\ H_2O]{\text{1)稀 }OH^-\ \triangle}$ 的主要产物（ B ）。

A. $CH_3COCH_2CH_2CH_3$ B. $CH_3COCH_2CH_3$

C. CH_3COCH_3 D. $CH_3COCH_2COOC_2H_5$

5. 反应 CH_3CHCH_2COOH （下标 OH） $\xrightarrow{\triangle}$ 的主要产物（ C ）。

A. $CH_2=CHCHCOOH$ B. $CH_3CH_2CH_2COOH$

C. $CH_3CH=CHCOOH$ D. CH_3CH_2COOH

五十一、羧酸衍生物的命名

（一）教学目标和教学标准

（1）教学目标：能对 10 个碳以内的酰卤、酸酐、酯、酰胺进行命名。

（2）教学标准：85%学生能对 10 个碳以内的酰卤、酸酐、酯、酰胺进行命名。

（二）检测内容

1. 羧酸衍生物是指羧酸分子中（ C ）被其他基团取代后生成的化合物。

A. 羧基 B. 羧基上的氢原子

C. 羧基上的羟基 D. 羧基上的氧原子

2. 用系统命名法命名 $(CH_3)_2CHCOOH$ 正确的是（ B ）。

A. 3-甲基丙酸 B. 2-甲基丙酸

C. 丁酸 D. 1-甲基丙酸

3. 尿素的结构式是（ C ）。

A. $NH_2CH_2-\overset{\overset{\displaystyle O}{\|}}{C}-CH_2NH_2$ B. $NH_2CH_2-\overset{\overset{\displaystyle O}{\|}}{C}-NH_2NH_2$

C. $NH_2-\overset{\overset{\displaystyle O}{\|}}{C}-NH_2$ D. $NH_2-\overset{\overset{\displaystyle O}{\|}}{C}-CH_2NH_2$

4. 水杨酸的结构式是（ D ）。

A. （苯环，COOH 与 OH 对位） B. （苯环，COOH 与 CH₃）

C. （苯环，COOH 与 OH 对位） D. （苯环，COOH 与 OH 邻位）

5. 许多羧酸都有俗名，那么苯甲酸的俗名是（ B ）。

A. 醋酸 B. 苯甲酸

C. 果酸 　　　　　　　　　　D. 蚁酸

五十二、羧酸衍生物的物理性质

（一）教学目标和教学标准

（1）教学目标：能了解低级酰卤、酸酐、酯、酰胺的基本物理性质。

（2）教学标准：80%学生能了解低级酰卤、酸酐、酯、酰胺的基本物理性质。

（二）检测内容

1. 分子量相近的酰卤、酸酐、酯、酰胺四种羧酸衍生物，沸点最低的是（ A ）。

A. 酰卤　　　　　B. 酸酐　　　　　C. 酯　　　　　D. 酰胺

2. 酰卤、酸酐、酯、酰胺四种羧酸衍生物，水解反应活性最强的是（ A ）。

A. 酰卤　　　　　B. 酸酐　　　　　C. 酯　　　　　D. 酰胺

3. 酰卤、酸酐、酯、酰胺四种羧酸衍生物，醇解反应活性最弱的是（ D ）。

A. 酰卤　　　　　B. 酸酐　　　　　C. 酯　　　　　D. 酰胺

4. 醋酸是一种淡黄色具有刺激性气味的液体（ B ）。

A. 正确　　　　　B. 错误

五十三、羧酸衍生物的化学性质

（一）教学目标和教学标准

（1）教学目标：能写出酰胺的脱水反应和霍夫曼降级反应。

（2）教学标准：80%学生能写出酰胺的脱水反应和霍夫曼降级反应。

（二）检测内容

1. 制备乙酸乙酯所用的原料是（ D ）。

A. 乙酸+乙醇　　　　　　　　B. 丁酸+硫酸

C. 丁醇+硫酸　　　　　　　　D. 乙酸+乙醇+硫酸

2. 乙酰胺在脱水剂 P_2O_5 的作用下生成（ C ）。

A. 乙酸　　　　　B. 乙胺　　　　　C. 乙腈　　　　　D. 乙醇

3. 合成有机玻璃的单体是（ C ）。

A. 2-甲基丙烯酸　　　　　　　B. 2-甲基丙酸甲酯

C. 2-甲基丙烯酸甲酯　　　　　D. 2-甲基丙烯酸乙酯

4. 酰胺用 LiAlH$_4$ 还原得到相应的是（ C ）。

A. 羧酸　　　　　B. 醇　　　　　C. 胺　　　　　D. 醛

五十四、硝基化合物的命名

（一）教学目标和教学标准

（1）教学目标：能对单环芳香族硝基化合物进行命名。

（2）教学标准：85%学生能对单环芳香族硝基化合物进行命名。

（二）检测内容

1. 硝基化合物的官能团是指有机化合物中含有以下基团（B）。

A. $-NO$　　　　B. $-NO_2$　　　　C. $-NH_2$　　　　D. $-CN$

2. 芳香族硝基化合物可以用以下通式（ C ）来表示。

A. $R-NO_2$　　　　B. $Ph-NO_2$　　　　C. $Ar-NO_2$　　　　D. $H-NO_2$

3. 命名化合物 $CH_3CH_2NO_2$ 正确的是（　　　）。

A. 硝基甲烷　　　　　　　　B. 乙烷

C. 硝基乙烷　　　　　　　　D. 亚硝基乙烷

4. 俗称 TNT（）的化合物的系统命名是（ A ）。

A. 2，4，6-三硝基甲苯　　　　B. 2，4，6-三硝基苯酚

2. 2，4，6-三甲基苯胺　　　　D. 2，4，6-三硝基乙苯

五十五、硝基化合物的性质

（一）教学目标和教学标准

（1）教学目标：能写出单环芳烃制备硝基化合物的反应式。

（2）教学标准：90%学生能写出单环芳烃制备硝基化合物的反应式。

（二）检测内容

1. 硝基苯不溶于水，硝基苯和适量的水混合会分层，则上层物质是（ B ）。

A. 硝基苯　　　　B. 水　　　　C. 乳状液　　　　D. 无法确定

2. 苯酚、对硝基苯酚、2，4-二硝基苯酚这三个物质酸性最强的是（ C ）。

A. 苯酚　　　　　　　　　　B. 对硝基苯酚

C. 2，4-二硝基苯酚　　　　　D. 无法确定

3. 苯与混酸共热（50℃～60℃）时发生硝化反应，生成（ A ）。

    A. 硝基苯   B. 邻位硝基硝基苯

    C. 间位硝基硝基苯   D. 对位硝基硝基苯

4. 硝基可以使苯环上电子云密度降低，对位硝基氯苯中的氯有利进行（ C ）。

    A. 亲电取代反应   B. 亲电加成反应

    C. 亲核取代反应   D. 亲核加成反应

5. 甲苯、苯酚、氯苯、硝基苯这四种物质进行硝化反应，活性最低的是（ D ）。

    A. 甲苯   B. 苯酚   C. 氯苯   D. 硝基苯

6. 芳香族硝基化合物在酸性介质中与还原剂作用，硝基被还原成（ C ）。

A. $-NO$ B. $-N_2$ C. $-NH_2$ D. $-CN$

7. 在间二硝基苯的还原中，选择（ C ）作为还原剂，可以生成间硝基苯胺。

A. Fe, HCl   B. H_2, Ni   C. NaHS   D. $LiAlH_4$

8. 由于受硝基的影响，硝基苯的苯环上不能发生的取代反应是（ D ）。

A. 卤化反应   B. 硝化反应   C. 磺化反应   D. 傅克反应

9. 苯环上连接硝基后，其取代反应活性明显降低，说明硝基是（ B ）。

A. 活化基   B. 钝化基   C. 自由基   D. 不确定

五十六、胺及重氮、偶氮化合物的分类和命名

（一）教学目标和教学标准

（1）教学目标：能对胺进行分类和命名。

（2）教学标准：90%学生能对胺进行分类和命名。

（二）检测内容

1. 下列化合物中是季铵盐的是（ D ）。

A. ⬡—N(CH₃)₂   B. $C_6H_5CHNH_2CHCH_3$（下标 CH_3，CH_3）

C. $C_6H_5CHNHCH_3$（下标 CH_3）   D. $(CH_3)_4^+Cl^-$

2. 异丁胺的结构式是（ C ）。

A. $(CH_3)_3CCH_2NH_2$ B. $(CH_3)_2CHCH_2CH_2NH_2$

C. $(CH_3)_2CHCH_2NH_2$ D. $(CH_3)_3CCH_2CH_2NH_2$

3. 胺的官能团是指有机化合物中含有以下基团（ C ）的有机化合物。

A. —NO　　　　　　B. —NO₂　　　　　　C. —NH₂　　　　　　D. —CN

4. 分子式为 C4H11N 的胺具有的同分异构体数是（ D ）个。

A. 5　　　　　　　B. 6　　　　　　　C. 7　　　　　　　D. 8

5. 叔胺是指（ B ）。

A. 氨基连在叔碳原子上

B. 氨分子中 3 个氢原子都被烃基取代

C. 3 个碳的烃基与氨基相连

3. 氨分子中 3 个氢原子都被 3 碳的烃基取代

五十七、胺及重氮、偶氮化合物的性质

（一）教学目标和教学标准

（1）教学目标：能写出单环芳胺的基本化学反应。

（2）教学标准：80%学生能写出单环芳胺的基本化学反应。

（二）检测内容

1.（ C ）个碳原子以下的低级胺易溶于水。

A. 八　　　　　　　B. 七　　　　　　　C. 六　　　　　　　D. 五

2. 制取芳伯胺最常用的方法是（ B ）。

A. 氨的芳烷基化　　　　　　　B. 芳香族硝基化合物的还原

C. 酰胺还原　　　　　　　　　D. 醇和氨加热催化

3. 下列易溶于水的胺是（ A ）。

A. 乙二胺　　　　　B. 己胺　　　　　C. 苯胺　　　　　D. 十二胺

4. 苯胺的环上连有基团（ A ），使胺的碱性增加。

A. —CH₃　　　　　B. —Cl　　　　　C. —NO₂　　　　　D. —CN

5. 下列化合物中不能与酰卤或酸酐发生酰基化反应的是（ C ）。

A. 乙胺　　　　　B. 苯甲胺　　　　　C. 三甲胺　　　　　D. 甲乙胺

6. 芳香族伯胺与亚硝酸在低温（0 ~ 5℃）及强酸溶液中反应，生成（ B ）。

A. 铵盐　　　　　B. 重氮盐　　　　　C. 季铵盐　　　　　D. 苯

7. 丙胺、甲乙胺、二甲胺、三甲胺等四种胺，沸点最低的是（ D ）。

A. 丙胺　　　　　B. 甲乙胺　　　　　C. 二甲胺　　　　　D. 三甲胺

8. 苯胺遇漂白粉会变成（ C ），可用此性质来鉴别苯胺。

A. 红色　　　　　B. 蓝色　　　　　C. 紫色　　　　　D. 绿色

9. 芳胺酰化后不易被氧化，水解又可得回原来的芳胺，合成中可利用此

性质（ A ）。

    A. 保护氨基　　　　　　　　　　B. 增加反进速度

    C. 提高产率　　　　　　　　　　D. 增加物系水溶性

10. 鉴别脂肪族及芳香族伯、仲、叔胺可选用（ B ）分别与他们反应产生不同的现象。

    A. HCl　　　　　B. $NaNO_2 + HCl$　　　C. Br_2/CCl_4　　　D. $KMnO_4$

11. 氨基是一个邻对位定位基，同时也能使苯环（ A ）。

    A. 活化　　　　　B. 钝化　　　　　C. 稳定　　　　　D. 断裂

12. 重氮和偶氮化合物的官能团是（ B ）。

    A. $-NO$　　　　B. $-N=N-$　　　C. $-NHNH_2$　　　D. $-CNN$

13. 重氮化时盐酸或硫酸必须过量，原因是避免发生（ B ）。

    A. 聚合反应　　　　　　　　　　B. 偶联反应

    C. 消除反应　　　　　　　　　　D. 分解反应

14. 制备重氮盐时，过量的亚硝酸可以加入（ C ）除去。

    A. 氢氧化钠　　　B. 盐酸　　　　　C. 尿素　　　　　D. 酒精

15. 重氮盐在酸性条件加热会生成（ B ）。

    A. 苯　　　　　　B. 苯酚　　　　　C. 硝基苯　　　　D. 苯胺

16. 加热重氮盐与（ B ）的混合液就会生成碘苯。

    A. I_2　　　　　　B. KI　　　　　C. NaOI　　　　　D. CHI_3

17. 只有活泼的芳烃衍生物（ A ）才能与重氮盐发生偶合反应。

    A. 酚和芳胺　　　　　　　　　　B. 苯甲醇

    C. 苯甲醛　　　　　　　　　　　D. 苯甲酸

18. 偶合反应主要用于制取（ B ）。

    A. 芳烃衍生物　　　　　　　　　B. 偶氮染料

    C. 苯肼　　　　　　　　　　　　D. 含氮高分子

19. 偶氮二异丁腈加热易分解放出氮气，常用作（ A ）型聚合反应的引发剂。

    A. 自由基　　　　B. 阳离子　　　　C. 阴离子　　　　D. 等离子

20. 甲基橙是一种偶氮化合物，也是一种酸碱指示剂，它变色范围的 pH 是（ B ）。

    A. 1.1~2.4　　　B. 3.1~4.4　　　C. 6.1~7.4　　　D. 8.1~9.4

21. 制取重氮盐时，反应温度应控制在（ A ）。

    A. 0℃~5℃　　　B. 20℃~25℃　　　C. 40℃~45℃　　　D. 80℃~85℃

22. 氯化重氮苯在酸性条件下用氯化亚锡还原会生成 （ B ）。

A. 硝基苯　　　　 B. 苯肼　　　　 C. 苯酚　　　　 D. 氯苯

23. 重氮化反应的混合物使淀粉碘化钾试纸呈 （ B ） 即为反应终点。

A. 红褐色　　　 B. 蓝紫色　　　 C. 橙红色　　　 D. 翠绿色

24. 酚类的偶合反应中介质的 pH 控制在 （ C ）。

A. 4~6　　　　 B. 6~8　　　　 C. 8~10　　　　 D. 10~12

25. 聚丙烯腈纤维又被俗称为 （ B ）。

A. 涤纶　　　　 B. 人造羊毛　　　 C. 锦纶　　　　 D. 维尼纶

26. 将下列化合物按碱性增强的顺序排列正确的是 （ A ）。

a. CH₃CONH₂　　 b. CH₃CH₂NH₂　　 c. H₂NCONH₂　　 d. (CH₃CH₂)₂NH₂

A. d>b>c>a　　　　　　　　 B. d>b>c>a

2. b>c>a>d　　　　　　　　 D. d>b >a>c

五十八、杂环化合物的分类

（一）教学目标和教学标准

（1）教学目标：能根据分类规则对杂环化合物进行分类。

（2）教学标准：85%学生能根据分类规则对杂环化合物进行分类。

（二）检测内容

1. 按分子中所含环的数目分为 （ C ）。

A. 单杂环和二杂环　　　　　　 B. 单杂环和三杂环

C. 单杂环和稠杂环　　　　　　 D. 单杂环和四杂环

2. 属于杂环化合物的是 （ A ）。

A. 　　　　　　 B.

C. 　　　　　　 D.

3. 属于五元单环的杂环化合物的是 （ D ）。

A. 　　　　　　 B.

C. 　　　　　　 D.

4. 属于五元二环的是 （ C ）。

A. 　　　　　　 B.

C. 　　　　　　 D.

5. 下列属于呋喃的是（ D ）。

A.

B.

C.

D.

五十九、杂环化合物的命名

（一）教学目标和教学标准

（1）教学目标：能对常见的单杂环化合物进行命名。

（2）教学标准：85%学生能对常见的单杂环化合物进行命名。

（二）检测内容

1. 糠醛的结构式是（ B ）。

A.

B.

C.

D.

2. 3-甲基吡咯的结构式是（ D ）。

A.

B.

C.

D.

3. N-甲基吡咯的结构式是（ B ）。

A.

B.

C.

D.

4. α-噻吩磺酸的结构式是（ A ）。

A.

B.

C.

D.

六十、杂环化合物的性质

（一）教学目标和教学标准

（1）教学目标：能写出呋喃、吡咯、噻吩典型的化学反应。

（2）教学标准：80%学生能写出呋喃、吡咯、噻吩典型的化学反应。

（二）检测内容

1. 呋喃分子中4个碳原子和1个氧原子都以（ B ）杂化轨道形成 σ 键。

A. sp　　　　　　　B. sp^2　　　　　　C. sp^3　　　　　　D. spd

2. 呋喃蒸汽遇到浸有盐酸的松木片时呈（ C ），此反应可用来鉴定呋喃。

A. 红色　　　　　B. 蓝色　　　　　C. 绿色　　　　　D. 黑色

3. 呋喃十分活泼，因此进行硝化反应时应选择（ D ）作为硝化剂。

A. HNO_2　　　　　　　　　　　B. HNO_3

C. $HNO_3 + H_2SO_4$　　　　　　　D. CH_3COONO_2

4. 糠醛在醋酸的存在下，与苯胺作用显（ A ），可用此反应鉴别糠醛。

A. 红色　　　　　B. 蓝色　　　　　C. 绿色　　　　　D. 黑色

5. 糠醛硝化时，醛基可用下列（ A ）来保护。

A. $HOCH_2CH_2OH + HCl$　　　　　B. $(CH_3CO)_2O$

C. $CH_3CH_2OCH_2CH_3$　　　　　　D. C_6H_6

6. 噻吩与靛红在浓硫酸存在下加热而呈（ B ），可用此反应鉴别噻吩。

A. 红色　　　　　B. 蓝色　　　　　C. 绿色　　　　　D. 黑色

7. 噻吩能溶于下列（ C ）中。

A. 水　　　　　B. 氢氧化钠溶液　C. 浓硫酸　　　　D. 盐酸

8. 吡咯蒸汽遇到浸有盐酸的松木片时呈（ A ），此反应可用来鉴定吡咯。

A. 红色　　　　　B. 蓝色　　　　　C. 绿色　　　　　D. 黑色

9. 吡咯是环状仲胺，氮原子上未共用电子对参与共轭，使得氮原子上的氢具有（ A ）。

A. 弱酸性　　　　B. 弱碱性　　　　C. 水解性　　　　D. 游离性

10. 吡咯性质活泼，应选用下列（ D ）作为磺化剂进行磺化。

A. 三氧化硫　　　　　　　　　　B. 浓硫酸

C. 发烟硫酸　　　　　　　　　　D. 吡啶三氧化硫

11. 下列化合物的取代反应活性最强的是（ C ）。

A. 呋喃　　　　　B. 噻吩　　　　　C. 吡咯　　　　　D. 苯

12. 下列化合物在氢氧化钠下不能发生歧化反应的是（ B ）。

A. 甲醛   B. 乙醛

C. 糠醛   D. 苯甲醛

13. 为了检查液化气是否泄漏，常在液化气中加入（ C ），通过气味是否恶臭进行检漏。

A. 四氢呋喃   B. 四氢吡咯

C. 四氢噻吩   D. 糠醛

14. 根据杂环的编号规则，呋喃、吡咯、噻吩的取代反应主要发生在（ A ）。

A. α 位   B. β 位   C. γ 位   D. 杂原子上

15. 噻吩和粗苯混合物，加入下列试剂（ C ）可以使之分离。

A. 乙醚   B. 氢氧化钠溶液

C. 浓硫酸   D. 酒精

16. 反应 $\bigcirc\!\!\!\!_S$ + H₂SO₄ $\longrightarrow$ 的生成物是（ B ）。

A. （吡咯环-SO₃H，N-H）   B. （噻吩环-SO₃H）

C. （吡咯环，N-SO₃H）   D. （噻吩环-SO₃H）

以上，我们建好了"有机化学"这门课的应知应会库、标准库及试题库。在教学实践中，教师教授完一次课后，教学测评系统会自动根据教师所讲知识点在试题库中随机抽题组卷，教师发起测验，对学生课堂实时学习质量进行检测，判断质量是否达到课堂教学有效性评价标准，是否达到"以测促学""以测促教"的效果。

通过平台的测试结果，判断达标学生数（见图5-2）。

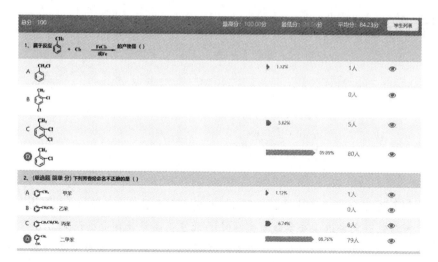

图 5-2　达标学生统计

通过平台提供的课堂报告，开展诊断与改进（见图 5-3）。

知识点	目标	目标（达标得分）	标准（达标人数占比）	现值	达标情况	原因分析	改进措施
芳香烃	掌握	60.00	60.00%	92.13%	达标		

	到课率	100.00%		目标达成率	100.00%
	活动	目标数		实际完成数	
	课前活动	2		2	
	课中活动	5		5	
	课后活动	1		1	

图 5-3　诊断与改进依据

参考文献

［1］全国职业院校教学工作诊断与改进专家委员会. 高等职业院校教学工作诊断与改进文件选编与实践研究［M］. 北京：高等教育出版社，2018.

［2］袁洪志. 高等职业院校内部质量保证体系建立与运行实务［M］. 南京：南京大学出版社，2017.

［3］韩志刚. 职业院校教学诊断与改进工作操作实务［M］. 成都：西南财经大学出版社，2019.

［4］王玲. 高职课堂有效教学模式构建与效果评价体系研究：以财经类课程为例［J］. 无锡职业技术学院学报，2019（1）：31-34.

［5］唐林伟. 技术知识论视域下的职业教育有效教学［M］. 杭州：浙江大学出版社，2017.

［6］杨明春. 新课程理念下语文课堂有效教学策略与方法［M］. 成都：西南交通大学出版社，2010.

［7］何晶，路晓伟. 物理课堂有效教学方法的实践研究［M］. 青岛：中国海洋大学出版社，2017.

［8］戴培全. 小学第二学段数学阅读教学策略研究［D］. 漳州：闽南师范大学，2019.

［9］张亚鹏. 基于信息加工理论的中学化学教学设计与应用［D］. 郑州：河南大学，2017.

［10］施良方. 学习论［M］. 北京：人民教育出版社，2008.

［11］张弛若. 细节决定成败：提高中学生物课堂教学有效性的研究和思考［M］. 长春：吉林人民出版社，2017.

［12］任占营. 职业院校教学工作诊断与改进制度建设的思考［J］. 国家教育行政学院学报，2017（3）：34-36.

附录　相关论文

第一篇　大数据背景下高职院校课堂教学诊断与改进的思考

王自豪　李俊　张良军

　　摘要：长久以来，高职院校存在教学效率不高、学生学习水平欠缺、教学质量偏低等问题。高职院校根据课堂教学目标借助信息化手段对教学实施中存在的问题进行诊断分析，并且提出相对应的改进策略，建设完善的课堂教学改进计划，在一定程度上规范课堂教学行为，提升课堂教学质量。目前，我国传统的课堂已难以达到现代教学发展目标的要求，因此，需要利用大数据信息化平台，发挥数据资源优势，促使课堂教学的质量逐步智能化、现代化，提升教学管理的科学性、可控性，提高学生专业技能的能力，促使学生全能性职业化的成长。

　　关键词：大数据背景；高职院校；课堂教学；诊断与改进

　　为建立高职院校常态化的自我诊断机制，教育部门专门出台文件，目标是为做好高职院校的教学诊断和改进（简称诊改）工作保驾护航，鼓励学校在保证教学质量上发挥了主体作用。国家政策体现了高职院校教学工作诊改的主要理念，高职院校理应因材施教。以自身定位、教师团队、课程实践和学校制度等要素为基础进行多层面诊改工作。在大数据背景下，现代科技不断发展与进步，教育行业需要创造新型数据模式，特别为高职课堂教学带来新型教学理念，从而不断提高高职课堂教学的质量。

一、高职院校课堂教学诊断与改进的意义

　　课堂教学诊改的意义包括两方面：一方面，是诊改对象决定课堂教学效

果，比如教师、学生和学校的管理者；另一方面，是课堂教学诊断和改进，可以提高课堂的教学质量。主要流程是课堂的主体对象根据课程标准设定每堂课的教学目标，通过大数据信息化平台授课并收集课堂教学过程中的相关素材，进行分析和诊断，对没达成目标的，应找到影响质量的根本原因，对发现的原因进行探讨和研究，并找到实际解决方法实施操作，以此来提升课堂教学的质量。课堂教学诊改对提升学习教育以及教学流程具有极大的帮助，由此看来教学诊改是以确定目标标准、实施计划、收集证据、对标诊断、找出原因、分析问题、改进完善等作为诊改主要环节，达到提高课堂教学整体质量的目标。在大数据背景下高职课堂的诊改与传统的高职课堂教学方法相比较下，传统高职课堂教学方法具有局限性。首先，传统高职课堂教学方法改并未及时具体反馈课堂教学的情况，比如对教师在教学中讲授课堂知识的情况与学生掌握知识的实际情况或者课堂出现的问题等，难以进行大数据分析。其次，课堂质量监控的方法较为单一，教师或学校领导主要依靠教学经验和学校相关制度对课堂质量进行监控，导致学生学习较为被动。对课堂教学质量评价局限于学生期末成绩，忽视学生在学习过程中的表现和成绩，评价机制的不合理，体现在学期结束时将学生成绩进行评价作为课堂教学质量的总体标准，因此，为做好教堂诊改工作，必须改变传统课堂的局限性。

二、高职院校信息化服务教学诊断与改进存在的问题

第一，各系统数据标准不统一。高职院校办学目标是为培养高素质全面型人才，但是目前高职院校信息化水平并不高，高职信息化水平难以达到标准，高职院校自行开发信息化系统受到多方面因素影响，基本无法实现。因此，高职院校各部门的系统以外界购买为主，缺乏自身个性因素，高校各部门一般是一个部门买一种平台，无法实现数据共享。另外，各部门数据使用途径、来源不同，导致各部门工作没有统一的数据标准，安全系数不高或者质量不合格等问题。由于，每个管理部门系统数据都是不一样的，信息来源不同，学生教学毕业等信息出现变更的时候，不能及时地进行更新数据。会出现数据标准不同现象，信息不完善，不能实现数据共享。

第二，目前，我国所说的智慧校园主要是以信息化为背景，通过多种应用系统将学校多种元素融合到一起，形成智慧化教学、生活和学习环境。这种技术主要对象是人和事物将人与事物进行融合，并观察其动态，进行数据监控，从而达到将教学、科研、服务等数据进行分析让领导进行决策。智慧校园的目

标是将高职院校的数据进行统一管理，主要解决数据不统一的问题，但目前高职院校涉及人数、项目、部门众多，进行数据方面的统计需要较长的时间。在高职院校各层面诊改的过程中，数据庞大，并未制定完善的工作流程和目标，数据管理杂乱无章，缺乏信息数据制度，对信息数据的整合与分类工作不达标，导致数据资源难以发挥作用，不能为领导和学生提供准确的数据，无法打造合格的数据库。

第三，目前在高职院校中，诸多教师对计算机只具备基础操作能力，并没有数据分析的能力，具备简单的 word、PPT 等操作，对于难度系数较高的数据分析无法教学，因此，当前高职院校缺乏计算机专业的人才和数据分析人才。目前，部分高校通过自身的努力，已经被评为示范校、骨干校、高水平学校，但在日常教学和管理中信息化数据并未被广泛应用，主要原因是因为高职院校掌握数据分析的能力与教师的分析数据较为薄弱，并未形成统一的数据体系。

三、大数据背景下高职院校课堂教学诊断与改进的策略

（一）扩宽教师大数据教学视野

大数据处理技术是一种依靠云计算物联网等技术对数据进行分析的一种信息处理方式，能够提高信息处理工作的准确度。随着大数据时代在各个区域的广泛运用，主要通过数据决策、管理创新而实现数据管理目标。因此，高职院校教师应提升自身的信息化素养，深层挖掘大数据包含的教学价值，通过对数据进行分析对比，改变教师自身的教学理念，改进教学工作流程体系。另外，教师或者高校管理者理应强化自身对大数据的认知，促使自身教学管理思维与大数据教学方向相符，着重提升大数据教学的水平。在信息技术不断发展过程中，教育工作的开展离不开大数据教学管理模式，大数据教学模式能够实现教师学生之间的跨时空教学，比如，利用互联网进行线上教学，采用线上线下混合教学模式，实现学生自主学习，推动新时代教育改革的发展，对新时代高职人才培养具有重要的作用。因此，教师理应提升自身对大数据教学的素养，强化对大数据的认知，将大数据与课堂教学进行整改与结合，以此来提升高职院校课堂教学的水平。

（二）建设大数据分析平台

随着现代信息技术的广泛应用，大数据成为获取信息的主要渠道，获取大数据信息需要构建完善的大数据平台，高职院校教学诊改工作的开展需要做到以下几点。第一，学校要统一规划大数据标准、数据共享以及数据管理条例

等，建设具有高校特色的数据管理中心平台。第二，以信息数据为核心点，针对不同部门建设相应的检测标准，将每一个部门的目标进行具体化处理，提高教学诊改工作的精准度。第三，为搭建完善的大数据平台，学校应根据学生的实际情况开发多种渠道的教学诊改途径，不间断地采集信息作为大数据平台依据，以采集学生数据为主，实现教学诊改工作的全面性与实用性。另外，定期进行数据汇总，通过完善的数据管理机制，在获取大量监控数据的基础上进行分析和处理，从而提高教学诊改工作的效率。

（三）建立大数据课堂诊改工作系统

建立完善的教学监测与评价系统，能够提升大数据诊改工作的效率。高职院校通过互联网技术对课堂教学过程进行监测与评价，采用多种数据统一的方式提升对教学中监测与评价的力度。教学监测与评价系统主体是教师、学生，构建教学监测与评价系统主要依据教师的教学方式、教学效率，以及学生的学习质量等多方面的层次进行构建。另外，采用信息技术处理的方式，构建信息化教学平台，有利于对教学质量指标进行科学合理的评判，运用科学的教学方式。实现对教师教学行为和质量的跟进，在建设教学监测与评价的体系过程中，教师应遵循相关教学规律，找到影响教学质量的关键因素并将此类因素进行标准化处理。通过在实际教学工作中对每项指标进行标准化处理，在进行数据分析和统计的背景下，发现教学中存在的问题，并制定相应的解决对策，最大限度提升教学效率，特别是针对课堂教学目标，可以设置一些知识点测试题目，每讲完一个知识点利用课堂系统在线测试，实时通过测试结果诊断知识点目标的达成度，从而及时调整授课方法。

（四）完善课堂教学诊改运行机制

课堂教学诊改的出发点是帮助教师发现课堂教学中的问题，分析原因，并协助找出破解方法与途径，在后续教学实践中进行不断改进和完善。因此，建立完善的课堂教学诊改运行机制，有利于提高课堂教学的有效性。要完善课堂教学诊改运行机制，主要需做好以下两点：一是建立实时的课堂教学评价机制。改变期末一次性评价方式为过程性精准测评诊断，按知识点设计测试题，随学随诊，既能及时对教学目标的有效性进行检验、为改进做准备，又能变终结性考核为过程性评价。二是构建学校、二级教学单位、教师和学生四位一体的课堂教学诊改体系和运行机制。各质量主体既可以通过系统实时监控课堂授课情况，也可以对教师课堂情况进行排名，还可以对学生进行科学评价，更重要的是还能形成常态化、周期性课堂教学诊改机制。同时，将课堂教学诊改运行情况和实效与个人年度绩效考核挂钩，激励老师课堂信息化改革，促进课堂教学质量持续改进，进而不断提高人才培养质量。

结语：总而言之，随着我国经济社会的发展，我国教育广泛应用网络课堂和线上教学等新型教育教学模式，将互联网与大数据进行结合，构建专业的大数据平台与体系，提升我国教育的发展，因此，充分利用大数据做好教育诊改工作，制定科学合理的教育教学方案，对推动高职院校课堂有效教学有很大的帮助。

第二篇 基于教学诊改的"有机化学"
芳香烃教学有效性的研究与实践

张良军

2015 年 6 月发布的《教育部办公厅关于建立职业院校教学工作诊断与改进制度的通知》（教职成厅〔2015〕2 号），提出逐步在全国职业院校推进建立教学工作诊断与改进制度，建立常态化的职业院校自主保障人才培养质量的机制。

职业院校在五个层面开展教学诊改，其中课程层面的诊改最终的落脚点是课堂教学的诊改，那么课堂教学诊改诊什么？怎么诊呢？如何改提高课堂教学质量？本文将以"有机化学"中芳香烃的教学为例，论述课堂教学诊改的实践。

一、研究的基础

（一）教学诊改的理念

1. 诊改的内涵

教学诊断与改进简称诊改，是指学校根据自身办学理念、办学定位、人才培养目标，聚焦专业设置与条件、教师队伍与建设、课程体系与改革、课堂教学与实践、学校管理与制度、校企合作与创新、质量监控与成效等人才培养工作要素，查找不足与完善提高的工作过程。

2. 诊改的目的

引导和促进高职院校不断完善内部质量保证体系建设、提升内部质量保证工作成效的过程，它的重点是内部质量保证体系的建设与运行。

教学诊改分为五个层面，包括学校、专业、课程、教师和学生，通过诊改逐渐达成不同层面的高质量和最终实现职业院校人才培养的高质量。

3. 诊改的基本路径

"8 字形"质量改进螺旋（见附图 1）。

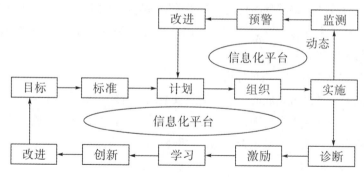

附图 1 "8 字形"质量改进螺旋

其中课程层面的诊改落脚点是课堂教学诊改，即课堂教学通过诊断影响课堂教学质量的维度标准，达到提高课堂考察质量的目的。

（二）教学有效性的理念

教学有效性即课堂教学效益最大化。

1. 什么是有效教学

"有效教学"主要指在一定的教学投入内（时间、精力、努力），通过教师的教学，学生所获得的具体的进步和发展，带来最好教学效果的教学，是卓有成效的教学。

2. 如何评价教学的有效性

评价教学是否有效，不是看教师是否完成教学内容或教学任务或教得认真不认真，而是看学生有没有学到什么或学生学得好不好。它所关注的是教师能否使学生在教师教学行为影响下，在具体的教学情境中主动地建构知识，发展自己探究知识的能力和思维技能，以及运用知识解决社会生活中的实际问题的能力。如果学生不想学，学了没收获或收获不大，即使教师教得再苦也是无效的或低效的教学；如果学生学得很苦，而没有得到应有的发展，那么这样的教学也是无效的或低效的教学。

3. 课堂有效教学的策略

（1）改革备课思路。

众所周知，要上好课，首先要备好课。而传统的备课重点是备教师的"教"，忽略了学生的学，是从教师讲的角度，而不是从学生学的角度来考虑备课。这也是导致课堂教学质量低下的重要原因之一。

（2）改革教学方法。

学生学得如何是评价课堂教学有效性的重要因素，让学生学明白、学懂、学会，只有教师的讲授是不行的，需要学生参与到教学中，通过师生互动、生生互动，让学生在做中学，学中做，因此教师在课堂上要采用多样的教学方法，达到教学的有效性。

（3）建立课堂教学质量标准。

标准是衡量是否达成的尺子，课堂教学是否有效，要看学生学没学会，那该怎么看学生学会没学会呢？这就要建立教学质量标准，通过判断是否达到标准，来衡量课堂教学质量是否达标，判断教学是否有效。

（三）现实基础

"有机化学"的教学目标是为化工、食品、药品及相关专业学生提供必备的有机化学知识，为专业课的学习及知识的延伸奠定基础，培养学生应用所掌握的知识和技能分析、解决生产及相关工作中的实际问题的能力。

目前高职高专学生的来源有高考升学、中职升高职等，生源不同，基础不一样，学习的态度也不一样，因此为高职教学带来了挑战。

同时，高职教学目前还存在着许多问题，如教师教法单一、教学内容没有体现必须够用，缺少教学质量标准等，都影响了教学效果。

二、课堂教学实践

"有机化学"是化工及相关专业的高职学生的主干课程，旨在研究有机化合物的组成、结构及性质，是一门理论与实践紧密结合的学科。有机化学的基本理论与实践技能不仅是有机化合物的研究基础，也是从事精细化工、生物、医药等其他化学化工分支学科以及相关工作的基础。

因此课题组有针对性地基于教学诊改的理念，对"有机化学"教学的有效性进行了研究，对教学有效性进行了诊改，取得了初步的成效。

（一）教学设计

知识点：芳香烃的分类和命名。

（1）教学目标：能写出芳香烃的同分异构体并会给芳香烃命名。

（2）教学标准：85%学生能写出芳香烃的同分异构体并会给芳香烃命名。

（二）教学有效性分析

通过平台自动检测上述目标的达成情况（见附图2）。

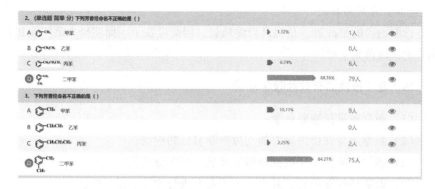

附图 2 目标的达成情况

同时平台也会生成相应的测试成绩分析报告（见附图 3），帮助教师分析学生学习存在的问题，判断本次课教学是否达到教学标准。

附图 3 测试成绩分析报告

三、课堂教学诊改

（一）诊断表

课堂教学诊断表见附表 1。

附表 1 课堂教学诊断表

诊断内容	标准	实际值	未达标原因分析	改进措施
芳香烃的命名	80%	81.9%		都达标，但芳香烃的命名实际值只有81.9%，说明学生对芳香烃的命名掌握还没有达到最佳状态，因此应该在学生练习上下功夫，举一反三，在教学方法上也可以让学生讲解，把它转化成学生自己的东西
芳香烃的结构	80%	83.33%		
芳香烃的氧化性	80%	89.58%		

（二）诊断与改进

诊断的目的是改进，是提高教学质量，因此应在下一周期努力落实改进措施，把诊改落到实处。

四、基于诊改的有效性教学建议

（1）教学质量标准要科学；

（2）教学质量评价内容要能支撑教学目标的检测；

（3）教学诊断要基于数据和事实开展，原因分析到位；

（4）改进措施要可行，并且一定要有改进行为并取得效果。

课堂教学是教学的基本形式，是学生获取信息、提高技能和形成思想观念的主渠道。但是教学永远是门遗憾的艺术，我们要把遗憾减到最小，就要不断找寻策略、解决不足、弥补遗憾，使我们的课堂有效性得到提升和飞跃，教学质量不断提高。

第三篇　"烯烃的性质"有效课堂教学目标 达成度的诊断与改进

付兴丽

一、理论基础

高等职业院校的根本任务是人才培养，人才培养的核心是质量。构建并运行内部质量保证体系，强化质量意识和质量管理，对于持续提高人才培养质量，全面实现人才培养目标意义重大。目标链和标准链的打造是诊改工作中的重要环节，通过打造目标链、标准链，强化学校各层级管理系统间的质量依存关系，实现全员、全过程、全方位的质量保证体系的全覆盖。

从2016年开始，我校开展了全面的教学诊断与改进工作，课堂教学质量作为全面诊改的核心，经过普及信息化课堂教学、建立课堂教学质量评价标准、创建全方位引导机制，已经基本构建了全员参与、全过程监控、全方位保障的课堂教学质量保障体系。

2019年，本课题组开始研究如何实现"有机化学"有效课堂教学目标达成度？如何打造正确、有效的目标链和标准链？如何有效促进课堂目标的达成？如何检验有效教学目标的达成度？本文将从实践、诊断、改进三个方面进行论述。

二、实践部分

为检测课堂教学的有效性，本课题组梳理了"有机化学"这门课程的知识点、教学目标和教学标准。课题组首次尝试在课堂教学中引入与本次课教学知识点相对应的试题库，以检验本次课教学目标的达成度，并分析教学目标、教学标准拟定是否合理，是否符合学情。

本文将以"烯烃的性质"为例，分析本门课经过两个学期的教学试验，中间存在的问题、值得将来继续发扬的优点，以及下一步的整改措施。

（一）本次课教学目标

知道烯烃的物理性质；能写出烯烃的加成反应方程式；懂得马氏规则；能写出烯烃的聚合反应方程式；能写出烯烃的 α-氢原子的反应；能写出烯烃氧

化反应的方程式；能鉴别烷烃和烯烃。

（二）本次课教学标准

90%的学生知道烯烃的物理性质；80%的学生能写出烯烃的加成反应方程式；80%的学生懂得马氏规则；80%的学生能写出烯烃的聚合反应方程式；80%的学生能写出烯烃氧化反应的方程式；80%的学生能鉴别烷烃和烯烃。

（三）本次课有效课堂测试试题

1. 下列物质中沸点最高的是（ C ）烯烃的性质。

A. 正己烷　　　　　B. 1-庚烯　　　　　C. 1-壬烯　　　　　D. 1-戊烯

2. 反应：$H_2C{=}\underset{H}{C}{-}CH_3 \xrightarrow{H_2/Pt}$? 的产物是（ B ）。

A. $H_3C{-}\underset{H}{C}{=}CH_2$　　　　　B. $H_3C{-}\overset{H_2}{C}{-}CH_3$

C. $H_2C{=}C{=}CH_2$　　　　　D. $H_3C{-}\underset{H}{C}{=}CH_2$

3. 烯烃双键中的 π 键容易断裂，发生加成反应，烯烃主要与下列哪些物质发生加成反应？（ C ）

A. 甲烷　　　　　B. 乙烯　　　　　C. 氯和溴　　　　　D. 氧气

4. 下列乙烯在溴的四氯化碳溶液中的化学反应方程式正确的是（ D ）。

A. $H_2C{=}CH_2 \ + \ Br_2 \xrightarrow{CCl_4} BrHC{=}CHBr$

B. $H_2C{=}CH_2 \ + \ Br_2 \xrightarrow{CCl_4} H_3C{-}CH_2Br$

C. $H_2C{=}CH_2 \ + \ Br_2 \xrightarrow{CCl_4} H_2C{=}CHBr$

D. $H_2C{=}CH_2 \ + \ Br_2 \xrightarrow{CCl_4} BrH_2C{-}CH_2Br$

5. 反应：$H_2C{=}\underset{H}{C}{-}\overset{H_2}{C}{-}CH_3 + HBr \longrightarrow$? 的主要产物是（ C ）。

A. $H_2C{=}\underset{Br}{C}{-}CH_2{\cdot}CH_3$　　　　　B. $BrH_2C{-}\overset{H_2}{C}{-}\overset{H_2}{C}{-}CH_3$

C. $H_3C{-}\overset{H}{\underset{Br}{C}}{-}\overset{H_2}{C}{-}CH_3$　　　　　D. $\underset{Br}{HC}{=}C{-}CH_2{\cdot}CH_3$

6. $H_2C{=}\underset{H}{C}{-}\overset{H_2}{C}{-}CH_3 + HBr \xrightarrow{H_2O_2}$? 的主要产物是（ A ）。

A. BrH₂C—$\overset{H_2}{\underset{}{C}}$—$\overset{H_2}{\underset{}{C}}$—CH₃

B. H₃C—$\overset{H}{\underset{Br}{C}}$—$\overset{H_2}{\underset{}{C}}$—CH₃

C. $\overset{}{\underset{Br}{HC}}$=$\overset{}{\underset{H}{C}}$—CH₂·CH₃

D. H₂C=$\overset{}{\underset{Br}{C}}$—CH₂·CH₃

7. 乙烯在酸性高锰酸钾溶液中被氧化的主要产物是（ D ）。

A. 甲酸　　　　B. 乙酸　　　　C. 甲醛　　　　D. 二氧化碳

8. 下列溶液不能鉴别乙烯和乙烷的是（ D ）。

A. Br_2/CCl_4　　B. $KMnO_4/H^+$　　C. $KMnO_4/\triangle$　　D. $AgNO_3$溶液

9. 以下烯烃被酸性高锰酸钾氧化不能产生二氧化碳的是（ C ）。

A. 丙烯　　　　B. 1-丁烯　　　　C. 2-丁烯　　　　D. 1-己烯

10. 异丁烯在酸性高锰酸钾溶液中被氧化后的产物名称是（ C ）。

A. 丙酸和甲酸　　　　　　　　B. 丙酮和甲酸

C. 丙酮和二氧化碳　　　　　　D. 二氧化碳

经过两轮教学，统计出课堂有效性测试结果（见附表2）。

附表2　两轮教学试验课堂有效性测试结果

序号	第1题	第2题	第3题	第4题	第5题	第6题	第7题	第8题	第9题	第10题
第一轮 正确比例/%	59.32	33.90	72.88	45.76	61.02	28.81	30.51	77.97	38.98	47.46
第二轮 正确比例/%	70.18	82.46	91.23	70.18	66.67	52.63	87.72	87.72	84.21	82.46

（四）从两轮教学试验的数据分析

1. 学情分析

　　班级学生来源主要包括普通高考、对口招生、单独招生三类；普通高考学生包括了理科生和文科生，整体高考分数偏低，尤其是文科生对理科知识的掌握程度较低，对化学知识了解甚至连元素周期表前20个元素都不能顺畅背诵；对口招生是中职升高职，文化课知识薄弱；单独招生学生成绩普遍低于普通高考。总体而言，学生的基础薄弱，学习属于被迫式学习，不能很好地发挥学习的主观能动性，需要教师做好课堂教学设计，激发学生学习的热情，引导学生积极走入课堂，发挥教师和学生的双主体作用，以更好地实现课堂教学的有效性。

2. 结果对比

两轮课堂教学有效性测试结果对比见附表3。

附表3　两轮课堂教学有效性测试结果对比

序号	对应知识点	对应标准	第一轮达成度/%	第二轮达成度/%	第二轮比第一轮提高/%	是否达成/轮
第1题	烯烃的物理性质	90%的学生知道烯烃的物理性质	59.32	70.18	10.86	否
第2题	烯烃的加成反应方程式	80%的学生能写出烯烃的加成反应方程式	33.90	82.46	48.46	第二轮
第3题	烯烃的加成反应方程式	80%的学生能写出烯烃的加成反应方程式	72.88	91.23	18.35	第二轮
第4题	烯烃的加成反应方程式	80%的学生能写出烯烃的加成反应方程式	45.76	70.18	24.42	否
第5题	烯烃的加成反应方程式	80%的学生能写出烯烃的加成反应方程式	61.02	66.67	5.65	否
第6题	马氏规则	80%的学生懂得马氏规则	28.81	52.63	23.82	否
第7题	烯烃氧化反应的方程式	80%的学生能写出烯烃氧化反应的方程式	30.51	87.72	57.21	第二轮
第8题	鉴别烷烃和烯烃	80%的学生能鉴别烷烃和烯烃	77.97	87.72	9.75	第二轮
第9题	烯烃氧化反应的方程式	80%的学生能写出烯烃氧化反应的方程式	38.98	84.21	45.23	第二轮
第10题	烯烃氧化反应的方程式	80%的学生能写出烯烃氧化反应的方程式	47.46	82.46	35.00	第二轮

三、两轮教学试验的诊断与改进

（一）第一轮教学试验结果诊断

从课堂教学有效性测试我们可以看出，有效性达成度低，学生对知识的把握效果较差，课堂知识获得率低。从附表3可以看出，第一轮达成度最高的为77.97%，所对应的题目为测试题第8题，对应的知识点为"鉴别烷烃和烯烃"；达成度最低的为28.81%，所对应的题目为测试题第6题，对应的知识点为"懂得马氏规则"。学生对应用性知识，如具有实际颜色现象（高锰酸钾褪色、溴的四氯化碳溶液褪色）等形象的知识掌握能力稍强，而对理论性较强的知识掌握能力欠佳，如马氏规则、反马氏规则等。这和学生构成有较大关系，我们的学生普遍存在实践操作能力强，而对理论知识的学习不感兴趣，甚至感到厌烦。

（二）第二轮教学试验结果诊断

从附表3不难看出，第二轮的教学效果明显优于第一轮，尤其是"能写出烯烃的加成反应方程式""能写出烯烃氧化反应的方程式""能鉴别烷烃和烯烃"等知识点达到了既定目标，学生对相关知识点的掌握提高。达成度最高的知识点为"能写出烯烃的加成反应方程式"，其次为"能写出烯烃氧化反应的方程式"，达成度最低的知识点为"懂得马氏规则"。对于未达到既定标准的知识点，达成度也有了大幅提高，其中提高幅度最大的为知识点"能写出烯烃的加成反应方程式"。

（三）两轮教学试验结果差异的原因诊断

其一，两个不同的班级学风不一样，第一轮的班级学生学习主观能动性较第二轮班级的弱，课堂气氛较难调动，尤其班级存在6个左右的男生不愿完成作业，课堂测试不认真对待，不看题目随意选择一个答案便提交试卷，造成答对的学生比例下降。

其二，由于第一轮教学试验开启的时间为2020—2021年学年秋季学期，授课班级为2020级新生，由于疫情影响，我校新生于学校开学后第十周才开始课堂教学，学期末考试为第二十周，授课时间紧张，因为每堂课安排的内容略多，且课堂节奏较快，学生不够时间在课堂上消化吸收知识，很多学生抱着应付了事的态度。

其三，教师在授课过程中未能调整好节奏，为了赶进度而完成教学。课堂中，没有及时调动大部分学生的积极性，没及时引导学生将注意力集中到课堂教学中来，跟随教学节奏及时分析和解决课堂中存在的学习问题。

其四，课堂有效教学测试题目偏难，如前本文进行的学情分析可知，学生对过于理论的知识学习获得性较差，对化学反应中书写方程式更是一知半解。题目和知识点的对应性还不够强，且存在题目所对应知识点分布不均的情况。

其五，教学标准的设定部分存在不合理的可能，例如"80%的学生懂得马氏规则"，这个知识点相对而言理论性较强，且学生在记忆的过程中容易混淆。马氏规则是指"在不对称烯烃的加成中，氢总是加在氢多的双键碳原子上"，而反马氏规则则恰恰相反，这是容易造成学生混淆的点。

（四）第二轮教学试验的改进

对第二轮试验结果进行诊断后，本人为让课堂教学目标达成度有效地提高，在第一轮的基础上进行了改进，主要从以下几个方面开展：

一是为提高学生学习的积极性，发挥学习的主观能动性，以目标为导向，在第一堂课就把课程结构、主要知识点、期末成绩构成告知学生，尤其是期末成绩的构成。将每堂课教学的有效性测试成绩纳入期末成绩，并且占比为50%，让不同的学生为了不挂科、获高分的目标积极参与到课堂中来。

二是加强任务驱动法的应用，不断修改教学设计，灵活应用教学策略，课前给学生本次课的学习任务，以学生为主体，让学生充分参与到学习中来。课堂教学中，做到师生互动、生生互动，适当活跃课堂气氛，力争不让一个学生走神，以提高课堂教学的有效性。

三是增加"工院云课堂"平台中的课前、课中、课后的活动数量，并且让活动对应的知识目标分布均匀、合理，促进课堂有效教学目标的达成。例如，为让学生掌握"能写出烯烃氧化反应的方程式"这个知识点，特在云课堂中课前添加一句话问答"烯烃的氧化反应分为几种类型？每种类型能举一个实例吗？"以此来引导学生做到有目标的课前预习，并能通过信息化手段查阅资料，完成这个任务，为课堂教学目标的有效性做好铺垫，打好基础。课中，在粘贴板活动中增加"书写乙烯、丙烯、2-甲基-2-丁烯分别与酸性高锰酸钾溶液发生反应的方程式，并写出主要产物。"通过对比三种各具代表的烯烃被酸性高锰酸钾氧化的方程式，加深对三种不同的基团被氧化后的产物各不相同的理解，从而巩固该知识点。所以，本知识点第二轮相比第一轮，达成度提高了57.21%。

（五）经过第二轮试验发现仍有部分知识点达不到教学标准

此时进行分析，我们的教学标准是否需要调整，测试题目尚需不断完善，做到一个知识点有3~5个测试题。只有当试题库够大，测试结果才更客观，测试数据才更能反映教师教学、学生学习过程中存在的问题，更有利于后期的诊断和改进。

四、结论

从本课程组两轮的教学试验发现，课堂有效教学目标达成度测试，影响的因素是多方面的，包括客观的学情问题、教学设计是否合理、教学策略运用是否灵活、教学目标和教学标准是否准确、测试题库与目标标准的对应是否精准等。教学的诊断和改进是常态化的、动态的，应该是时时、处处、人人都要诊改的。只有做到合理的诊改，才能不断提高课堂有效教学目标的达成度。

第四篇　有效诊断与改进内部质量保证体系的路径探索

王自豪　李俊　张良军

摘要：为了提高人才培养质量，教育部提倡职业院校进行内部质量保证体系的诊断和改进。在诊断和改进工作进行之前，首先要明确学校、专业、课程、教师、学生这五个层次的主体。结合国家政策、社会需求和自身特色，从组织、目标、标准和制度方面构建完善的内部质量保证体系。通过经验总结，找出内部质量保证体系存在问题，及时吸取前人的经验和教训，以有效进行职业院校内部质量保证体系的诊断和改进。

关键词：职业院校；内部质量保证体系；诊断和改进；问题；路径探索

教育质量是衡量一个国家人力资源水平的关键指标。高质量职业教育能够培养应用型人才和具有专业技能的劳动者。职业院校教育质量体现在人才培养质量上，人才培养质量的保证需要由内部质量保证体系作为依托和支撑进行，内部质量保证体系的诊断和改进能够推进人才培养质量的提升。教育部办公厅出台的《关于建立职业院校教学工作诊断与改进制度的通知》（教职成厅〔2015〕2号）和《高等职业院校内部质量保证体系诊断与改进指导方案（试行）》等文件，要求职业院校进行内部质量保证体系的诊断和改进。内部质量保证体系的诊断和改进是国家建立健全教育质量保证制度的必然要求，可以深化职业教育改革、帮助职业教育补上质量短板，因此职业院校内部质量保证体系的诊断与改进工作刻不容缓、势在必行。

一、从现存问题角度诊断职业院校内部质量保证体系现状

目前，职业院校内部质量保证体系现状主要存在以下两个问题。

（一）内部质量保证体系的总体构架问题

内部保证体系的总体框架包括内容体系、组织框架、信息系统、质量保证理念和制度构架。一些院校对于内部质量保证体系的出发点和落脚点不明确，更多管制组织架构的设置，很少关注到学生，内部质量保证体系要从人才培养质量出发并且最终回归到学生的素质、能力上。主体不明确，在很大程度上会影响内部质量保证体系的研究发展。并且，部分院校在构建内部质量保证体系

时没有结合自身的实际情况，生搬硬套其他地区的人才培养模式，对本地区社会需求和人才培养目标定位不明确。构建有自身特色的内部质量保证体系时，需要校长发挥领导力，教学管理要多元化、科学化、人性化，这关系到学校和学生的发展以及教育的成败；管理层要发挥监督力，健全教学评价机制，管理层是质量保证体系诊断和改进的监督者，要在内部体系建设中积极给予意见并且及时发现和提出存在的问题。

（二）教学质量方面的问题

教学质量包括教学质量标准、教学质量凭借和教学质量监控。作为教育的重要类型，职业教育旨在培养高素质技术型专业人才。近年来随着国家和教育部对职业教育发展的重视，职业教育的基本矛盾已经从供需矛盾转向为高质量职业教育的需求与职业教育低质量的现状之间的矛盾。随着职业院校数量的增加、招生规模的扩大导致职业教育教学中存在很多问题，如：教学目标定位不科学、职业技能标准和技术操纵规范未被纳入教学标准、教学模式落后、教学专业和课程设置与社会需求脱节、对社会实践教学环节缺乏有效的监督等问题。造成很多职业院校教学管理中出现了有目标但标准不全、有标准但执行不严，有执行但冲突较多，有评价但指标不科学等问题，最终导致学校资源浪费，学生学不到实用的技术技能，社会得不到真正的人才，家长对职业教育丧失信心。

二、我国职业院校数量庞大，诊断和改进内部质量保证体系可以从以下路径探索

（一）明确内部质量保证体系主体

明确职业教育内部质量保证体系的主体，即要明确"谁"是职业教育中对人才培养的诉求者，这些诉求者通过"什么载体"保证了人才培养质量。在职业学校中，学校领导是国家、省级政策文件的第一接受者和消化者，是建立有自身特色内部质量保证的决策者和指挥者；各级管理人员是质量保证的监督者和指导者；教师是质量保证的具体参与者和实践者；学生则是质量保证的接受者。专业和课程是保证教育教学质量的基本载体，专业反应的是领导意志和社会需求，实现了学校教育与社会的对接；课程是教育学生的基本手段，实现了学生需求和社会需求的对接。在职业院校进行内部质量保证体系的诊断和改进时，要在学校、专业、课程、教师、学生这五个主体上进行探索，以建立相对完整和完善的质量保证体系。

（二）遵从内部质量保证体系诊改依据

依据"五横五纵一平台"的内部质量保证体系逻辑结构进行诊断和改进。

五个横向层面即学校、专业、课程、教师、学生这五个内部质量保证体系的主体，五个纵向系统是将学校的行政机构划分为五个功能有所差异的结构，包括决策指挥、监督控制、质量生成、资源建设、支持服务。一平台是指信息技术平台。国家诊改委拟定的五个诊断项目就是五个横向诊断的主体层面。诊改实施的总体过程为，国家行政部门制定方针路线，各省级部门根据实际情况确立诊改指导方案，职业院校根据省级要求，制定符合自身特色的诊改计划并实施，并且把诊改工作融入常态工作中，能够经得住省级部门的抽样复核，做到质量的持续改进。

（三）构建完善的内部质量保证体系总体构架

1. 健全组织体系

内部质量保证体系的组织机构，主要包括的是诊断标准中的五个纵向系统。职业教育内部质量保证体系整改过程中遇到的很多问题都源于缺乏有效的组织框架，导致一系列问题例如内部质量保证体系的目标确定，诊改方法的设计、研究和实施过程等。诊改工作的顺利进行需要院校组织机构的保障。诊改工作中，建立、健全组织机构，理清不同功能组织机构的主要职责，才能保证诊改工作有序、顺利地进行。校长、各级管理人员要发挥领导、监督、评价等作用，具体包括建立符合社会需求和学校实际情况的教育教学目标、标准、制度系统，建设充足有效的外部保障系统，建立健全、多层次的质量监测和评价系统。完善教师引进、培养、教学和考核，发展师德高尚、业务能力突出的教师队伍。制定符合人才需求的专业、课程，根据产业和行业发展、需求改进、优化专业人才培养方案。

2. 建立目标体系

职业院校内部保证体系整改的出发点是培养高素质人才，落脚点是学生的素质、能力。目标是诊改的逻辑起点，起源于学校根据自身规划和发展的需求。职业院校在定位办学目标时，要结合自身实际与特色，将国家和省级方针、要求具体划分到各层次、各项规划工作中。在学校确立了办学目标后，学校二级部门要根据相关专业和课程的需求和实际基础上，建立和规划个专业发展规划。各职能部门要根据自身功能认真调查根据教师和学生、专业和课程的具体需求，制定有针对性的工作目标，使工作有效、及时进行。教职工、学生也要根据个人发展目标，制定个人职业发展规划和学习计划。分层级制定目标，可以把诊改目标细化，责任到岗、责任到人，在工作中形成上下衔接的目标链，确保任务明确的进行。

3. 建立标准体系

标准是目标的支撑，是诊断的标尺。不同层面要明确各自的标准要求。学校层面是内部质量标准的制定者和监控者，需要全面深入地把握诊改工作的根本所在。根据社会需求，打造符合自身发展特色的发展目标。专业层面的教育目标，是培养学生在某一专业领域进行的基本技能和深度教育。专业人才培养方案的制定时，要以"基本技能-职业能力-综合能力"阶梯递进三步骤构建专业课程体系。课程层面则是需要学院根据自身开展有特色的专业，引进国际和国内较前言的知识和科技成果，并且加大实践课程的比重。教师层面的工作最接近学生，因此其考核标准首先要以学生能力的提升为准，并且还要结合学生的道德修养和社会实践。学生是教育的主体和直接受益者。学院在建立学生层面诊改标准时，要构建由学业发展、职业发展、个人发展和社会能力发展四个维度组成的自测指标，综合考虑学生学习生涯、职业生涯、个性化发展、团队合作精神等要素。

4. 健全制度体系

建立健全、可行和科学的制度体系能够调动院校内部质量保证体系诊改的积极性，促进院校内部形成自我约束、自我发展和自我完善的评价机制。学校内部各部门优化工作流程和相应的制度系统，例如学校领导的决策系统、管理层次的质量监控系统、各单位工作的质量生成系统、专业和课程的专项诊断系统等。诊改工作要按照任务实施的"事前、事中、事后"三个环节进行。其中，事前首先设计目标，着重目标需求和计划能力；事中注意做好实时监督，借助信息技术平台进行线上和线下监测，着重的是任务执行能力和工作创新能力；事后要注重任务的诊断改进，对比已有问题，及时进行原因分析，从而确定下一步诊改方案。对已有业绩进行考核性诊断，考核性诊断结果作为各类奖项和评判的依据，从而形成"依据制度管人、根据流程管事、通过数据说话、自我诊改"的内部治理常态。

（四）提高教学质量

教师在内部质量保证体系中起到连接学校与学生、社会与学生，甚至家长与学生的枢纽作用，其角色的特殊性就需要设置更加严格的教师入职标准和评价体系，并且聘用不同学科背景的专业教师、社会不同领域的出色人士等组成混编师资团队，分工开展授课活动。教师教学的目的不单培养高技术人才，也要注重学生的道德修养。专业水平方面，定期进行教学内容的公开评比，优化授课内容；定期参与行业开展的技能竞赛和实践锻炼，提高专业技能。时刻关注社会发展的人才需求，以便对教学随时调整。教师与学生的关系处理方面也很重要，要善于挖掘学生的兴趣和特长，对于迷茫期的学生给予专业、可靠的建议。

我国职业院校内部质量保证体系的诊断和改进工作起步较晚，在经历了数年的摸索之后，目前很多院校和单位都取得了一些成果。职业院校在内部质量保证体系的诊断和改进工作，要以学校、专业、课程、教师、学生这五个层次的主体，以职业院校实际需求为导向，以教学质量为核心，并且理性借鉴其他院校和单位经验，从而形成全员、全过程和全方位的内部质量保证体系，还要不断创新、改进制度，保持其先进性，跟上信息时代的脚步，才能培养出适应社会发展、行业需求的人才。

第五篇　基于教学诊改的课堂教学平台设计

张良军　李俊　王自豪

摘要： 广西工业职业技术学院以内部质量诊断与改进工作为驱动，按照专业人才培养方案、课程标准和课堂教学目标各项标准成链、指标成体系的思路，勾画了基于教学诊改的课堂教学平台设计蓝图。

关键词： 诊改；信息化；教学平台

2015 年，教育部正式启动高职院校内部质量诊断与改进工作，提出："职业院校要充分利用信息技术，建立校本人才培养工作状态数据管理系统，及时掌握和分析人才培养工作状况。"人才培养是高职院校内部质量的核心，课堂作为人才培养的重要平台，必须要为促进专业教学水平、人才培养质量的 8 字形螺旋提供自我完善和改进的诊断依据。

2015 年，广西工业职业技术学院被广西教育厅确立为广西职业院校内部质量诊断与改进工作的秘书长单位，率先在广西壮族自治区试点高职院校内部质量诊断与改进工作，在建立课堂教学诊改的 8 字形螺旋、提升信息化教学水平、构建基于教学诊改的课堂教学平台方面提出了自己的思路。

一、课程标准来源于人才培养方案

课堂教学作为人才培养的重要环节，必须建立起质量保证体系。内部质量诊断与改进一项重要的内容就是标准要成链，各项指标要成体系，即课程标准目标要明确，必须要与人才培养方案各项表述一致，数量要对接。

为抓好教学诊断与改进工作的示范引领作用，广西工业职业技术学院在全院全面铺开悉尼协议范式专业建设，按照以学生为中心、以能力为目标、以结果为导向持续改进的总体思路来编写专业人才培养方案，人才培养方案不仅做好了专业顶层规划，还对课程体系对应的毕业能力进行了重构和设计，体现了专业培养目标对办学目标的支撑、课程体系对专业培养目标的支撑和课程目标对专业培养目标的支撑。

课程标准由该门课程教学团队制定，必须紧紧向人才培养方案看齐，落实课程在专业教学标准中必须达成的能力素质目标，学校教务处负责组织专家团队对课程标准进行审核。

二、课堂教学目标对应课程标准

"目标"应该是分解自课程目标，即通常意义上的"课堂教学目标"。课堂的教学目标必须与课程标准对应，包含能力、知识、素质三个层面的目标，是教师通过有计划的教学过程与学生学习活动达到的教学成果，是促进有效课堂教学的关键。

广西工业职业技术学院在制定课程标准时，明确了课程目标、课程内容模块及课时、课程内容与要求、课程考核、课程实施条件等方面的要求，教师在制定课堂教学目标时，必须要以课程标准为蓝本，按照课程内容与要求表制定课程教学目标，并开展教学活动。

三、建立课堂教学平台

（一）课堂教学平台的诊改指标点设计

要抓好高职院校内部质量诊断与改进工作，必须要对课堂教学的各项数据进行采集与分析，为课程层面、专业层面的诊改提供数据支撑。广西工业职业技术学院主要是从推进信息化教学素养、提高学生的满意度和参与度、改进教育教学质量等方面来进行课堂教学平台的诊改指标点设置，对于教师：要求教学文件（课程标准、课程设计、授课计划、教案及 PPT 课件等）必须在课前上传；在课前布置学习资料或任务，对教学过程设置举手、点将、抢答、粘贴板、一句话问答等教学活动；在课后设置过关练习、测试或作业等任务，来提高学生的学习参与度和积极性。对于学生：要求使用手机完成老师布置的相应教学活动。

（二）课堂教学平台的主要监控点

每次活动均有一定权重的分数，完成了相应活动就会获得相应分数，课后教学平台会自动生成课堂报告给老师，报告信息的主要内容即主要监控点包括学生到课率、课程活动参与度、课堂教学满意度、教学目标达成度及教学质量综合评分；学生也可以查询该次课的得分情况，主要内容即主要监控点包括签到得分、笔记得分、课前得分、课中得分、课后得分及评课得分，也可以查询累计得分情况。

（三）基于课堂教学平台的改进

通过课堂教学平台的使用，完成主要监控点的各项任务，教师或学生均可以获得一定的分数累积，通过实时发布质量监控的教师、学生分数，促进老师、学生弥补自身差距，主动进行 SWOT 分析，实现自我干预、自我提升，从而提高课堂教学的活跃度和学生学习的满意度参与度，提升教帅的教育教学素养，让人才培养方案设置的各项能力指标落地生根。

对于建立课堂教学诊改的 8 字形螺旋，广西工业职业技术学院按照课程教学标准来源于人才培养方案-课堂教学目标对应课程教学标准-指标体系基于课堂教学目标达成的思路，确保各项标准成链，将教学过程的每个环节进行数据化考量，不仅可以提高教师信息化素养和学生课堂活跃度、参与度，还为课堂教学诊改 8 字形螺旋提供自我完善和改进的诊断依据。

第六篇 "饱和烃的性质"有效教学实施案例

莫蒙武

一、理论基础

本次课的课程内容包括饱和烃的物理性质（物质状态、熔点、沸点、密度等知识内容）、饱和烃的化学性质（取代反应、氧化反应、异构化、裂化反应）。重点讲解饱和烃的化学性质，教学目标是：知道烷烃有哪些化学性质；知道烷烃熔、沸点变化规律。有效教学标准是：80%学生知道烷烃有哪些化学性质；70%知道烷烃熔点、沸点变化规律。

二、实践

（一）总体教学思路

教师采用信息化手段和互动式教学，开学前两周由于疫情防控要求错峰开学，本次课堂采用线上教学。在教学过程中，教师将积极点将与学生形成互动，采用问题式教学法引导学生。

（二）课前

通过发布提问和课前资料（见附图4），要求完成课前测试题的任务驱动法，督促学生进行学习，逐渐形成学生学习的主动性。

附图4 云课堂课前活动

（三）课中

如附图5、附图6和附图7所示，教师可在课中积极开展课堂活动，开展知识点的讲解与提问，让学生积极参与问题的交流与思考，最终完成题目的问答。同时，积极开展学生的课堂主体作用，进行多次点将活动，产生随机学生名单进行回答，提高学生课堂的听课紧张感，从而提高学生的听课效率以及对知识问题的思考。

附图5 "云课堂"课中活动

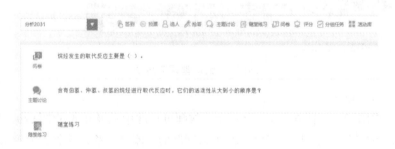

附图6 "学习通"课中活动

附图 7　学习通的"有机化学"在线课程

（四）课后

布置课后测验和提问（见附图 8），检测学生掌握的知识情况，以及发布下节课知识内容或补充本节课知识点，如提供 PPT 等。

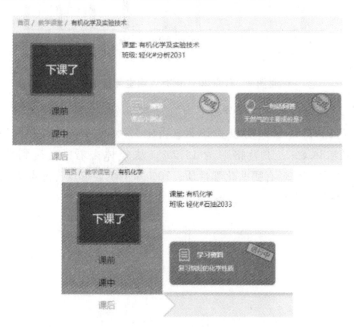

附图 8　课后安排

三、有效课堂测验成绩对比分析

我们对课堂测验的完成情况进行检测和结果分析，上学期石油 2033 班 35 人，作业全部提交。本学期分析 2031 班 35 人，未能提交作业 2 人，期中 1 人为刚转专业进入班级，云平台后期加入却有显示，另一人在家网络信号不好未能及时完成，存在客观因素。因此，暂将未提交作业的 2 人成绩进行计算分析。

石油 2033 班的成绩平均分为 65.4 分。如附图 9 所示，其中满分 2 人，占比 5.7%；80 分以上 14 人，占比 40%；60 分以上的及格人数为 25 人，占比 71.4%，不及格率为 28.6%。从整体来看，已十分接近教学目标（80% 的学生知道烷烃有哪些化学性质；70% 知道烷烃熔点、沸点变化规律），优秀率占比适中。

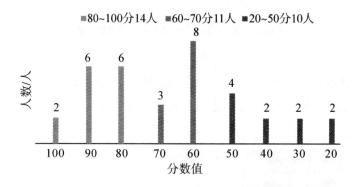

附图 9　石油 2033 班有效课堂测验结果

分析 2031 班的提交成绩分数平均值为 74.8 分。如附图 10 所示，其中满分 4 人，占比 12.1%；80 分以上 19 人，占比 57.6%；60 分以上的及格人数为 28 人，占比 84.8%，不及格率为 15.2%。从整体来看，已达到教学目标（80% 的学生知道烷烃有哪些化学性质；70% 知道烷烃熔点、沸点变化规律），优秀率占比高。

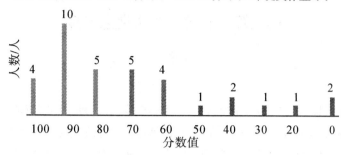

附图10　石油2031班有效课堂测验结果

四、结论

通过两次的教学案例对比，我们可以看到数据有了明显的提高。我们分析这其中的原因在于：本学期开学前期，我们建设了学习通的"有机化学"在线课程，提供了相关知识的微课视频等教学资源。激发了学生们更多的学习乐趣，在提升学习效率和完成教学目标发挥着重要的作用。

总而言之，以有效教学目标为导向、要求完成课前测试题的任务驱动法，结合"腾讯会议+云课堂+学习通"的信息化技术三大平台进行综合教学得到了初步成效。但也有需要改进的地方，如何更好地提高学生学习的积极性、激发他们的学习兴趣，且如何将知识合理而有效地灌输给学生等问题均是我们教学设计上的难点。

第七篇　有效教学实现之初探

余希成

　　教育的目的是促进学生的发展，学生的进步或发展是教学有效性的唯一指标。随着教育体制的不断改革，政府越来越重视教育质量的提高，学校在教学改革过程中投入大量的人力、物力和财力支持教师对教学方法进行改革。教学中从以"教师为中心""知识为中心"向以"学生为中心""能力为中心"转型，"有效教学"的教学模式实施能大大提高学生的学习效率，现以"有机化学"作为"有效教学"为实例说明教学成效，"有机化学"是化工、药学、制药工程等专业基础课，它具有应用性强、与相关学科关系密切而又相对成独立体系的特点，其教学质量直接对相关后续课程的学习产生重要影响，因此我们采取以下几点措施。

一、梳理教学内容，体现教学目标

　　教学内容的选择关系到教学效果的高低。在备课过程中，我们对"有机化学"知识点进行了反复梳理，尽可能使知识点内容与教学目标明晰，针对知识点编制适量的测试内容，并把测试内容作为每次上课的学习任务，构建"有机化学"学习任务及教学做一体化的教学模式。

二、关注学情状况，以学生为主体

　　在教学过程中，依托教学云平台，对学生的学习情况进行有效统计，帮助教师及时了解学生掌握知识的情况，并将"有机化学"的难点问题给学生介绍清楚，以保证教学的有效性。

　　通过去平台发现针对"烯烃加氢的反应"知识点设计的题目，很多同学忽视有机反应的条件，往往只注重反应那部分，这一题第一学期学生的正确率只有35.00%（见附图11）。对于这种情况，我上课讲解有机反应时，就会着重强调有机反应条件的重要性：条件不同，反应也会不同，甚至不反应。此外，我还通过组织学生对课堂刚学习完的知识点进行测试题编写，引导学生对知识点的深入理解，同样的"烯烃加氢反应"题目，第二学期学生答此题的正确率达到73.21%（见附图12），对于题中关于烯烃反应的本质知识点的测试题，正确率也从 92.5% 提升到 98.21%。通过学生完成对知识点的测试题答卷，能很好帮助教师了解学生学掌握知识点情况，及时分析原因，对该知识点的教学进行改进，从而提高教学的有效性。

附图 11　2020—2021 年第一学期有机化学的关于烯烃加成反应的一次知识点测试结果

附图 12　2020—2021 年第二学期有机化学的关于烯烃加成反应的一次知识点测试结果

相同的测试题，测试平均分从 86.99 提升到 87.76，强化知识点分解教学的措施，确实能帮助学生提高掌握知识点的有效达成率。

三、评价内涵多样，体现综合表现

我们认为综合表现性评价体现目前职业学校培养人才的目标要求，综合表现性评价是在学生学习完一定的知识后，通过让学生完成某一实际任务来评价学生的学习状况的一种评价方式，它不但评价学生对知识和技能的掌握情况，还通过对学生完成表现任务的观察，来评价学生运用所学的知识解决实际问题的能力以及与人合作的精神和责任心等方面的发展情况。在云平台上我们可以了解到学生的签到情况、学生的参与度、有效测试情况，既能从总体上了解同学们的表现情况，也能关注每位同学的表现，对参与度较低的同学就及时跟踪了解其原因，做到及时引导和帮助。

对于教学有效性的研究，既能了解学生对知识点的掌握情况，也能促进教师在教学过程中及时进行教学反思，通过师生共同努力，一定能提高我们的教学质量。

第八篇　高职院校提升课堂教学有效性研究

——以"有机化学"中"烷烃的性质"为例

张睿哲

　　化学工业既是我国国民经济重要的基础产业，也是中国制造业的主要产业之一，行业的快速发展，带动了企业对高素质高技能人才的旺盛需求。在"有机化学"这一理实一体型学科的教学过程中，不应局限于书本知识的理论传播，其重心应放在理论发展的相关知识运用上。

　　教学是一种在特定范畴内有意识性和目的性的活动。有效教学（effective teaching），就是在符合时代和个体积极价值建构的前提下，其效率在一定时空内不低于平均水准的教学。其核心就是教学的效益。教学有效性是对组织教学过程的结果程度的一种评价，是对教师教、学生学过程付出和获得对比结果的程度，"有效"能实现预期目标，有成效、有效果，当教学过程活动付出的代价小而获得的"效"多时，我们就评价其结果"有效"，反之结果为"低效""无效"甚至是"负效"。目前国内大部分高校的教师一直关注课堂教学的有效性、教学质量的提升度，可是，对于何为高校的有效教学、如何判定有效教学、有效教学的具体表征等诸如此类问题的答案，学界表述众说纷纭。

　　教师教学的有效性不仅仅需要教师的"有效"备课，也要把学生这一主体考虑在内，包括教师能否把准备的教学内容按照预期目标传授给学生，教学方法是否适合学生的心理发展水平，是否培养了学生除知识以外的能力，是否引起了学生学习化学的兴趣，提高了学生的有意义学习心向，学生是否真正地学懂知识并学会应用等。因此，若想提高学生学习成绩、学生取得更大进步，关键在于提高教学的有效性。要提高教学的有效性，教师就要改变传统的灌输式教学方法，激发学生学习兴趣，让学生在化学学习中感到愉悦、放松，变被动学习为主动学习。本文对提高高中化学教学有效性的策略进行探究，以激发学生学习兴趣，调动学生学习的积极性和主动性，提高教学效率和教学质量，提升学生化学学科素养，促进化学教学高效开展，助力学生成长成才。

　　时代在不断进步，需求也日益增长，对教学的有效性也提出了更高的要求，如何更好地突出本门课程的优势，更好地为社会培养实用型人才成为新的需求。我国高职院校的教育质量问题一直备受关注，高职的教学重点就是培养学生们的技术能力，也就是说，培养高技能人才才是教学的目标，这既是高职院校的教学需要，也是高职学校的教育任务。有机化学作为高职众多专业一年级新生的基础课，每年参与学习的学生众多，如何让学生学好这门课，为学生后续各类课程打下坚实基础成为一项难题。本文以广西工业职业技术学院医药健康学院为研究样本，针对该类专业的教学质量，及时对不合实际的教学方案做出改进修正，为不断提高人才培养质量提供建议。

（一）确定研究目标

通过对同等学力的学生在测验前进行有无练习环节的设置，更清楚地了解学生对相应知识点的掌握程度，结合所得出的数据结论提出相应的合理化建议。

（二）研究数据的采集

本研究选取了广西工业职业技术学院的两所班级：石油 2033（35 人）、化妆品 2031（42 人）与药学 2033（53 人）、药学 2034（55 人）。其中，石油 2033（35 人）、化妆品 2031（42 人）为有效教学改革前的研究样本，药学 2033（53 人）、药学 2034（55 人）有效教学改革前的研究样本。将四个班级依次按 A~D 进行编号，以"烷烃的性质"为例，在课中讲授知识点后对 A、B 班直接进行测验，对 C、D 班进行测验前添加"过关练习"环节，即设计过关习题供学生随堂练习，以课后测验成绩的结果作为收集信息，并得到了很好的配合。

（三）研究数据分析

从附表 3 数据可计算得出，在课中参与"过关练习"前的班级的平均分数：A 班 73.52，B 班 60.07。在课中参与"过关练习"前的班级的平均分数：C 班 77.88，D 班 72.58，说明在课中经过"过关练习"活动的参与能够提高测验的成绩。

附表 3　学生参与课后测验的成绩　　　　　　　　单位：分

班级成绩	A 班	B 班	C 班	D 班
学生 1	70.52	90.28	93.33	86.67
学生 2	65.64	46.36	93.33	73.33
学生 3	80.28	12.20	80.00	60.00
学生 4	80.28	85.40	83.33	53.33
学生 5	68.08	26.84	76.67	53.33
学生 6	51.00	73.20	83.33	53.33

班级成绩	A 班	B 班	C 班	D 班
学生 7	63.20	29.28	83.33	60.00
学生 8	75.40	19.52	83.33	60.00
学生 9	85.16	70.76	76.67	40.00
学生 10	51.00	90.28	83.33	93.33
学生 11	80.28	39.04	96.67	73.33
学生 12	70.52	63.44	68.33	86.67
学生 13	80.28	58.56	93.33	53.33
学生 14	65.64	85.40	76.67	86.67
学生 15	29.04	90.28	70.00	73.33
学生 16	24.16	19.52	76.67	40.00
学生 17	85.16	19.52	56.67	40.00
学生 18	85.16	85.40	63.33	86.67
学生 19	80.28	90.28	83.33	53.33
学生 20	70.52	56.12	63.33	93.33
学生 21	85.16	70.76	70.00	66.67
学生 22	85.16	80.52	76.67	86.67
学生 23	85.16	19.52	76.67	93.33
学生 24	65.64	53.68	76.67	33.33
学生 25	70.52	63.44	96.67	73.33
学生 26	85.16	29.28	90.00	40.00
学生 27	80.28	85.40	90.00	86.67
学生 28	85.16	85.40	76.67	40.00
学生 29	80.28	80.52	96.67	66.67
学生 30	85.16	29.28	96.67	40.00
学生 31	80.28	70.76	96.67	80.00
学生 32	85.16	39.04	96.67	73.33
学生 33	72.96	48.80	83.33	86.67
学生 34	80.28	31.72	90.00	86.67
学生 35	85.16	65.88	56.67	66.67

班级成绩	A 班	B 班	C 班	D 班
学生 36		90.28	83.33	53.33
学生 37		85.40	76.67	66.67
学生 38		90.28	81.67	86.67
学生 39		95.16	93.33	53.33
学生 40		85.40	83.33	80.00
学生 41		26.84	76.67	53.33
学生 42		43.92	96.67	80.00
学生 43			93.33	80.00
学生 44			93.33	66.67
学生 45			60.00	93.33
学生 46			63.33	53.33
学生 47			70.00	33.33
学生 48			96.67	60.00
学生 49			90.00	73.33
学生 50			70.00	53.33
学生 51			90.00	46.67
学生 52			73.33	80.00
学生 53			90.00	93.33
学生 54				93.33
学生 55				93.33

从附表4数据可计算得出，在课中参与过"过关练习"后进行测验的班级的最高成绩和最低成绩均普遍高于在课中未参与"过关练习"直接进行测验的班级；在课中未参与"过关练习"直接进行测验成绩的极差大于在课中参与过"过关练习"后进行测验的成绩极差，同时，在课中参与过"过关练习"后进行测验的成绩的中位数普遍略高于未参与"过关练习"直接进行测验的成绩。

附表4　学生参与课后测验的成绩　　　　　单位：分

班级成绩	A 班	B 班	C 班	D 班
最高值	85.16	95.16	96.67	93.33
最低值	24.16	12.20	56.67	40.00
极差	61.00	82.96	40.00	53.33
中位数	80.28	64.66	83.33	66.67

对于高职学生，讲后即测并非最理想的方案，通过直接引导学生参与题目的练习，加深理论印象，做到知识点再现，使教学质量进一步提高，通过讲练结合，学生可以更扎实地掌握基础理论知识，更好地培养学生分析问题和解决问题的能力，能更好地投入实际生产工作当中。

有机化学作为一门基础知识类学科，课堂开展形式的主要目的是让学生能对固有性质做出知识再现、能根据性质推断反应的终产物的类别，所以要充分利用课中明显的知识点，设计有趣又可以引发学生思考的问题。课堂提问可以帮助教师接收学生对教学的及时反馈，根据学生不同的理解能力，相应地调整教学节奏，也能把握学生的注意力，了解自己的遗漏点。因此，教师必须在课前做好充分准备，根据学生课上知识的接受程度，适当提问，且要注意课堂提问的技巧，要先提出某一具体问题，给学生一些思考时间，再进行提问。同时对回答出正确答案的学生给予鼓励与表扬，根据情况重述正确答案，帮助其他学生记忆和记录。在设计课堂过关练习问题时，要在课前充分准备学生可能的回答以及相应的解释，以便解答学生回答出来的任何疑虑及结论。并且教师要有能力控制习题难度，注意不要让问题太难，使学生失去完成的兴趣。

在时代进步的同时，对学生掌握知识的要求越来越高，要求教师开展有效性教学也越来越明显，有机化学课程作为专业课中的基础至关重要，需要教师更改原有的教学模式，提高学生学习效率。有效的课堂教学可以促进学生知识和技能的提升，还有利于学生的情感、态度以及价值观三者的协调发展。教师作为引路人，要想完成一节优质高效的课堂教学，必须明确教学目的，以学生为主体，以提高学生素质、培养学生兴趣为目标，设计好教学流程和教学手段。